エピソード記述入門

実践と質的研究のために

鯨岡 峻

東京大学出版会

Preparing and Delivering Good Case Descriptions:
For Researchers and Participant Observers
Takashi KUJIRAOKA
University of Tokyo Press, 2005
ISBN 978-4-13-012042-5

エピソード記述入門——実践と質的研究のために・目 次

序章 なぜ，いまエピソード記述の方法論なのか……………1

1 人の生き様を生き生きと描き出したいという現場の思い ………3
2 人と人の「あいだ」で生じているもの ………………………15
3 人の生のありようを生き生きと描き出すことから「メタ意味」へ………23
4 三つの素朴なエピソード ……………………………………30
5 エピソード記述は単なる個別事例の提示という意味を越えられるか………38
6 研究者倫理の問題 ……………………………………………54

第Ⅰ部 エピソード記述に向けた授業の組み立て

第1章 関与観察するとはどういうことか……………63

1 関与観察とは何か ……………………………………………63
2 関与観察に必要な二つの態度 ………………………………66
3 これまでの議論の整理と観察実習の予備実習 ………………75
4 観察したものをどのように記録し表現するか ………………82
5 関与観察は常に「～として」の構造を含む …………………87
6 観察者は「相手」に自分を重ねることができる＝相手を主体として受け止めてその思いを間主観的に摑むことができる………97
7 ビデオ録画された場面を記述する試み ……………………106
8 インタビューや面接で大切なこと …………………………118

第2章 フィールド体験と簡単なエピソード記述の試み………125

1 フィールドに赴く前に ………………………………………125
2 エピソード記述のために ……………………………………127
3 二つのエピソード記述の比較検討(大倉得史) ………………133
4 フィールドに出て，関与観察を行い，エピソード記述を実行する………147
5 本章のまとめ …………………………………………………158

第Ⅱ部 エピソード記述の練成に向けて

第3章 エピソードが描けないという悩みの出所 …………167

1 エピソードが描けないという以前の悩み ……………………167
2 捨てられない悩み ……………………………………………173
3 「客観的に記述する」ことへのこだわり ……………………183
4 問題の背景の理論的検討が浅いためにメタ観察ができないという悩み …194
5 自分の立ち位置が定まらないからエピソードが書けない ……202
6 その他の理由 …………………………………………………208

第4章 エピソードが立ち上がるとき …………………………211

1 「先生！ うぐいすの声が聴こえたんです！」………………211
2 出産場面を描く試み …………………………………………221
3 児童養護施設で生活する子どもの葛藤 ………………………230
4 終末期医療の現場から ………………………………………236
5 「介護する人に頼むことは配偶者には頼まない」……………240
6 障碍児支援の事例から ………………………………………246
7 本章のまとめ …………………………………………………251

終章 エピソード記述の目指す「質」とは何か ………………255

参考文献　263
注　267
あとがき　271
索　引　275

序章・なぜ, いまエピソード記述の方法論なのか

序章　なぜ，いまエピソード記述の方法論なのか

いま，保育，教育，看護，介護，等々，人の生きるさまざまな現場で，関与観察やインタビュー，あるいは臨床面接など，多様なかたちの質的アプローチが試みられるようになり，またその必要が説かれるようになってきました．わけても，その現場に関与している人が（援助職として，ボランティアとして，あるいは研究者として），自らのそこでの体験を他の人に伝えようとするとき，それをエピソード記述のかたちで表現しようという動きが強まってきています．なぜこのような質的アプローチが試みられるようになってきたのか，またなぜ，いまエピソード記述の方法論が求められているのか，その間の事情を明らかにするとともに，これまでの行動科学的な観察や記述との違いを簡単に概観することがこの序章の目的です．ここで現場に関与している人たちのさまざまな思いに触れておくことは，学生や院生諸君が現場に入っていく上でも，またエピソード記述の方法論を学ぶ上でも，きっと役立つところがあるに違いありません．

第1節　人の生き様を生き生きと描き出したいという現場の思い

　いま現場で実践や研究に携わる人は，なぜエピソード記述に向かおうとするのでしょうか．その動機は，私見では大きく分けて二つあるように思います．一つは，現場において人のさまざまな生の実相に接する中で，強く気持ちを揺さぶられる出来事に出会ったり，目から鱗が落ちるような深い気づきが得られたりしたとき，当の現場担当者にはその体験を何とか言語的に表現して，周囲の人や広く一般の人に知ってほしい，一緒に考えてほしいという願いが生まれることです．いま一つは，子どもや患者に日々関わる中で，その人の生の断面を丁寧に記録し，それを積み重ね，まとめることによって，その子どもや患者の実像を手応えをもって描き出し，その子ども理解や患者理解を深め，それによってよりよい関わりに繋げていきたいという願いがあることです．

　前者は印象深い一つのエピソードを克明に描き出し，日々の関わりを背景にそれを深く考察することに結びつきます．後者はちょっとしたエピソードを含む日々の記録を多数積み重ね，その関わる相手のプロフィールを把握することに繋がります．このように両者には「ある日の断面を描く」と「関わりの歴史

を描く」という違いはありますが，しかし，人の生の断面を生き生きと描くという点に関しては双方とも相通じていますから，はっきりと切り分けられるわけではありません．現に，保育記録や指導記録，あるいは看護記録や介護記録など現場の日々のルーティン・ワークはむしろ後者が主になっていて，そこに折々前者が混じるというのが現実だと思います．けれども，ここでは便宜上，両者を分けて取り上げてみたいと思います．

(1) 現場は多様な「人の生の実相」が体験される場であり，その体験の中には描き出さずには済まされないものが含まれる

　人の生きるさまざまな現場は，何よりもまず，何人かの固有名をもった特定の個人とこれまた固有名をもった特定の関わり手が出会い，関わり合う場です．関わり手はそれらの人たちに持続的に関わって，その生の実相に直接触れている人です．その出会いや触れ合い，関わり合いの中で，両者のあいだには喜び，悲しみ，驚き，苦悩，感動，等々の多様な情動を伴った，実にさまざまな出来事が生まれてきます．それを関わり手の側に引き寄せていえば，関わり手は関わる相手の存在のありようや自分の存在のありようを中心に（周りの人との関係をも含めて），さまざまな体験をもつということができます．

　関わりの中の出来事のほとんどは，日常の生活の中で特に意識されることなく流れ去っていきますが，中には関わり手に「あれっ？」「あらっ？」というかたちで何らかの情動や印象を喚起する体験が含まれてきます．もちろん，その中には，強く情動が揺さぶられたり，深い気づきが喚起されたりする忘れがたい体験も含まれてくるでしょう．例えば，児童養護施設で虐待の通報によって措置された一人の子どもに職員が出会った場面を考えてみましょう[注1]．最初のうち，職員が何を話しかけても，その子は硬い表情のまま，ただうなずいたり，首を振ったりして応えるだけです．そんな様子の子どもを前にすると，その子の何とも辛い思いが身に沁みてきて，職員自身，辛くなってしまいます．医者から骨折の事実を聞かされていたので，親にどうされたのかを尋ねてみても，その子は無表情のまま「たたかれていない……お父さん優しい……オモチャ買ってくれた」と言い，決して親を悪く言おうとしません．その子の健気な様子に，職員はかえってやるせない思いに駆られ，親子関係というものの複雑で不思議な問題の一端を垣間見たような思いがします……．このような出会い

における出来事やそれに関連して生まれた複雑な感情や思考は，この職員に一つの忘れがたい体験として記憶に残ることでしょう．

　今の例では子どもの様子に強い負の情動が喚起された場合でしたが，関わりの中でほっとするような肯定的な情動が喚起され，それが忘れがたい体験になることもあります．保育の例でいえば，子どもと一緒に遊んでいて，ふだんはおとなしく目立たない子どもが，「先生」と言って小さな容器に掬い取ったオタマジャクシを差し出してくるとき，保育者はその子の表情や様子からその子の今の嬉しい気持ちがよく分かり，「オタマジャクシ，見つけたね！」とことばで返すと，さらに一段とその子の表情が輝きを増します．そんなその子の様子に，ふだんとは違うその子の一面を見た思いがし，その子の存在の一端に触れた気分になって，保育者自身も嬉しくなるといった例もあるでしょう．このように，人の存在のありようを前にして関わり手に正負の情動や印象が喚起されるとき，それはただ流れ去ってしまわずに一つの体験として関わり手の意識に上り，記憶に残ります．

　あるいは「目から鱗が落ちた」と表現されるような，はっと気づかされ，一瞬そこで世界が裂けて，その裂け目から全く新しい世界が垣間見えるような感動的な体験もあります．あるいはまた，その場では強い情動は喚起されなかったけれども，後に振り返ってみるうちに，ふとある気づきが生まれ，それが忘れがたい体験になるということもあります．

　そのような忘れがたい体験をした場合や何らかの気づきが得られた場合，関わり手は，その体験や気づきの印象の強さに応じて，そのような体験をした，そのことに気づいた，というだけでは済まされなくなり，それを機縁にさまざまな思考が巡らされて，その体験や自分の気づきを何とかして手応えあるかたちで生き生きと描き出し，それを他者に伝えたい，他者に分かってほしい，一緒に考えてほしい，さらにはそこでの自分の存在理由を確かめたいという気持ちに駆られるということが起こってきます．

(2) 固有名をもった特定個人の生の断面を日々記録し，それを積み重ねることで，その人の人物像を手応えあるかたちで描き出したいという願い

　先にも触れたように，多くの現場では，保育記録や指導記録のかたちであれ，あるいは看護記録や介護記録のかたちであれ，担当者は日々の関わりの中で，

ある人の周りに生起した事柄を手短かに個人記録のかたちで残すことが業務の一つになっています．その種の個人記録の大半は，「○○さんはこうした」「○○さんはこう言った」「○○さんにはこういう処置をした」「○○さんにこういう対応をした」というような，客観的な行動事実を描くことにとどまっています．日々の多忙な業務の下では，それだけを描くのでも精一杯だという現実があるかもしれません．あるいはまた，「主観を交えて記録を書いてはいけない，あくまでも客観的な事実だけを書くべきである」といった養成校や現場での指導が記録の書き方をそのように枠付けているという場合もあるでしょう．現場の実践レポートもそのような客観的な行動事実の羅列が多く，教師たちの描く教育実践レポートの大半は残念ながらその種のものです．

　しかし，そうした日々の記録や実践報告を読み返してみると，関わる相手が何をした，何を言った，自分が何をした，等々の行動の事実しか分からず，相手はどのように思ってその場を生きていたのか，自分はそこで相手の思いをどのように掴んだのか，またどのような思いで関わっていたのかというような，生の断面に息づくものがすべてそぎ落とされ，相手がまるで一人の人間ではないかのような，何かそっけなく，砂を嚙むような思いに駆られるのを禁じえません．また，書き手である自分がほとんど黒衣になってしまっていて，関わる自分の思いがまるで見えてこないという場合が大半のようです．その結果，生身の人が生身の人に接しているという現実が，お互いの行動の断片へと分解され，ほとんどロボット同士の関わりに見えてきて，書き手である本人自身，自分は何のためにこの仕事をしているのか分からないと思わずにはいられなくなってしまいます．

　そのような不自然さを解消しようとするとき，その日々の記録の中に，相手はこう思って生きている，こう感じて生きている，自分もこう感じて接しているというような，思ったこと，感じたこと，考えたことが自然にその記録の中に混じってきます．例えば，ある重度・重複障碍の子どもの担任教師は，ある日の記録の中に，「『○○さん，○○さん』と呼びかけたところ，○○さんがやっとこちらを振り返ってくれて，そこで一瞬目が合った．初めてのことで何ともいえない嬉しい気持ちになり，他の職員に，『今日，○○さんと目が合ったよ！』と告げて回った」と記していました[注2]．その出来事は，その日の関わりの中でこの教師にもっとも印象深い出来事としてあったから，こうして記録

に残ったのでしょう．これなどは，これから述べるエピソード記述のまさに雛形といえるものです．「今日，初めて目が合った」とだけ記すのと比べてみると，その違いの大きさが分かります．ここには関わる相手の生の断面を自分の関わりとの関連で捉えると同時に，それを捉えるのは関わり手である自分だということがその記録のどこかに滲み出ています．こういう記録を読むと，人と人が共に生きているという実感が何となく読み手に伝わってくるのです．

　もしもこういう丁寧な記録が積み重ねられていくなら，そこから，「○○さんはこういう人だ」という人物像が次第にはっきりしてきて，関わり手は手応えをもってその人物像を描くことができるようになるでしょう．それこそが「○○さん理解」であり，そこから「○○さんにはこうしてあげよう」というような前向きの対応が紡ぎだされてくるのです．

　あるいは，ほぼできあがりかけていた「○○さん像」が，ふとした出来事の体験から組み直されるということもあるかもしれません．例えば先の「オタマジャクシ」の例などがそうです．保育者に「あまり目立たない積極的ではない子ども」というイメージができあがりかけていたところで，先のようなエピソードに遭遇すると，保育者はその子の別の面を見たような思いがし，それを記す中で，その子のイメージが若干の修正を迫られるということも起こってくるかもしれません．

　ともあれこのようにして，日々のちょっとしたエピソード場面が記録に残されていくと，担当する相手の人物像が次第に明確になると同時に，関わりの当初，担当者である自分はどのように相手を受け止めていたか，それが時間経過の中でどのように変容していったかというように，関わり手の受け止め方の変化や関わり方の変化も，記録の中から読み取ることができるはずです．先の虐待の例でいえば，出会いの日の表情の硬かったエピソードを踏まえ，担当職員はまずはその子のありように気持ちを向けて，機会あるごとに子どもの気持ちを感じ取り，受け止め，子どもと気持ちを繋ぐことを心がけて接するでしょう．そのような日々の関わりが記録に残されていく中で，ある日の記録には「今日，ウサギ小屋で一緒に餌をやっていたとき，ウサギが○○くんの差し出した野菜をサッと取って食べた．それを見て○○くんが嬉しそうににっこり笑った．○○くんの子どもらしい笑顔がやっと見られたことで，何か私もほっとする思いだった」というような記録が残されるようになってきます．出会いの日のエピ

ソードと，この日のエピソードを重ねてみると，そこに子どもと自分の関わりの歴史が垣間見えてくるはずです．

つまり，こうした一連の記録を読めば，ある人が周囲の人と関わりながら生きている様子，そこでお互いがいろいろな思いを抱き，それをぶつけ合ったり，受け入れ合ったりして生きている様子が浮かび上がってきます．それが担当している子どもの理解や患者の理解に繋がり，またそこに自分が関わっていることの意味の確認に繋がってきます．そして，そういう日々の記録の中に，前項の(1)でみたような，印象深いエピソード，感動的なエピソードが混じってくるのです．

おそらく，日々の多忙で困難な実践の中でも，担当の相手を手応えあるかたちで捉えたいと願い，自分がその相手に関わる意味を理解したいと思っている心ある人は，きっと日々の記録に工夫を凝らし，相手と自分の関わり合いの断面を描きたいと思うのではないでしょうか．

しかしながら，そのような思いはあっても，いざ書いてみると，こんな記録でいいのだろうか，そこには自分の主観が入り込みすぎていないだろうか，こんな記録が本当に役に立つのだろうか，こんな記録にそもそも意味があるのだろうか，等々，現場の人たちが生の断面を描くことになかなか自信をもてないのも確かなようです．それゆえにエピソード記述の方法論への興味や関心が生まれるのでしょう．

(3) 担当者が関わる中で捉えた人物像と，アセスメントなどで捉えられた人物像とのあいだには，しばしば大きなギャップがある——現場担当者の悩み

これまで私は，現場には関わる自分を含めて，人の生の断面を描きたいという思いがある，その積み重ねによってその人の人物像がはっきりと焦点を結び，自分との関わりの歴史が見えてくるというように，現場の可能性を肯定的に描き出してきました．しかし，いま現場がエピソード記述を求める背後には，もっと複雑な問題もあるように感じます．

ある介護担当者は私のエピソード記述の講義を聴いた後の感想の中で，「ショックです．自分は今，ケア・プランを作成する立場にいるのですが，Aさんはこんなāさんだと思っているのに，実態像を把握するためのチェック・リストに「これはできる」「これはできない」というように行動事実をチェックし

ていくと，自分の受け止めているAさんとはまるで違ったお年寄り像ができあがってしまうのです．でも，結局はそれに基づいてケア・プランを書かざるを得ません．もっと極端にいえば，AさんとBさんの生き様は全く違うのに，実態把握表に基づけば，Aさんのケア・プランとBさんのケア・プランを差し替えても，ほとんど変わらなくなってしまうのです．今日のエピソード記述の講義を聴いて，やはり自分の得た手応えがケア・プランにきちんと反映されるように，行動チェックだけではなく，日々の記録を大切にしなければならないと改めて思いました」と話してくれました．どうやら，このように思うのはこの介護担当者ばかりではなさそうです．

またある保育者はクラスの中の一人の障碍の子どもについて，自分が日々の保育で摑んでいるその子の特徴と，心理判定の専門家が判定結果として示すものとの乖離に悩み，何か違うと思いながら，しかしその違うという自分の思いを誰にどう伝えたものか，自分の摑んでいるものをうまく言葉に表現できないし，またそれを伝えていく自信も勇気もないと嘆いていました[注3]．しかも，専門家からは，「この子にはこういうプログラムに従って指導するように」と求められることもしばしばで，自分の思っていることとはまるで違うことをやらされるのは辛いとも訴えていました．つまり現場の人には，この子はこういう出方をするとこう応じる子だ，あるいは，こう言うとこう返してくる子だ，さらには，こういうことに関心を向けている子だ，こういうときには前向きにならないが，こういうときには前向きになる子だ，等々，日常の関わりの動きの中でその子のことを捉えているところがあります．それは，テストやチェック・リストで捉えられる静止した，対象化された像とは異なり，生きた動く像ともいえるものです．それを描き出したいのだけれども，それがなかなかできないというのが，現場の人の悩みなのでしょう．

もちろんここでいいたいのは，現場で日々関わっている人の理解や判断がいつも正しく，専門家の判定がいつも間違っているというような議論ではありません．ただ，一般化された評定や判定やテストの手続きで捉えられる人物像と，日々関わる中で関わり手に捉えられる人物像のあいだにしばしば大きな乖離があること，しかも現場はそれを専門家に向かっていえないという苦しさがあること，つまり，同じ人に関わっていながら，専門家の判断が上，日々関わっている自分たちの評価や判断は下というような暗黙の力関係が現場を支配してい

ること，しかも自分が感覚的に摑んでいるものをうまく言葉に表現していけないこと，こうしたことに現場担当者はしばしば悩むということなのです．

　これまでの分析的・数量的なアプローチは，多数の人に一般的，蓋然的に当てはまることを取り上げようとしていて，独自性と固有性で特徴づけられる特定個人の生の実相を捉えることに主眼が置かれているわけではありません．ですから，分析的・数量的アプローチをそのまま現場の特定個人に当てはめると，結局はその人を一般的な行動の断片に分解して捉え，その人の行動特徴からその人をある一般的なカテゴリーに押し込めて（例えば自閉症の子どもの一人と）捉えてしまうために，その生の実相を生き生きと捉え，その子がまさに他ならぬその子であるということを他者（受け手＝読み手）に分かるようなかたちで表現することはなかなかできません．一人の具体的な子どもや大人を，「虐待を受けた子ども」「自閉症の子ども」「末期癌の患者」というような一般的なカテゴリーに押し込め，その一般的な特徴や，そのような人への一般的な関わり方を明らかにするというのがこれまでの行動科学の常套手段です．しかし，そのような手法で捉えられるものは，現場で直接人の生き様に接している関わり手には，今述べたまさに固有性としての人の生のありようからの隔たりが大きすぎます．だから手応えが感じられないのです．関わり手にとっては，そのような一般論にまとめられてしまう手前で，その人の生き様に直接触れているところから得られるさまざまな体験，つまり，自らの身体を通して感じ取られるその人のかけがえのない一回性の生の実相こそ，表現したいこと，また他者に分かってほしいことなのです．

　おそらくそこに，現場と専門家とのあいだに大きなギャップが生まれている理由があります．しかも現場には，多忙で煩瑣な業務に追いまくられ，丁寧に関わりたくても関われない，心と心を通いあわす余裕も機会もない，といった重苦しい現実もあります．また同僚がみな自分と同じ考えであるわけではなく，多元的な価値観が交錯し，背景となる理論もまちまちで，それを巡って反目することも稀ではありません．それだけに，人の生の実相をもっと生き生きと捉えて表現したい，現場に生きる自分の存在理由を確かめたい，自分の対応の手応えを「それでいい」と確かめたいと願う人は，エピソード記述の方法論に大きな期待を寄せたくなるのでしょう．

(4) エピソード記述は体験の「意味」へと向かい，新たな問いを立ち上げ，他者と「意味」を共有することへと向かう

ところで，現場では，強く印象づけられた人の生の断面やそこでの自分の体験や気づきを描かずにはおれないと述べてきましたが，ではその体験や気づきをあるがままに生き生きと描き出せばそれで現場は満足なのでしょうか．言い換えれば，私たちが目指そうとしているエピソード記述は，単に「いま，ここ」での体験や気づきを生き生きと描き出せばそれで十分なのでしょうか．いまエピソード記述を求める現場の熱い思いの背後には，それを超えた何かがあって，本当はそれを描き出したいから，まず差し当たりは人の生の断面を描こうとするのだというようにみえます．その何かは，前項でみた「もっと複雑な問題」もそうですが，もっと建設的にいえば，例えば「人が生きるということはどういうことか」あるいは「人の死とはどういうことか」「共に生きるとはどういうことか」といった人の生に関わる哲学的ともいえる大きな問いである場合もあります．あるいは，「育てる」とは何か，「子どもが遊ぶとはどういうことか」等々，子育てや保育に関わって立ち上がってくる切実な問いである場合もあるでしょう．いずれにしても，現場に関与していると，そこでのさまざまな体験や気づきの中から，関わることの意味は何か，支援することの意味は何か，人を受け止めることの意味は何か，人を理解することの意味は何か，等々，人が生きることに関わる大小さまざまな問いがおのずから立ち上がってきます．それを考える中で，人が人と共に生きるということの意味がぼんやりとではあれ垣間見えてきます．そのようなときに，その生のありようをどうしても描き出したいという衝動が湧き起こってくるのではないでしょうか．

先の虐待の例でいえば，表情をなくしているその子が，それでも親を決して悪く言わないという事実を前に，保育者には「どうして？ なぜ？」という素朴な問いがおのずから立ち上がり，その子の健気さに心を揺さぶられ，やるせない思いが湧き起こってきます．そのとき保育者の内部には，その子の今のありようを何とかしたいと思いながら，他方では「子どもを育てるとは一体どういうことなのか」「親子関係とは何なのか」「保育するとはどういうことなのか」「いま自分には何ができるのか」という大きな問いが立ち上がってきます．そのときまた，この子の周囲にいる者はどう関わっていけばいいのか，どういう経験を与えていけばいいのか，どういうふうに支えていけばいいのか，この

子にこう言うことにどういう意味があるのだろうか，自分の存在はこの子にとってどんな意味をもつのか，等々，その子の今のありようを描き出すことに向かいながらも，それにとどまらず，いろいろな問いを巡ってさまざまな思考が巡らされ，そこから何かを表現したい気持ちが動きはじめるはずです．あるいは，その子への関わりの歴史を通してその子に表情が戻るのを見るとき，人は「幼い子どもが元気に生きていく上に，何が基本的に大事なことなのか」という問いを立ち上げずにはおれないでしょう．そうした諸々の問いこそ，エピソード記述に向かう第一歩です．生の断面に現れた一つのエピソードは，立ち上がった問いとの関連において多元的な「意味」に向かうのだといってもよいかもしれません．もちろん，こうした問いが立ち上がるのは，その人との関わり合いの分厚い歴史や，周囲にいる人たちの多様な背景があるからこそです．

しかも，問いが立ち上がり，それとの関連でエピソードの事実を超えた何らかの「意味」が生まれ，それが表現にもたらされるとき，それは常に「他者」に向けた表現なのだということを忘れるべきではありません．もちろん，その「他者」は日頃つきあいのある身近な他者から，不特定の読者という意味の他者まで大きな広がりや幅があります．また表現する自分自身，一人の読み手でもありますから，自分もその「他者」に含めて考えてもよいでしょう．

いずれにしても，「他者」に向けた表現だということの中に，他者に訴えたい，他者に分かってほしい，それを通して自分の存在を自ら確認したいというように，その表現意図には，その体験を自分だけのものにとどめておかずに，周囲に告知したい，それだけの価値がその体験にはあるという，表現主体の切実な思いが含まれてきます．いま，現場の人たちのエピソード記述の方法論を求める熱い思いの中には，そのようなことも含まれているようにみえます．そしてそのことも，エピソード記述の方法論にとっては重要なことなのです．

(5)エピソード記述の方法論は単なる文章作成技法ではない

上記のような現場の熱い思いが，いま，多様な質的アプローチを目指す動きを作り出し，現場が直面する人の生のありよう，その生の断面を描く方法論の一つとして，エピソード記述の方法論を求める強い動機になっているようにみえます．しかし，これまで述べてきたことから分かるように，私の考えるエピソード記述の方法論は，単に人の生のある断面が生き生きと描けるようになる

こと自体を目的にするものではありません．単に自分の感動や熱い思いを描くというだけなら，それこそインターネットの書き込み欄にみられるような，赤裸々な「生の断面」の記述が多数あるはずです．それらと同列視されないためにも，あるいは単なる個人の日記や気楽な体験記と混同されないためにも，エピソード記述の方法論にとっては，むしろ前項の(4)で述べた，ある人の生の断面を描こうと思い立つ人の背景的な問題意識や，その人の前に立ち現れてきた基本的な問いが重要になってきます．その問題意識や基本的な問いとの関連で，その描き出された生の断面の「意味」を掘り起こしてこそ，真のエピソード記述なのであり，まただからこそ，そのエピソード記述は質的アプローチに繋がり得るのです[注4]．生の断面を一つのエピソードとして描き出すことは，あくまでもエピソード記述の方法論全体の一ステップに過ぎない点を十分にわきまえ，この方法論は単に生の断面を描き出すための文章作成技法ではないこと，そして，この方法論を学べば直ちに現場が生き生きと記述でき，それがそのまま質的研究になるわけではないことを，ここであらかじめ断っておきたいと思います．この点については後の第4節でも触れます．

(6) エピソード記述は現場と研究の立場との往還運動から生まれる

　これまで，主に現場の担い手たちの思いに寄り添うかたちで，エピソード記述が求められる背景を考察してきましたが，ここで研究の立場とエピソード記述を求める現場との繋がりについて考えておきたいと思います．

　仮説検証なのか仮説構成なのか，トップダウンかボトムアップか，evidence based なのか narrative based なのか，等々，従来の数量的アプローチと質的アプローチとの相違を巡っては研究者のあいだに難しい議論があります[注5]．しかし，その議論はともかく，現場と研究の立場とのあいだには，現場を生きる中から問いを立ち上げてこそ研究が拡がり，また深まるという方向と，研究の知見の積み重ねから現場を見る視点が新たに拓かれるという方向が常にあって，この二方向が円環的に循環してこそ現場も研究も豊かになるということが，現場の担い手にも，また研究を目指す者にもしっかり踏まえられていなければなりません．特に学生や院生諸君に対しては，問題意識をもたないまま(研究の知見の積み重ねをもたないまま)現場に出ても，すぐさま現場の生の実相が見えてくるわけではないし，ましてや，現場を経験することなく研究の知見を積み上

げていくだけで，生の実相が分かるというものでもないことを言っておかねばなりません．最初はとにかく現場に足繁く足を運び，その場になじむところから拓かれてくる面，問いがおのずから立ち上がってくる面を大事にしなければなりません．そしてそこから立ち上がった問題意識を他の研究や知見と重ねて煮詰めていく中で，現場の事象の意味が改めて拓かれてくる面があります．その両面の接面において，関わり手（研究者）の心が揺さぶられ，問いが立ち上がり，その問いとの関連で何らかの「意味」が見えてきたとき，一つのエピソードが描き出され，そしてそれが研究としての質的アプローチを動機づけるのです．この間の事情が実践感覚を通して深く認識できるようになることが，特に学生や院生諸君にとっては，このエピソード記述の方法論入門で目指されていることだといっても過言ではありません．

　繰り返しになりますが，人の生の断面を描きたいという思いだけで何かが見えてくるわけではありません．現場に関与し関心を寄せる人が，一体何を問題にしたいのか，なぜそれを問題にしたいのか，等々，自らの問題意識を煮詰めていく作業は，実践の立場，研究の立場の違いを問わず，どんな場合にも不可欠です．そしてその作業は，まず現場になじみ，人に出会い，人に関わる中で人の存在のありように目を向け，それが告げてくるものを捉えるということの繰り返しの中で，同時進行するものです．そのことを踏まえれば，エピソード記述は単なる文章作成の技法論ではなく，相手にどのように接するのかという対人関係の機微に通じなければ，また関わっている自分の姿を自ら外側から眺めるという視点をもたなければ（単に自分の内面に生じた思いを描くのではなく），エピソードそのものが描けないことが分かるはずです．それが生半可なものでないことはいうまでもありません．ですから，エピソード記述の方法論は，観察やインタビューや面接をするだけでよく，統計を使わないから簡単なアプローチだ，などと決め込んでほしくはありません．しかしまた，人の生き様や自分の体験を文章で綴るのだから，きっと名人芸的なアート的な世界なのだと仰々しく考えるにも及びません．フィールドを単なる仮説検証のための道具にすることなく，フィールドに頻繁に足を運び，その場と人に素直になじみ，相手を主体として受け止める対人関係の基本姿勢を身につけ，関わり手である自分自身を客観的に見つめる術を身につけ，そして記述のためのいくつかの手順を踏めば，誰にでも接近できる方法論だと私は考えています．ただし，おそら

く従来の数量的アプローチよりは,はるかに難しいアプローチだと最初から心得ていた方が無難ではあるでしょう.

第2節　人と人の「あいだ」で生じているもの

　保育の場であれ,看護の場であれ,あるいは介護の場や臨床面接の場であれ,いずれのフィールドにおいても,そこでは常に対人関係が生き生きと息づいています.各自の生が切り結ばれる際に生まれる「力動感＝生き生き感」[注6]やそこでの「息遣い」により接近して,それを手応えあるかたちで(つまり意味あるものとして)取り上げ,それによってその人の固有の生のありようを手応えをもって捉えたいという思いは,前節でみたエピソード記述の方法論を求める関心の根源にあるものだと思います.裏返せば,これまでの「誰それはこうした,こう言った」という行動記述に徹した事例研究では掬い取ることのできないもの,ましてやいくつかの行動カテゴリーをあらかじめ用意して,その行動の出現頻度をカウントするような数量的研究では決して捉えられないような「生き生き感」や「息遣い」が人の生には纏わりついていて,それらを可能な限りあるがままに捉えて提示することによって,その人の生の固有性,独自性を示したい,そのための手続きや方法を知りたいという思いが,いま,現場の人たちのエピソード記述への強い関心に繋がっているようにみえます.

　(1) 人の「思い」,あるいはその場の「生き生き感」や「息遣い」を描き出すこと
　ここで,関わり手が現場で体験している出来事の中身が問題になります.もちろん,相手がこう振る舞った,こう言ったという観察可能な行動的事実は,当然その出来事の中心的な構成要件ですから,私たちの主張するエピソード記述においても,それらが重要な中身であることはいうまでもありません.しかし,取り上げたい出来事の中身がそれに尽きるなら,それは従来の行動科学の枠組み(客観主義の枠組み)でも十分に取り扱えるはずです.ですから,いま実践の立場の人たちが是非とも取り上げたい,描き出したいと思っているのは,それを越えた中身であるはずでしょう.
　その中身はまず,関わっている相手がいま「こう思っている」「こう感じて

いる」といった，相手の「いま，ここ」での思いや気持ちなどに関係しています．あるいは，その人と関わり手によって構成されるその場の「生き生き感」やそこにいる人たちの「息遣い」のようなものに関係しています．あるいはまた，こう関わればこう応じるというその人固有の独特の感じが関係しています．しかも，それらは関わり手その人，あるいはその場を描き出そうとする観察者その人に「通じてきた」「身に沁みて分かった」「感じ取られた」というかたちで捉えられるものです．要するにそれらは，あるフィールドにおいて，人と人の「あいだ」に生じているものを関わり手や観察者がその「主観」において捉えること（「私」の体験として捉えること）だと概括することができます．つまり，単に「私」が経験した外の風景の感動を表現するといったことではなく，関わる相手が感じたり思ったりしているその生のありよう，あるいは関わり手である「私」の感じるその場の「動き」や「息遣い」をこの「私」を通して捉え，それを「私」を経由して表現するということが問題なのです．

　それらは，少し難しい表現を使えば，他者の主観(心)の中の動きをこの「私」の主観(心)において摑むことだという意味で，「間主観的に把握されるもの」とまとめることができます[注7]．これについては第1章で詳しく触れますが，この「間主観的に把握されるもの」こそ，私の考えるエピソード記述の中心，要になるものです．実際，現場に生きる人と人のあいだには，実に多様な「生き生き感」や「息遣い」などの「現場の息吹」が交叉し，関わる相手と関わり手はそれを互いに感じ取り，味わって生きています．それらは両者のあいだに生まれたものだと差し当たりはいってよいと思いますが，それに基づけられて，関わり手は関わる相手(他者)の思いや意図を間主観的に摑むことができます．そして，そのように間主観的に把握される何かがあるとき，それが「分かる」の出所になり，またそれに基づいて何らかの関わりや対応が生まれてきます．ただし，そのような「分かる」が常に真実とは限りません．ときには「私」の思い違いである場合も含まれます．しかし，思い違いであることが分かれば，そこから関わりの軌道修正が図られていくはずでしょう．その意味では，間主観的に「分かる」というときに，「こんなふうに感じたり，分かったりしていいのか？」という問いが常に(暗黙のうちに)立てられているのでなければなりません．その吟味を欠いたままの「分かる」は，人を思い込みの世界に引き入れかねません．

このように考えれば，人と人のあいだでは，お互いに相手の思いや広義の情動を間主観的に摑んで関わり合っている事情がみえてきます．乳幼児と養育者のあいだ，幼児と保育者のあいだ，学童と教師のあいだ，看護師と患者のあいだ，介護者と高齢者のあいだ，カウンセラーとクライエントのあいだ，等々，人と人のあいだにそのようなことが絶え間なく生起し，それが対人関係を動かしていっているのです．共感し合えたり，し合えなかったり，分かり合えたり誤解が生まれたりといった人間関係の機微も，みなそのことに関わっています．それは誰が何をした，誰が何を言ったというような行動事実には還元できないもの，行動事実を含みながらもそれ以上のものであり，時々刻々動いていくものなのです．

(2) 人が人について「分かる」「分からない」という部分や，人と人のあいだに生まれる「生き生き感」や「息遣い」は，従来の行動科学の枠組みでは捉えられない

関わり手に感じ取られる相手の「思い」やそのような「生き生き感」や「息遣い」は，関わる相手の生のありように結びつき，その人の存在のありようを告げるものです．ところが，これまでの行動科学の枠組みではそれを捉えることができません．そればかりか，むしろそれを排除しなければならないと考えてきました．なぜなら，それらは客観主義の立場では観察可能なものではなく（目に見えるものではなく），常に描き出す「私」の主観を潜り抜ける中でしか捉えられないもの（「私」の身体が感じるとしかいいようのないもの）だからです．そのことは，観察する人（記述する人）が無関与的な透明な存在であることを前提とする従来の客観主義の枠組みとは確かに相容れません．現に，そうして間主観的に捉えられたものに対しては，これまで「それは事実ですか？　あなたがそう思った，そう感じたというのは，あなたの主観的な判断にすぎないのではありませんか？　あなたがそう思いたかったということではありませんか？　それが真実であることを証拠立てるものがありますか？　その経験は再現できますか？　その主張は反証可能性に開かれていますか？」というような，客観主義の立場からの厳しい批判＝非難が向けられてきたのでした．つまり，それらは，これまでは「当事者の主観に属するものだから科学的データにならない，切り捨てよ」といわれてきたものだったのです．

確かに，関わり手(観察者)の主観(心)を潜り抜ける中で捉えられたそれらは，対象として目に見えるものではありません．測定することもできません．いや，測定しようと身構えれば逃げていってしまうような不確かなものです．それゆえ，客観主義の枠組みからの厳しい問いのすべてに真正面から応えることはできません．しかし，できないからといって，では「相手がいまこう感じている，こう思っていると私に感じ取れた，だから私はこう言った，こう返した」という当事者の確かな思いは，無意味なもの，恣意的なもの，単なる錯覚かと言われれば，研究者にとってはともかく，実践の立場の人たちからすれば，いや，少なくとも私にとってはそれは一つの真実だと反論せざるを得ないでしょう．実際，私の考える関与観察とそれに基づくエピソード記述の方法にとって，実践者であれ，研究者であれ，観察する人は，まさにその場に関与しつつ，そこにおいて生起する事象が我が目と我が身体を潜り抜けるところを捉え，記述する人です．それゆえに，そこにおいて捉えられるものは，その関わり手の問題意識や価値観や関わりの歴史を背景にし，また「いま，ここ」の関与のありようをも反映したものになっているといわねばなりません．そこに，これまでの客観主義的な枠組みに対抗して，それらを取り上げることで自分の実践の手応えを何とか表現しようという新しいアプローチ，すなわちエピソード記述の新しい方法論が立ち上がってくる理由があります．

(3) 生の断面に生まれる「人の思い」や「生き生き感」や「息遣い」の特性

ところで，関わり手に間主観的に感じ取られる相手の「思い」や情動の動き，あるいはその場の「生き生き感」や「息遣い」，さらには関わり手の「琴線に触れる」さまざまなこと等々，これまでの研究で捨象されてきた，しかし現場に関与する人たちが是非とも取り上げたいと思う生の実相は，先にも触れたように，残念ながら目に見える実体ではありません．しかしそれらは，その場に関与する人には確かに感じ取ることのできるものです(ただし，いま「確かに」と言いましたが，そこには「どうかな」と少し怪しい場合から「紛れもなく」と確信をもてる場合までの，かなりの幅があることを認めておかねばなりません)．例えばそれは，こちらの胸に沁み入るような相手の辛い思いだったり，こちらも嬉しくなるような相手の躍り上がらんばかりの喜びであったり，当事者たちを取り巻くフワッとした幸せな雰囲気のようなものであったり，当事者の胸を突き上げて

くるような感動であったり，あるいは固唾(かたず)をのまずにはいられないような緊張感だったりします注8)．それらはまず，その場にいる「私」の身体に沁み込んだり，身体を揺さぶったりして「私」に感じ取られるものですが，それらは対象を対象として見る態度，つまり観察者から切り離して対象化して捉える態度で取り押さえようとしてみても，なかなか取り押さえることができません．ときにはそのような態度をとると，その事象そのものがかえって霧散してしまうことさえあります．そこに，これまでの客観主義的研究がそれらを扱えなかった理由があります．

　実践の場で確かに感じ取られるものでありながら，対象として(対象化して)捉えようとすると霧散する例としては，次のような具体例を考えてみれば分かりやすいかもしれません．プロ野球の選手の口からよく「今日はピッチャーが大きく見える」「マウンドが近く見える」という言葉が聞かれます．それは端的に今日のピッチャーの調子が良く，「球が速くて打ちにくい」という意味ですが，この場合，現実にピッチャーが急に大きくなったのでも，またバッターボックスとマウンドとの距離が近くなったわけでもないことはいうまでもありません．ではその「大きくなった」「近くなった」という「感じ」は単なる錯覚なのでしょうか．身長や距離という客観的な指標に基づく限りは錯覚としかいいようがないのですが，しかし，実際に打者がそれを「実感」しているのも事実です．そして，客観主義の立場から，それを錯覚だ，思い込みだといって切り捨てることは，現場の生き生きした現実，打者の切実な思いを切り捨てることに等しく，現場には通用しません．むしろ「大きく感じられる」「近く感じられる」というのが打者にとっての「真実」であり，それは相手の調子の良さと，自分の調子の悪さとの兼ね合いの中で，二人の「あいだ」に生まれたものだというしかありません．本人に実感されるその「感じ」を客観主義の立場に沿って取り押さえようとし，例えば投手の投球の初速とキャッチャー・ミットに収まる終速の差をとってみたところで，それは相手の投手の投げる球の打ちにくさの一つの指標ではありえても，「打ちにくい」という感じそのものではなく，まして相手の投手が「大きく見える」「近くに見える」という「感じ」とは別物だというしかありません．「手元でピュッと伸びるキレのよい球」と野球人がいう「打ちにくい球」の特徴は，何よりも打者にとってはその場で「生きられるもの」なのであって，たとえ球速その他の物理的特性を示さ

れても，それはその生きられる感じそのものではなく，実際の打撃にはあまり役立たないのです．

これに類することが，人と人の「あいだ」ではしばしば起こっており，しかもそれがいまの野球の例のように，当事者にとっては重大事なのです．これは，ワンウェイ・ミラー越しに子どもを見るのと，実際に子どもに関わりながら見るのとの違いにも当てはまります．そうしてみると，客観主義の手続きに沿って得られた事実が「絶対的な真実」の基準であるというこれまでの「行動科学の枠組み」と，当事者にそのように思われることをまずもって「一つの真実」だとするしかない「実践の枠組み」とをどのように繋ぐかは，難しい問題だということが分かるでしょう[注9]．しかし，まず差し当たりは，人と人の「あいだ」に生じていることを，対象の属性に還元することなく，あくまでも当事者同士の「あいだ」に生じたこととして取り上げ，その「人の思い」や「生き生き感」や「息遣い」をその当事者の今のありように結びつけながら，その場にいない人にどのように伝えるかを考えるときに，質的アプローチひいてはエピソード記述への端緒が切り開かれるのだといえます．

(4) 事象の客観的側面（あるがまま）に忠実であることと，事象を客観主義的＝実証主義的に捉えることとは別のことである

もちろん，エピソード記述においては，生の断面に生じるそのような「人の思い」や「生き生き感」や「息遣い」，つまり当事者に間主観的に感じ取られる広義の情動体験が重要だとはいっても，それ自体が重要だというより，むしろ人の生き様をあるがままに捉える上にそれらが欠かせないから重要だという意味であって，真のエピソード記述が目指すべきは，まず第一にその人の生き様の「あるがまま」であり，第二にそこから浮上してくる意味です．その「あるがまま」を把握する上で，事象はかくのごとく起こったという事象の客観的側面が大事であることはいうまでもありません．私たちのエピソード記述にとっても，その出来事はかくのごとく起こったというその出来事の客観的な流れや，その人の生き様はかくのごとくであったというその人の客観的なありようは必ず押さえておかねばならないものです．私の主張するエピソード記述の立場は，現象学の精神に連なるところがあるせいもあって[注10]，あくまでも事象に忠実であることを第一の条件としています．決してフィクションであっては

なりません(描き出された「あるがまま」とは何か,「事象に忠実」とは何かを議論しだせばまた難しいことになりますが,これは次章以下で再度詳しく論じることにします).その点からすれば,私たちのエピソード記述は,エピソードの読み手に興味や感動を与えることを目的に書くのではありません(フィクションはむしろそれが目的でしょう).事象に忠実なエピソード,つまり人の生のアクチュアリティを可能な限りあるがままに描き出すことが,結果としてエピソードの読み手に感動を与えることになるのです.この点は,しっかりと押さえてかかる必要があります.

けれども「事象にあくまでも忠実に」という主張は,当事者の主観を潜り抜けて捉えられるものを捨象せよという客観主義＝実証主義と同義ではありません.むしろ客観主義＝実証主義に徹しようとすることが,かえって事象のあるがままから遊離して,そこに生起しているものを捨象してしまう結果になること(先の野球の例など)を私たちは批判しようとしているのです.つまり,生の実相のもつ豊かなアクチュアリティを,客観主義＝実証主義が主張する操作的定義と再現可能性という「厳密性」と引き換えに断片化してしまってよいかどうか,そこに数量的・実証的アプローチをとるか質的アプローチをとるかを分ける分岐点があります.そしてそこに,実践の立場の人たちがこれまでの客観主義的・数量的なアプローチに飽きたらずに,いまエピソード記述にその突破口を見出そうとする理由があるのだと思います.

そのように考えるのは実践の立場の人たちばかりではありません.研究の立場でさまざまなフィールドに出かけ,その場で生起するさまざまな出来事に立ち会いながら,その出来事の本質(意味)に迫りたいと願う研究者たちも,その場の出来事により密着すればするほど,事象のアクチュアリティを忠実に描き出し,その現場の息吹を捉えてこそ,その事象の意味に迫れると考えはじめているようにみえます.要するに,フィールドの如何を問わず,また実践の立場か研究の立場かを問わず,そこに生きる人たちがこのような思いで生きている,自分もそこに関与しているという事実をアクチュアルに描き出したいという願いこそ,エピソード記述の方法論に向かう理由なのです.

これまでの議論を少し整理すれば,何も感じない(感じてはならない)透明な観察者の目にあくまで対象として捉えられるもの,測定可能で再現可能なものだけを議論しようという「客観主義＝実証主義の立場」と,事象の「あるがま

ま」を可能な限り忠実に捉えようというときに必要になる「客観的な見方」とを混同しないことが大事になってきます．つまり，客観主義の立場を否定するということは，決して恣意的であってよいという意味での主観主義を肯定することではありません．むしろ生の実相のあるがままに迫るためには，その生の実相を関わり手である自分をも含めて客観的に見る見方と，その生の実相に伴われる「人の思い」や「生き生き感」など関わり手の身体に間主観的に感じられてくるものを捉える見方が同時に必要になります．後者を重視することが，あたかも客観的な見方が必要でないと主張しているかのように誤解されたり（自分の中に生まれた考えや観念をただ述べればよいと誤解されたり），客観的な見方も必要であると主張することが，あたかも客観主義＝実証主義を肯定したかのように誤解されたり，といったことが生じるのは，おそらく，この「客観主義の立場」と「客観的な見方」との混同に起因しているように思われます．

(5) 客観主義から脱却することでみえてくるもの

さて，客観主義の立場に縛られることを免れ，事象の「あるがまま」を忠実に捉えようと自分の立ち位置を定めてみると，従来の研究の枠組みから捨象されてきた領域や問題が一挙に視野に開かれてくるはずです．客観主義的な指標では取り上げられないからという理由で，あるいは数量化できないからという理由でこれまで捨て去られてきたこと，再現可能ではないからと見捨てられてきたことが，実は人と人の「あいだ」で生じている大事なことであり，それをはずしては人の生の「あるがまま」に迫れないことがみえてきます．それは何よりもまず，相手の喜びや悲しみが自分の身に沁みて分かったり，あるいはその逆に，相手の悲しい，辛いと語る言葉の洪水にもかかわらず，その言葉がなぜか自分にはちっとも響いてこなかったり，等々，「いま，ここ」において当事者に「感じられる」さまざまな事柄，つまり，相手との関わりの中で得られる情動が揺さぶられる経験や目から鱗が落ちるような深い気づきです．それはまた，人と人のあいだで思いと思いが繋がったり繋がらなかったりする際に感じられるもの，つまり，「静止したもの」であるよりはむしろ「動きの中で捉えられるもの」でもあるでしょう．そこに定位して何事かを語ろうとするとき，それは必然的に，個別事例を足場にし，当事者に「感じられること」を重視したアプローチにならざるを得ません．それがこれまでの研究のパラダイムとは

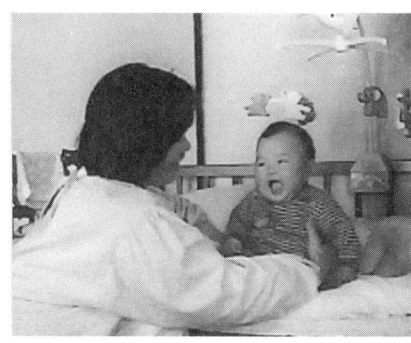 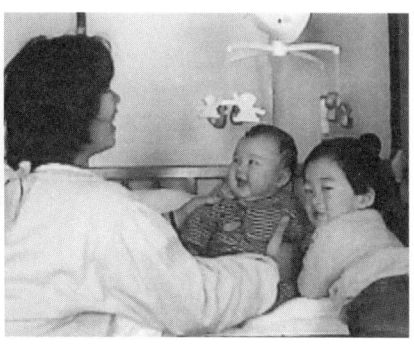

3ヶ月の乳児と養育者の微笑み合う場面

質的に異なるアプローチ，つまり質的アプローチであり，私たちのエピソード記述が目指す方法論なのです．

第3節　人の生のありようを生き生きと描き出すことから「メタ意味」へ

前節でみた「身に沁みて感じられる辛さ」や「生き生き感」や「息遣い」は，「いま，ここ」における人と人の「あいだ」の関係の営みの中に生まれ出てくるものでした．それをなぜ取り上げる必要があるかといえば，それがその当事者たちの生にとって，あるいはその場面を観察する者の生にとって，さらには読み手の生にとって，ある「意味」をもつからです．「意味」と書いたのは，その出来事の表面の意味を越えた意味，あるいはその奥の意味(メタ意味)を指し示したいからです．このことを説明するために，私のこれまでの著書にしばしば登場した上図のような3ヶ月の赤ちゃんとお母さんの微笑み合う場面を再度取り上げてみましょう．

(1) 3ヶ月の乳児と養育者の微笑み合いと「幸せのオーラ」

これは3ヶ月の赤ちゃんにお母さんがあやしかけ，それに赤ちゃんが満面の笑みで応えたことにお母さんも微笑みで返したという場面です．2葉のビデオの静止画を見るだけでは，また子育て経験のない人には，単に3ヶ月の赤ちゃんが満面の笑顔になり，お母さんも微笑んでいるという「微笑み合い」の場面

としてしか摑めないかもしれません．それはこの2葉の写真をただ見るだけでしかないからです．しかし，この場に居合わせたときはどうでしょうか．私の経験では，この場面を「二人が微笑み合った」と記述するだけでは，間違いではないにしても（客観主義的にはそれで十分なのでしょうが），その場で生起している事象をうまく（忠実に＝「あるがままに」）掬い取っているとはとても思えませんでした．私がこの場面に出会ったとき，私は言葉に言い表すのが難しい，しかしとても幸せなオーラがその親子を包み，さらに私もその中に包まれた気分になったからです．それは前節でその場の「生き生き感」や「息遣い」と述べてきたことに通じています．その「幸せのオーラ」は，残念ながらこの2葉の写真からは浮かび上がってきません．確かにこの写真はその場で起こったことの客観的な一面を見せてくれてはいますが，それだけではその場の「あるがまま」には迫れないのです．その限りで，この写真はその場での私の生き生きとした体験を「あるがままに」は写し取ってはいません．それはちょうど，山際に昇ったばかりの秋の大きな満月を見て感動した事実と，その満月を写真にとって見るとその感動がそこに写し取られていないこととの落差に対応しています．カメラが嘘をついているわけではありませんが，しかし体験の真実はそこには写し取られていないのです．

　比喩的にいえば，客観主義＝実証主義の立場は，あくまでも静的に捉えられたこの2葉の写真にこだわって，それを分析し，そこから得られることに基づいて何かを主張する立場です．これに対してエピソード記述の立場は，その写真に基づきながらも，それを越えて，この写真には示されていない，その場の雰囲気やその場で「動くもの」や「力動感」を捉えて，それを記述する立場だといえるかもしれません．

　(2) 感じられるものとしての「幸せのオーラ」

　そこから読者は，ではその「幸せのオーラ」の証拠はどこにあるのか，どこにもないではないか，それと同じ「幸せのオーラ」を再現することができるのか，と言われるかもしれません．しかし，そのような問いの立て方こそ，これまでの客観主義的なものの見方の特徴だったのです．確かにこの写真によってその証拠を示すことはできません．また，このときの「幸せのオーラ」と寸分たがわぬ雰囲気を再現せよといわれても，それは無理だといわねばなりません．

しかし，証拠を示すことができなくても，またそのときの雰囲気と寸分たがわぬ雰囲気を再現できなくても，これに類した場面に出くわした経験のある人なら，きっと私が「幸せのオーラ」という言葉で指し示そうとした独特の雰囲気がどういうものか，おおよそ分かるに違いありません．その「おおよそ分かる」ことで人と人は分かり合えたと思えたり，理解し合えたと思えたりしていくのです（その「おおよそ分かる」は先に少し触れたように，「それでいいかな？」という暗黙の問いと常に背中合わせになっていることを忘れてはなりません）．その「おおよそ分かる」がお互いのあいだに生まれる上で，これまでみてきた「生き生き感」や「息遣い」を捉え，それを表現することが大事になってくるのです．その限りで，私たちの身体が感じ取るものに依拠した間主観的アプローチは，あくまでも「あるがまま」の体験に基づくもの，それに接近しようとするものだといわざるを得ません．

(3)「幸せのオーラ」は解釈なのか？——人間存在の固有性＝他性と同型性＝通底性の問題

さて，ここで私が感じた「幸せのオーラ」は，証拠を示せない以上は私の解釈なのでしょうか．そうでもあり，そうでもないといわねばなりません．私にそこで何かが感じられたこと，そしてそれが肯定的な色合いをもつ感じだったこと自体には何の疑念もありません．それはまさに「あるがまま」の一部であり，そういってよければ客観的に見ても（神の視座から眺めても，私の立ち位置に他の誰かが来ても），そうだったと確信をもっていえます．その限りで，それは私の解釈などではありません．しかしながら，ではその感じられたことを「幸せのオーラ」と表現することはどうかといえば，この言葉でその事態をぴったり言い当てているとは言いがたく，「幸せのオーラ」という表現はその意味では私の苦し紛れの表現だといわざるを得ません．ふわっとした，優しい，柔らかな，穏やかな，溶け合うような感じ，等々，いくら形容を重ねても，決して言い当てることのできない特有の感じがそこにはあって，それを私が「幸せのオーラ」といってしまうのは，一つの比喩的な表現，その限りではやはり私の解釈だといわれても仕方がありません．

しかしながら，私はこの錯綜した事態を次のように考えるようにしています．つまり，言葉で表現される以前のところで私にいわく言いがたく感じられたこ

と(広義の情動［vitality affect］を感得する水準で感じられたこと)は，おそらくそこに居合わせ，その親子に関心を寄せて見る人にはほぼ同じように感じられるに違いありません．これは私たち人間同士が身体的・機能的な同型性(類的同型性)をもっているからです．それによって，広義の情動はお互いのあいだを容易に通底し，お互いのあいだで共鳴することが可能になると考えることができます注11)．しかし，そのいわく言いがたく感じられたものを，誰もが「幸せのオーラ」として感じ取り，そのように言語表現するのかといわれれば，何ともいえません．なぜなら，私たちは身体的同型性をもちながらも，他方では一人ひとりは唯一無二の絶対の固有性をもつ主体であり，その限りでは，お互いに相手を絶対の他性として，つまり完全に重なることは絶対にあり得ない「個」として存在していることを認めざるを得ないからです．つまり，それを「幸せのオーラ」と受け止めて表現したのは他ならぬ「私」であり，そこには「私」という人間の固有性に発する部分(つまり解釈)が含まれてくる可能性があるといわねばなりません．

そのような事情にあるために，それが解釈かどうかは議論の分かれるところですが，ともかく，類似の場面を体験したことのある人は，その「感じられるもの」においてほぼ同型的な体験をしており，それが元になって，私の「幸せのオーラ」という表現がその同型的な体験を呼び起こし，いまの場面をイメージするのにほぼ十分と感じられるので，「おおよそ分かる」と思えるのではないでしょうか．人と人の分かり合いは，ほとんどそのパターンだといっても過言ではありません．

(4)感じられたものの「第一の意味」としての「幸せのオーラ」

さて，言葉で名指す一歩手前で感じられた広義の情動(肯定的なある感じ)を，私が「幸せのオーラ」という表現で名指したということは，少なくとも私にとっては，そこに醸し出された生き生きした生の実相に一つの初次的な意味が生まれたということになります．言い換えれば，私はその場での体験を一つの意味として捉えたのです．それは，少なくともその場に居合わせた私には，時間の流れの中に消え去ってゆく無数の出来事の中からぽっと浮かび上がった，一つの意義深い体験でした．それが「幸せのオーラ」という意味をおのずと立ち上げたのだといってもよいかもしれません．おそらく，現場に関わっている人

が是非とも取り上げたいと思うエピソードは，必ずやそのような意義深い体験を何らかの初次的な意味として捉え，それを言語的に表現したものになっているはずです．冒頭に述べた虐待の例でいえば，その子の今のありようを「健気だ」と表現し，その子の様子が醸し出す雰囲気を「やるせない」と表現するのは，保育者がそこで得た独特のいわく言いがたい感じをそのような意味として捉えた結果なのです．一般的にいって，エピソード記述はこの第一の意味を捉えた時点でこれを描こうと思い立つことが多いと思います．その第一の意味が関わり手に何らかのインパクトを与えたからこそ，それを取り上げ，他の人にそれを知ってほしいと思ったわけでしょう．しかし，それはエピソード記述全体からすればまだ一部であって，それをもっと広い文脈に位置づけ，そのエピソードのメタ意味を明らかにしてこそ，真のエピソード記述になるのです．

(5)「幸せのオーラ」のメタ意味——相互信頼の原初のかたち

さて，私はこのエピソードの体験において，単なる微笑み合いという行動の事実を目撃したにとどまったのではありませんでした．その場での体験の「あるがまま」に迫ろうとすれば，どうしても「幸せのオーラ」という意味＝表現に行き着かざるを得なかったのです．しかしながら，それが直ちにこの節の冒頭で述べようとした「メタ意味」なのではありません．もちろん，「幸せのオーラ」と表現されるような肯定的な体験は，日常の世界でも，それとして浮かび上がり，養育者の育児日記に記されたり，「今日はこういうことがあった」と帰宅した父親との会話の中に挿入されたりする意義深い体験のはずでしょう．

けれども，それを真のエピソード記述として取り上げるには，もう一段階が必要です．その段階を踏むからこそ，このエピソード記述が質的アプローチに繋がるのです．私がこのエピソードを単なる育児日記に記載されるエピソードとしてではなく，「エピソード記述」という方法論を提示するためにここに引くのは，その場の雰囲気が直接に名指すその初次的な意味を超えた「メタ意味」をそこに捉えるからです．まず，この場面で私が母親に気持ちを重ねると，母親の「可愛い」という思いが伝わってきます．また赤ちゃんの側に気持ちを重ねると，「嬉しい」という思いが伝わってきます．しかも，母親の「可愛い」は，子どもの「嬉しい」という思いが間主観的に分かるから，また子どもの「嬉しい」は母親の「可愛い」という思いが間主観的に分かるからそうなる

というふうなのです．これがこれまで見てきた「間主観的に感じ取られる」ということの中身です．それぞれのその思い自体，本来はそのような言葉では掬い取れない，いわく言いがたいものなのですが，それらが「幸せのオーラ」という雰囲気を醸し出しているように私には感じられました[注12]．それをこれまでの私の研究の知見と重ね合わせるとき，私にとってのメタ意味が浮上してきます．つまりこのエピソードは，まず第一に，私自身のこれまでの間主観性に関する議論をもっともよく示すものであり，しかも「子ども―養育者」関係におけるもっとも初期の間主観的関係の典型例であると捉え直されました．第二に，こうした経験の積み重ねこそ，赤ちゃんには養育者への基本的信頼に通じる「意味」をもち，養育者には子育てへの基本的自信に通じる「意味」をもつのだという確信が生まれました．つまりこの場面は，少なくとも私には，原信頼(相互信頼)の原初のかたちという「メタ意味」を喚起する場面だったのです．だからこそ，私は是非ともこの場面を取り上げたいと思ったのでした．

　もちろん，赤ちゃんが養育者に信頼感を抱くルートは他にもたくさんあるに違いありません．二人のあいだで肯定的な気分が分かち合われる場面，あるいは赤ちゃんの負の気分が養育者によって抱えられ，その負の気分が鎮静化してお互いに肯定的な気分に切り替わる場面などはみなそうだといってもよいでしょう．しかし，この3ヶ月の微笑み合いの場面はそれらを代表する場面として，つまりその「幸せのオーラ」は単なる「微笑み合い」という意味を越えた，養育者への信頼と子どもへの信頼(子育てへの自信)がそこから分岐する原信頼の「原初的母体」という意味をもつと思われたのです．

　もっとも，養育者にとってこの「幸せのオーラ」は，場合によっては罪作りな躓きの石ともなり得るものです．なぜなら，この幸せ感は養育者を子育てへと前向きに向かわせる一方で，養育者をそれの虜にしてしまうことがしばしばあるからです．多くの養育者は，幸せ感の中でふと我が子の虜になった自分に気づくとき，「あーあ」という嬉しさ半分，苦笑い半分の気持ちでそれを受け止め，「それが子育てなのだ」と納得し，それを養育者としての自覚を深めていく契機にすることもできます．しかし，養育者の中には，「あーあ」という苦笑いを越えて，「我が子によって縛られる自分」を意識しはじめ，かえってその笑顔にイライラを募らせ，我が子に縛られている自分の腹立たしい思いを子どもにぶつけてしまう人が出てきます．さらには，幸せな我が子の様子に自

分の不幸な幼少期を重ねて,我が子を憎悪してしまうという事例さえ,残念ながら臨床事例の中にはあります.そうしてみると,この「幸せのオーラ」は,親子の関係を揺さぶる実に複雑な「意味」の火床でもあるといわねばなりません.

人と人のあいだに生まれるこのような「ちょっとしたこと」も,よく捉え直してみれば,いくつもの複雑なメタ意味を抱えていることがしばしばあります.それが人の生に関わる現場の担い手にも研究者にも意義深いことだと捉えられるとき,それをエピソードとして描き出し,その意味を考察してみようという思いが生まれるのです.

さて,これまでの議論を振り返ってみると,人と人の関係の営みの中には当事者ないしはその近傍に居合わせた人にしか感じ取ることのできない「生き生き感」や「息遣い」が生まれ出ており,しかもそれはその当事者に,あるいはそこに居合わせた人に,いくつものメタ意味を喚起することが分かります.そして,そのメタ意味がどのように紡ぎだされるかは,関わりの歴史はもちろん,関わる相手を取り巻く背景,当事者の過去経験,当事者の抱える「理論」(意識された理論や意識されない暗黙の理論)によって異なってくるといわねばなりません(この間の議論は本論で詳しく議論します).

(6) 人と人のあいだに生まれるドラマとしてのエピソード

ともあれ,日常を描くことは先の微笑み合いの場面がそうであったように,喜怒哀楽の感情やさまざまな気づきを伴った一つのドラマを構成します.たとえそれがありふれた,とるに足らないようにみえるドラマであったとしても,そこでのそれぞれの人の思いを描くことによって,日常の生の意味が明らかになり,援助や支援の方向性が生まれてくるのです.そして,それを記したエピソードが読む人に何らかの感動を与え,読む人の生に何らかの影響を及ぼす限りにおいて,そのエピソードは単なる出来事を越えた意義深い意味,つまり,日常性を切り裂く中身を含むといえます.天災,事故,障碍,病気,等々の負の事象,あるいは成功や発見の肯定的な事象はいうまでもありませんが,ほんの些細なこと,とるに足らないことのようにみえる出来事であっても,それを体験した人に感動を与え,取り上げなければと思わせる限りにおいて,そのエピソードは流れゆく日常性に裂け目を作り出し,その裂け目から,人の生き様

の一つの真実あるいは一つのメタ意味を垣間見せてくれます．その意味では，生のありようを描き出すエピソードがドラマになるというより，ドラマは生の構造そのものなのだと言うべきなのかもしれません．そして，それを読む人がそこに描き出された生の裂け目を「ありうること」として納得し，そのメタ意味を分かち合う限りにおいて，書き手と読み手のあいだにある水準の「分かり合い」が生まれます．それがエピソード記述の究極の目的なのです．

第4節　三つの素朴なエピソード

　これまでの議論を整理して考えるために，以下に三つの素朴なエピソードを取り上げてみます．これらは，それぞれの書き手が子どもや患者や身内の人と関わっているときに生まれたちょっとした体験をエピソードにまとめて紹介したものです．ここでこれらを取り上げるのは，エピソードはまずもって，このような人と人が関わり合う生き生きとした場面の中から紡ぎ出されてくるものだということを確認しておきたいからです．

(1) エピソード1——乱暴なAくん（4歳）
　最初は一人の保育者の描いたエピソードです（これは「気になる子ども」というテーマでさまざまな園の事例発表の中で紹介されたエピソードです．発表者は勤務歴4年の私立幼稚園の教諭です）．

> 　4歳児のクラスの担任になって以来，私はAくんの乱暴にずっと頭を悩ませて来ました．子ども同士のぶつかりあいの中での乱暴ならともかく，相手の子どもが特に何かをしたというわけではないのに，Aくんは突然，そばにいる子どもを「ばーん」と叩くことがよくあるのです．Aくんがなぜそんな乱暴を働くのか，はじめのうち私には理由が分かりませんでした．叩かれた子どもが可哀相だし，他の子どももAくんを怖がって避けるようになったので，私は何とかAくんの乱暴を抑えなければと思い，躍起になって，「Aくんは，またー！」「Aくん，人を叩いたら駄目でしょう！」と強い言葉かけをしていました．しかし，Aくんの乱暴は収まるどころか，かえってエスカレートするという具合でした．私はどう対応してよいか分からなくなり，Aくんの乱暴な場面に出くわすたびに，緊張し不安になっていました．
> 　そんなとき，園長先生から「Aくんが悪いと叱る前に，相手の子を叩かずにはおれないAくんの思いを受け止めてみては？　きっとAくんも辛いのよ」と助言をいただきました．それから私は少し気持ちを切り替えて，Aくんの友達を叩かずには

おれない思いはどこから来るかを一生懸命に考えるようになりました．あるとき，Aくんの傍にあるバトンを私が何気なく持ち上げたとたん，Aくんはサッと手を頭の上にもっていって頭をかばう仕草をしました．私はハッと思いました．Aくんはきっと家庭で叩かれて育てられているのに違いないと思ったのです．これまでは，とにかく乱暴なAくんを困った子だという思いが強く，そんなふうに考えてみたことはありませんでした．

　それ以来，次第にAくんの家庭での扱われ方がみえてきました．Aくんは，家庭では自分の思いをほとんど受け止めてもらえずに，しょっちゅう叩かれてばかりのようなのです．それがAくんの暗い表情や他の子どもへの乱暴の元凶なのだと分かってきました．そう分かってみると，むしゃくしゃ苛々しているAくんの思いが私にしっかり伝わってきて，かえってAくんのことが可哀相に思えてきました．そして，Aくんが乱暴を働いたときにも，「また―」と私の否定的な気持ちをすぐにぶつけるのではなく，「乱暴はよそうね」とまずはその行為を止めながら，叩かれた子どもを慰め，その後で，「むしゃくしゃしても大丈夫よ，先生がぎゅっとしてあげる」と言いながらAくんをぎゅっと抱きしめてあげるようにしました．そんな対応を繰り返す中で，Aくんの乱暴は次第に収まり，最近ではほとんど起こらなくなってきています．

　これは若い保育者の描いたエピソードです．最後のハッピーエンドにみえる締めくくりのあたりは少し気になりますが，ともあれこのエピソードを描くことを通して，この若い保育者はいろいろな気づきを得たことが分かります．まず，「乱暴な子どもには強く規範を示して」という従来の保育の枠組みではAくんに対処できそうにないこと，また乱暴な行為の背後にAくんの辛い思いがあること，その思いをしっかり受け止めることがAくんの乱暴が鎮まることに繋がったこと，そこから翻って，保育の場で子どもが楽しく遊べるための条件の一つが安定した家庭生活にあること，等々の気づきです．

　そしてこのエピソードで注目したいのは，この事例の展開の鍵を握っていたのは，園長先生の示唆もさることながら，手で頭をかばうAくんの動きから先生がAくんの思いに気づいたところ，つまりAくんの思いと先生の思いの当初のズレが，思いと思いの繋がりに変わったところです．それはまさに目に見えない，広義の情動の次元に生じた一つの意味深い動きでした．それは人と人が関わる際のもっとも密やかでしかし当事者にはもっとも雄弁な動きだったといえるでしょう．そしてそこでの動きを聞き手(読み手)に分かるように生き生きと表現するには，ともかくこのように描き出してみるしかなかったに違いありません．

要するに，この保育者はAくんの乱暴への対処に追われ，ふだん通りの保育を実践できないという苦しい現実の中で，さまざまなことを考えさせられ，またそこからさまざまな気づきを手にしました．そこでの自分の経験を他の保育者や保護者に聞いてほしいし，分かってほしいと思うとき，この保育者はAくんの様子を一つの事例として世に問いたい気持ちに駆られたに違いありません．このちょっとしたエピソードからどのようなメタ意味が浮き出てくるのか，そこをじっくり考え抜くところから質的研究が生まれてくるのですが，このエピソードはそこまでは至ってはいません．しかしまず，こういう現場の息吹が生き生きと伝わってくるエピソードと出会うこと，そしてそれを切り出すことがまず最初の一歩なのです．

(2) エピソード2——「ありがとう，ありがとう」

次は，一人の若い看護師(看護歴6年)の描いたエピソードです(これは看護研修の場で「印象深かったエピソード」というテーマで看護師の方々が描いたエピソードから取り上げたものです).

> Bさんは人生の終末期にある80歳の患者さんでした．最近はほとんど眠った状態で，名前を呼んでもしばしば応答のない状態が続いていました．そのBさんが，その日，見回りにいったときに，しっかり目を開けて「看護婦さん」と声をかけてきました．驚いて，「あらー，今日は調子いいですね」と返すと，「長いあいだ，お世話になりましたねえ……あなたにはとてもよくしてもらった……ありがとう，ありがとう……」と言って，目に涙を浮かべておられるのです．一瞬，何を突然に……と思いながら，返す言葉に窮して，「それは私の仕事だから，Bさんは気にしなくていいのよ」と軽い調子で返したものの，自分自身，何かしっくりこなくて，なぜかその場にいたたまれない気持ちでした．
> 私はBさんのベッドを離れて詰め所に戻りましたが，Bさんはなぜいま私にあんなことを言ったんだろうと，やはり落ち着かない気持ちでした．ところが翌日，勤務についてみると，Bさんは朝方に亡くなったとのことでした．そのとき，目に涙を浮かべて「ありがとう，ありがとう」と言ってくれたBさんの姿がまざまざと甦り，もしかしたら別れを悟ってそう言ったのだろうかと思うと，自分の返した言葉の軽さが悔やまれて，なぜあのときにもっとBさんの思いに寄り添ってあげられなかったのか，自分が情けなくなりました．

これも20歳代の若い看護師の方が描いた素朴なエピソードです．Bさんの言葉を耳にしたとき，この看護師さんは一瞬，返す言葉に窮しました．とっさ

に接ぎ穂をしたものの，何かしっくりきませんでした．そしてそれがBさんの最期の言葉だったことが分かったとき，自分が言葉を返したときにすでに何かしっくり来ないという感じがあったのに，どうしてもっとBさんの言葉の裏にある思いをしっかり受け止められなかったのだろうと悔やむ気持ちが生まれました．このエピソードはただそれだけを伝えているようにもみえます．

確かにこのエピソードを冷静に振り返れば，これは終末期医療の現場ではありふれた出来事を記したものにすぎず，一人の看護師がセンチメンタルな気分になっただけだ，こんなエピソードを描き出して何の意味があるのかと思う人もいるかもしれません．ありがとうの一言も残せずに無言のままに死ぬ人が大勢います．それどころか，悪態の限りを尽くして死に至る人もいるというのが終末期の現実です．おそらく，終末期医療の現場では高齢者が次々に亡くなってゆくという現実があり，人の死にいちいち心を揺さぶられては仕事にならないというのも事実だと思います．

しかし，そのような日常にあって，ここに示されたような些細なエピソードがそのような日常を切り裂きます．この看護師さんが出会ったBさんの最期の言葉は，この看護師さんにしてみれば，無機質の日常に潤いを与えてくれる一言だったのではないでしょうか．おそらくこの看護師さんがこのエピソードを切り出した背景にはそのような思いがあったに違いありません．そしてこの素朴な記述を通して，読む人には「看護する―される」という医療的関係を越え，人と人の心が触れ合う一瞬があったことが，何となく分かるはずです．重要なのはそこです．

患者のQOL(生活の質)の向上を目指す動きと，他方での看護師のバーンアウトの増加という現実の中で，看護とは一体何か，患者に共感的に接する必要があるといわれながら，その共感とは一体どういうことなのか，ケアリングとは何なのか．看護にとっていま真正面から向き合わなければならないテーマが，実はこの素朴なエピソードには織り込まれています[注13]．このエピソードを描いた看護師さんは，いまだそこまで切り込んではいませんが，質的アプローチはこのような素朴なデータをもとに，そのメタ意味を掘り下げ，看護の本質にまでたどり着くという野心をもつときに生まれてくるものなのです．

(3) エピソード3——「母が祖母のために歌う子守唄」

次は私の研究室の大学院生の一人が描いたエピソードです．彼女は高齢の祖母が入院して人工呼吸器をつける状態になったとき，母親と一緒に病室の祖母に付き添うという経験をもちました．そのときの体験をまとめたのが次のエピソードです．

> 人工呼吸器をはずして数日後，ドルミカムという強い薬が抜けきらずに意識が朦朧としている祖母に私と母が付き添っていました．祖母はもちろんまだ話せる状態ではなく，病室は心電図をとる器械の音が鳴っているだけで，病院特有の気の滅入るような空気が流れていました．人工呼吸器は取れたものの，このまま意識が戻らない状態が続くのだろうかという不安が母や私の頭を支配しはじめていたように思います．
> 祖母はまだ自分でうまく咳をすることができず，一定時間ごとに痰の吸引をしてもらっていましたが，それでも不快らしく，吸引のときは苦しそうに顔をゆがめ，無意識のうちに看護師さんの手を振り払おうとします．その日は，吸引が終わって看護師さんが出ていっても，顔をゆがめ，酸素マスクを何度もはずそうとして止めません．そこで私と母はその手を押さえにかかるのですが，あまりに祖母の手の動きが強いので，祖母は嫌がるだろうけれども，拘束具を両手にはめなければいけないかなと，私は思いはじめていました．
> そのとき，母が祖母の手を握りながら子守唄を歌い出したのです．私は，驚いたというか，何かそこですんなりなじめない違和感を覚えました．身体は弱ってしまったかもしれないけれど，やはり87年の人生を刻んできたプライドの高い祖母です．その祖母がまるで赤ん坊のように扱われているように私の目には映りました．「子守唄はちょっと……」と母に言おうと思ったのですが，でも母の真剣に歌う顔を前に何も言えなくなり，母の歌を聴きながら祖母の顔に見入っていました．「子どもの頃，母がよく歌ってくれたわ」と言いながら，母はいろんな子守唄を次々に歌いました．そしてなんと，母が歌っているあいだに祖母は静かに寝入ったのです．
> 私は最後まで母が祖母に子守唄を歌っている状況に居心地の悪さを感じていましたが，この出来事は，付き添いの経験の中でずっと心にひっかかっていました．

これはエピソードが拾えないと嘆く学生を前に，「エピソードは何かの感動や違和感など，自分の心が揺さぶられたときに生まれることが多いから，まずそういう経験をしたときに，試みに一つ描いてみるといいですね」と私が話したのを聞いて，それを20歳代前半の大学院生が実行してみたというものです．

一つの病室内にいる娘，母親，祖母という三世代の女性のあいだには，母親と祖母の関係が自分と母親の関係と同じ「娘と母」「子と親」の関係にあるという不思議な構図があります．その中で，不意に母親が祖母に子守唄を歌う場

面があり，娘であり孫である自分はその母親の子守唄に違和感を覚えたというのがこのエピソードの骨格です．このエピソードを描いた院生には最後まで違和感やひっかかるものがあったらしく，それは主に尊敬する祖母が母親に赤ちゃんのように扱われたことからくるもののようでした．しかし，読み手である私には，酸素マスクを手で振り払って取ろうともがく祖母に対して，祖母にとっての娘である母親が子守唄を歌ってなだめる情景が目に浮かんできて，何かしらジーンとくるものがありました．

　このエピソードの流れそのものはしごく単純で，誰にも分かりやすいものです．しかし，このエピソードからは次々に問いが立ち上がってきます．例えば，なぜ母親はここで子守唄を歌ったのか，それに対してなぜ書き手は違和感を覚えたのか，母親の子守唄は書き手のいうように祖母を赤ちゃん扱いすることだったのか，なぜその歌に祖母は静かに寝入ったのか，等々，まさに次々と問いが立ち上がってきます．このエピソードの書き手自身のその後の説明によれば，最近になって世代間関係に興味が引かれ，それが背景にあってこのエピソードを描いてみようと思ったということでした．書き手自身はいま私がここに掲げたような問いに絡めてこのエピソードを十分に考察してはいませんでしたが，もしも世代間関係への興味を背景にこのエピソードを吟味しなおしてみれば，当然ながら先のような一連の問いが立ち上がり，そこからまたいろいろな「メタ意味」が立ち上がってくるはずです．そして，おそらくそれによって，世代間関係に関するこの院生の興味がよりいっそう掘り下げられていくことが期待できます．そうなったときに初めて，このエピソードを中心にしたエピソード記述全体が，本格的な質的研究へと繋がっていくのです．

　しかしそれにしても，なぜ読み手(聞き手)にすぎない私はこのエピソードの母親の子守唄の様子にジーンときてしまったのでしょうか．いや，ジーンときたのは私ばかりでなく，子育て経験のある社会人の院生たちはみな，その場面に何か胸の詰まる思いを感じたようでした．ではなぜ，書き手がむしろ違和感を感じている場面に，その場の当事者ではない，読み手にすぎない私たちがある感動を覚えたのでしょうか．これなどは後にエピソード記述の問題点として議論してみなければなりません．

(4) 三つの簡単なエピソードのまとめ

さて，上記の三つの素朴なエピソードを少し整理してみましょう．

①事態の客観的な流れが描きだされ，それについて読み手はおおよそ共通理解に達することができる．　まず第一に，三つのエピソードとも，そこで生じた出来事の客観的な流れがほぼ的確に描き出されています．それを読めば，その当事者たちの関わりの情景がおおよそこういうものであったということが読み手にはイメージできるでしょう．もちろん，読み手一人ひとりが思い描くその情景は，必ずしも完全には一致しないかもしれませんが，ことの流れはかくのごとくであったという粗筋を共有するには十分です．エピソードはまさに当事者たちの生のちょっとした断面を切り取るものですが，それが今のような条件を満たしていることが，まずもってそれをエピソードと呼べるための最低要件です．エピソードが簡潔すぎると読み手は情景を思い浮かべることができなくなってしまいます．逆に冗長すぎると，何がポイントなのかがかえってみえなくなってしまいます（これについては第4章で詳しく取り上げます）．

②書き手がその事態をどのように捉えているかがエピソードの中心になっている．　三つのエピソードとも，書き手はその場の一方の当事者であり，しかも書き手が書き手である自分を含めた当事者たちの関わり合いを描き出すというように，書き手が二重化されているのが分かります．これはエピソードの書き手には，書き手を含めたそこでの事態を客観的に見る態度（客観主義的な態度とは違うことに注意してください）が必要だということを意味しています．この視点がない記述は，事象の流れが分かりにくく，読み手には書き手の内面の思いにばかりつき合わされているという感じになり，事象があるがままに描かれていないと受け止められてしまいます．

③当事者の一人である書き手は，他の当事者の思いや意図など，他者の主観（心）を間主観的に把握した部分や，自分の思いや，場の雰囲気を記述の中に盛り込んでいる．　エピソード1では「Aくんの辛い思いが分かる」や「むしゃくしゃ苛々しているAくんの思いが伝わってくる」というところ，さらには「Aくんが可哀相に思える」というところに，またエピソード2では，「しっかり目を開けて」「何かしっくりこない」「いたたまれない」というところ，エピ

ソード3では,「嫌がるだろうけれど」「赤ん坊のように扱われている」「病院特有の気の滅入るような空気」「違和感を覚えた」というあたりがこれに該当します.それらがその場の「生き生き感」や「息遣い」を告げ,また人の思いと思いの繋がる様を描くことに通じています.エピソードが当事者の生の断面を描くものだというのは,まさにそこが描かれているからです.

この三つのエピソードとも,描かれたそのエピソードから直接的に一つの分かりやすい意味が浮かび上がってきています.それがまずこのエピソードの読み手に伝わり,読み手にあれこれのことを考えさせます.それがまずもってこれらのエピソードの一つの価値です.しかし,それだけでは,私の考えるエピソード記述のまだ半分の行程に過ぎません.

(5) エピソード記述は描かれたエピソード場面が直接もたらす第一の意味の提示と,それを越えたメタ意味の掘り起こしの二段階からなる

さて,前節までみてきたことを振り返るなら,これらの三つのエピソードは,いまだ人の生の断面を描き出したにとどまっていて,それを描き出したいと思い立った書き手の背景(暗黙の理論)にはいまだ十分に触れられていません.それゆえ,このエピソードはその意味の全幅がいまだ宙ぶらりんのままです.その背景との繋がりを多方面にわたって吟味し,その意味の全幅を押さえるのがエピソード記述の後段の作業なのですが,それはこれから本論で詳しく説明していくことになります.

しかしながら,いまだ意味の全幅を押さえきれていないとはいえ,このちょっとしたエピソードだけでも,それを読めば,まずそこに生きる人たちの息遣いのようなものが感じられてくるはずです.それが何よりもまず貴重なところです.個別具体の人の生き様が消え去って,被虐待の子どもはこうである,死の間際の高齢者はこうである,介護に付き添う人にはこういうことが起こるというふうにまとめられ,一般化され,それに基づいて一般的な対応のマニュアルを考えるというのがいまの現場の実態です.もちろんある程度はそれも必要なことですが,しかしそうする一歩手前で,人の生き様をこのように表現してみれば,読み手にはその人の生の意味や意義,あるいはその人の尊厳がわずかではあれ,垣間見えてくるはずですし,それを他の読み手と共有することも可能になってくるでしょう.現場ではまずそこにエピソードを描き出す意義があ

ります．

　そして，そのエピソードを描き出すことを機縁に，それを描き出すことになった背景との繋がりをいろいろと考えていくことができれば，そこに多元的な「メタ意味」が溢れ出てきます．それをさらに吟味していく中で，人の生の意義がさらに一段深い次元で明らかになり，それがまた日々の現場の実践に新しい方向性を照らし出す機縁にもなります．ですから，この二段階目の作業はまた，現場でのエピソード記述が現場を越えて広い意味での質的研究に繋がるときでもあるといえます．

　要するに，第一段階のエピソード記述でも，人はそこに現場を生きる人たちの生き様に触れることができ，それ自体意義深いことなのですが，それは質的研究という観点からすれば，これから展開される考察の「素材」にとどまっていて，それがそのまま質的研究なのではないということです．残念なことに，そこのところを十分わきまえることなく，第一段階のエピソード記述をただ並べるだけで「質的研究」だと錯覚している研究者が少なくありません．ですから，この点はしっかりこだわって議論しておく必要があるように思います．

第5節　エピソード記述は単なる個別事例の提示という意味を越えられるか

　上記の三つのエピソードは，おそらく読む人に何らかの素朴な感慨をもたらしたに違いありません．しかし，確かにそれぞれのエピソードにある意味を認めても，それは単なる個別事例のエピソードの意味にすぎないのではないか，そこからそれ以上の意味，あるいは一般化可能な意味を引き出せるのか，という疑問が行動科学の立場から決まって提出されてきます．本節ではそれにできるだけ応えようとしてみますが，実はその疑問自体，行動科学の客観主義の枠組みから導かれるものであって，その問いの構図そのものも問題視しておかねばなりません．

　(1) エピソード記述を中心にした事例研究は価値の一段低い研究なのか
　さまざまなフィールドにおいて，人の生の営みを描き出し，それを研究や報告の俎上に載せようとするとき，従来は客観主義＝実証主義の強い枠組みに縛

られていたために，多数の資料を数量的に表現し，統計的に推論可能な一般的言説，普遍的に妥当する言説を導くことが目指されてきました．そのために，一つの事例をいくつかのエピソードによって提示するいわゆる「事例研究」は，「そこから一般化が目指されていない以上，単なる一事例の提示にすぎない」と，きわめて低い評価しか与えられないままに推移してきました．事実，多くの心理学関連の学会誌は，仮説検証の実証的研究を「原著」として扱い，事例研究を長い間掲載しないままできたか，掲載する場合でも実証的研究より一段低い研究とみなし，「事例報告」の名称で学会誌の末尾に掲載するという扱い方をしてきました．

　心理臨床系，精神医学系の学会誌では，さすがに事例研究が中心に編まれていますが，しかしその事例の扱い方は，事例そのものに密着して「その事例そのものに語らしめる」というような扱い，つまり，事例そのものに価値があるという扱いであるよりは，むしろ既存の臨床理論を検証し補強する目的のためにその事例が引き合いに出されているにすぎないというような扱い方です．つまり，この事例はこの理論によって説明がつくというように，事例よりも理論に価値があるといわんばかりの扱いなのです．

　このように，これまでは行動科学的な数量的・実証的研究においてはもちろん，臨床研究においてさえ，事例の価値は低く見積もられてきたといわざるを得ません．そこには，一つの事例は個別事例の域を出ず，そこから一般化することは難しいから価値が低いという暗黙の判断が働いているようにみえます．しかし，それは本当でしょうか．

　第4節でみた事例を思い起こせば，「乱暴な子ども」といっても，Aくんと似た乱暴な子どもは多数いるに違いありませんが，乱暴な行為の出方やそのときの気持ちのありようはAくんならではのものであり，また抱える背景的問題もそれぞれに違っていて，Aくんとそっくり同じ乱暴な子どもは一人としていないはずです．また「終末期にある高齢者」といっても皆がみなBさんと同じ存在のありようを示すわけではありません．ですから，Aくんに当てはまったことが，他の乱暴な子どもにそのまま当てはまるとは限りませんし，Bさんにいえることがそのままお年寄り一般に当てはまることはありません．さらに介護する人がみな子守唄を歌ってやるわけではないのです．私の主張するエピソード記述の立場からすれば，その個別具体のもつ生き生きとした様相とそのか

けがえのない一回性の意味こそ，記述に値する価値あるものなのですが，逆にそれが「一般化可能でないから意味がない」とされてきたわけです．

しかし，そもそも客観主義を貫けるかどうか，つまり再現可能性と反証可能性に基づく一般化可能性という基準に合致するかどうかだけで，その研究の価値が決められるものでしょうか．もしも，事象への密着性(つまり「あるがまま」性とでもいうべきもの)や情景の表象化可能性(つまり読み手がその情景をどれほど鮮やかに思い描けるか)といった基準，あるいは事象の意味構造そのものに迫っているかという基準を設ければ，むしろエピソード記述を中心にした事例研究の方の価値が高いことが多く，数量的な実証研究の大半は，「砂を嚙むような抽象性に満ち，生の実相がさっぱり浮き彫りにならない」と価値を低くみられることさえあるかもしれません．

ですから，問題は研究者が何に価値を置くかです．個別具体のアクチュアリティを大事にするか，一般化可能性を大事にするか，それによって研究の方向性が異なってくると考えるべきなのではないでしょうか．いま議論したいのは，だから数量的・実証的研究は意味がないということではありません．その中には十分納得できる研究が数多くあります．しかし，その中にはまさに無味乾燥な研究，生きた事象との接点をもたない研究も少なくありません．また事例研究であれば，そのすべてが人の生のありようを生き生きと描き出せているかといえば，残念ながら必ずしもそうではありません．その中には，事例のよさを何ら生かせていない研究，それこそ日記風と揶揄されても仕方のないような研究もあれば，客観主義に徹していて事例研究である理由が皆目分からないような研究が多数含まれているのも事実です．ただ，事例研究の中には高く評価されてよいものがあるにもかかわらず，これまでの学問動向の中ではその内容よりもその手続きのところで門前払いにしてしまう動きがあったこと，このことをいま問題にしているのです．

(2) エピソード記述を中心にした事例研究は一般性に開かれていないのか

さて，客観主義の枠組みからの「事例研究は個別にとどまっている」という主張をもう少し吟味してみたいと思います．ここで，エピソード記述(事例研究の一部分)は単に書き手の得た体験を書くだけというような，書き手の内部に閉じられた営みなのではなく，書き手がそれをどこまで意識するかはともかく，

むしろ読み手を想定し，読み手に理解してもらえることを(潜在的にではあれ)求めていると述べたことを思い起こしてみましょう．この，読み手を想定しているということの中に，一般性に通じる道が開かれていると思うからです．

つまり，一つのエピソードを読み手が「なるほど」と納得できるということは，そのエピソードが書き手の「個別性」に閉じ込められていないということです．客観主義の一般性，普遍性の要請は，研究の手続きに関する要請であり，それが満たされれば，その時点で，読み手がそれをどう受け止めるかには関係なく，一般性，普遍性が「保証」されるというかたちのものです．これに対して，エピソード記述が目指す一般性は，手続きではなく，むしろ読み手の読後の了解可能性，つまりどれだけ多くの読み手が描き出された場面に自らを置き，「なるほどこれは理解できる」と納得するか，その一般性を問題にするのだといってもよいでしょう．

この意味での一般性，つまり普遍性というよりは公共性という意味での一般性であれば，私たちのエピソード記述も当然それを目指さなければなりません．多くの人に「なるほど」と理解され，そこから人の生に関して読み手がいろいろと思考を拡げていくことのできるエピソードが，一般性，公共性に開かれたエピソード，つまり価値あるエピソードなのです．

逆に，たとえ自分自身の体験をまざまざと描き出したものであっても，それがもっぱら自分の内面を覗き込むような内容であって，他者の思いを間主観的に摑んだものではなく，あまりに個人的な体験として書き手に閉じられているならば，つまり，読み手がそこに描かれている状況に自分を置いてみる可能性がほとんどなく，そこに描かれた人の思いに自分を重ねることができなければ，その体験がどれほど書き手にとって表現したいことであっても，エピソード記述としては問題を孕むといわねばなりません．一つの例を挙げてこの点を説明してみたいと思います．

ある臨床の仕事に従事している一人の大学院生(社会人で女性)は，次のようなエピソードを私の大学院のゼミの授業の折に話してくれました．

「カウンセリングで〈壺イメージ〉をしていたときのことですが，クライエントの学生は壺の中に液体が入っていて，その中を平泳ぎで泳ぐというふうにイメージしていました．壺から出たあとで，どんな感じだったかと聞くと，『中に入っていた方が気持ちが良い．もうちょっと泳ぎたいくらい』と少しは

にかみながら言ったんです．そこで『もっと泳ぎますか？』と聞くと『いいえ』と照れたように笑ったんです．そのとき，私は無性に腹が立って，その瞬間，『この学生は私の子宮の中で泳いでいたんだ』と気づきました．そして私がそう気づいたことを『この学生は知っている』と感じたのです」．

　おそらく狭義の心理臨床の枠組みでは，これは面接者の逆転移ないしは良性退行の問題として，あるいは壺イメージ療法を遂行していく際の解釈の問題として議論されるものでしょう．その議論はともあれ，その社会人院生は「その子が私の子宮の中で泳いでいたと気づいた」，「その学生はそのことを知っていると感じた」という部分を間主観的に摑んだことと理解しているようでした．これに対して，私にはこれはクライエントの主観性がこちらに沁み込んできたかたちの間主観的な把握の結果であるというより，クライエントの様子に基づきながらも，むしろカウンセラー自身の内部に生まれたある気づきや感じが表現されたもののように思われました．要するに，それは間主観的に感じ取られたものではなく，むしろカウンセラーの解釈そのものではないかと思われたのです．

　おそらく，院生自身の体験からすれば，「私の子宮の中を泳いでいる」と気づいたことや「この学生はそのことを知っている」という感じは，単に頭の中で解釈したものではなく，まさに自分がまざまざと感じたこと，気づいたことだったに違いありません．しかし，私が間主観的に摑むとか把握すると述べていることは，あくまでも相手が思ったり感じたりしているところを相手の側に出かけて相手のところで受け止めることを言おうとするものです．単に相手の様子を機縁に「私の側に生起したこと」を取り上げようとするものではないことに注意してほしいと思います．その意味からすれば，むしろここでは，クライエントの思いを間主観的に摑めないまま，クライエントの様子を機縁に自分の内部に生まれた自分の思いを表現してしまったということではないでしょうか．ここで院生に生まれた気づきや感じは，主要には院生自身の中に生まれ出たイメージであり，院生自身の固有性に発するものではないかと私には思われました．そしてそのゼミの場にいたほとんどの人が似たり寄ったりの思いに駆られたのだと思います．もちろん，この院生の頭にこのイメージが浮かんだということ自体を疑っているわけではありません．

　ここには，学生のところまで自分の気持ちを持ち出して学生の思いを間主観的に摑む部分，それを機縁に自分の中に生まれてくる感情，それらから距離を

とってその事態を超越的に眺め，それを客観的に描き出そうとするもう一人の「私」という，エピソード記述の根本に関わる問題が現れているのですが，その点の詳細な議論はいまは措いて，話を戻しましょう．

　要するに言いたいことは，この院生の頭に浮かんだイメージ体験が当事者にとってどれほど確実で，どれほど真実味を帯びていたとしても，「そのように感じ取ってよいのか？」というメタ観察の態度が十分でないと，その体験の鮮やかさに欺かれ，それを間主観的に捉えられたこととしてしまうということが起こり得るということです．そのようなとき，その体験は読み手(聞き手)の類似の体験に響いてくるところがなく，読み手(聞き手)がそこに自分を置いてみようにもそれがかなわず，読み手(聞き手)としては途方に暮れるしかありません．夢の話としてならば，そういうこともあるかもしれないと思えたかもしれませんが．

　そのことを踏まえると，個別具体(書き手の主観のあるがまま)を大切にするとはいえ，エピソード記述はあくでも相手の主観内容についての間主観的な把握に重きを置くものであって，相手の様子に触発されて生れた書き手の主観的イメージの記述であってはなりません．読み手が我が身をその場に置いて，そのエピソードの間主観的に把握された箇所に自分を重ね，あたかも自分が間主観的に把握したかのように思いなせるということが，そのエピソードを了解する上に必要なのです．先に，エピソード記述は読み手を想定するものだと述べましたが，逆にエピソードを書くということは，どこかで(暗黙裡に)読み手の了解可能性を気遣っているところがあります．どれほど自分の体験として真実であったといっても，おとぎの国を見てきたような話が読み手に理解できるはずがありません．たとえその体験がフィクションではなくて，エピソードの書き手にそのようなかたちで起こったことを認めるとしても(書き手の話を信じるとしても)です．

　さて，読み手の了解可能性がエピソード記述の方法論における一般性の意味だと述べてきました．そして，そのために，手続きではなく，読後に了解可能であるかどうかの結果を重視すると述べてきたのですが，この議論はしかし危うさを抱えていることを認めなければなりません．一人ひとりが了解可能であったとしても，それを束ねて，それは一般的，公共的な了解可能性だといえるための超越的立場が，やはりどこかに設定されていなければならないからです．

例えば，カルトの集団内では体験の共通項を基にあるエピソードが成員全体に了解可能であるのに，集団の外では体験の共通項がないのでまったく了解不可能であるという場合を考えてみれば，この間の事情が分かるはずです．つまり，安易に体験の共通項で括って互いに了解可能であるからそれが一般に通用すると信じるのは，カルトの集団の成員の考え方と何ら変わらなくなってしまう危険性があるのです．

ですから，「体験の共通性」と述べたことをどのように理解するかが問題です．私の考えでは，まず第一に，同じ体験をしたことがあるかどうかではなく，エピソードで提示される状況に読み手が自分を置き，自分を書き手に重ねたり，観察対象に重ねたりしながら，さらには自分のそれまでの経験と重ね合わせたり，照らし合わせたりしながら，そこに生じていることを最終的に「あり得ること」と納得できるということが「体験の共通性」の一つの要件です．第二に，しかもそのような納得は自分だけができることではなく，たいていの人はその場に置かれればそのように納得できるはずだという暗黙の操作，つまり自分を不特定多数の一人とみなす超越的な操作が暗黙のうちになされることもまた「体験の共通性」のもう一つの要件です．この二つの要件が揃ったとき，少なくとも読み手の側からすれば，そこに描かれているものは一般性，公共性をもつと展望できるというのが，私たちのエピソード記述の立場なのです．

(3) 一般的・普遍的な事実の提示から，読み手に起こりうる可能的真実の提示へ

エピソードやエピソード記述を中心にした事例研究は個別にとどまって，一般性，普遍性をもたないから価値が低いという議論に対しては，エピソード記述は読み手の了解可能性という意味での一般性，公共性を目指すものだと反論してきました．ここでその議論をさらに一歩進めて，エピソード記述の方法論は，従来の実証科学とは根本的に異なる事実の提示の仕方をするものだという点に触れておきたいと思います．これは，従来の議論の仕方があまりに行動科学や実証科学の土俵内での議論であって，エピソード記述の側からすれば，いわば「小手先の弁明」にとどまってきたことをむしろ反省し，もっと積極的にエピソード記述の立場を表明しようということでもあります．

まず，従来の客観主義や実証主義を貫く行動科学の事実の提示の仕方を振り

返ってみると，多数の標本を収集して得たデータの共通項(例えば平均値)を事実として提示し，その事実が母集団に共有されるものであることを統計的に表現することで，一般性，普遍性を示すというやり方をとっていることが分かります．この場合，一つひとつのデータに意味があるのではなく，あくまでも共通項として括り出されたものに意味があるのです．個々のデータはそこでは共通項として示された事実からの「偏差」としてしか，つまり，どれだけ共通項に「近いか」という点からしか評価されません．そして共通項から遠いデータは「誤差」として切り捨てられるだけです．

しかし，その「誤差」にすぎないかもしれない一つの事実，つまり一つのエピソードの中にこそ，実は人の生の実相が含まれているのです．少なくとも私にとって，それがエピソード記述に向かう大きな理由でした．この点を踏まえるなら，エピソード記述は個別のケースの提示にとどまっているという議論の仕方そのものが，すでに行動科学の土俵の上での議論だといわねばなりません．では，エピソード記述の方法論は一つの事実をどのような意味で提示し，それはどのような価値を有するのでしょうか．

詳しい議論は別のところでするしかありませんが，結論からいえば，一つのエピソードを一つの事実として提示するとき，前項でみたように，もしもそれが読み手に自分の身にも起こりうることとして理解されるなら，つまり過去に同じような経験をもったかどうかに必ずしもこだわることなく，それはありうることとして理解されるなら，それはエピソード記述に固有の事実の提示の仕方として認められるべきだということです．これは，私たち一人ひとりが自分の経験世界に閉じられていないこと，他者の経験世界に可能的に開かれていることに拠っています．つまり，身体的には類的同型性をもち，それゆえ感受する世界はかなりの程度同型的であることを基礎に，幾多の類似した経験をもつ私たち人間は，絶対の個であると同時に類の一員であり，それゆえ大勢の他の中の一人でもあります．しかも，豊かな表象能力を付与されている人間は，その想像力によって，他者に起こったことはそのようなかたちで我が身にも起こる可能性があると理解することができるのです．

これは何も難しいことをいっているのではなく，「身につまされる」「人ごとではない」「自分にも思い当たる節がある」「自分にも起こりうることだ」といった，日常的な表現の中で私たちが日々実感していることです．

ここで，第4節に示したエピソード3において，書き手である院生自身は母親の歌う子守唄に違和感を覚え続けたのに，そのエピソードを聞いた私を含む何人かの社会人院生は，このエピソードに何かジーンとくるものがあったという話を思い起こしてほしいと思います．そこでは書き手の感じたものと読み手の受け止めたものが異なるという奇妙な事態が起こっていますが，それが今の議論に関係してきます．

　まず違和感を感じたということが書き手にとっての事実として提示されています．書き手への信頼性と，描かれたその場面の信憑性という点では，このエピソードに何ら問題とすべき点はありません．しかし，そのエピソードが提示する場面の事実は，一つのイメージを読み手に喚起します．もちろん，私自身の経験の中に，「母が子守唄を歌う」というシーンがあったわけではありません．しかし，そのエピソードの母親の行為の背後にあるその思いに自分の気持ちを重ねるとき，その子守唄を歌う母親の思いが何かしら分かる感じがして，胸の詰まる思いに駆られるのです．「何かしら分かる」という部分は，私と他の社会人の院生とで完全に重なっていたわけではないかもしれません．しかし，それでも何らかの体験を背景に，可能的に想起される場面には互いに重なる部分があるはずです．それほどに私たちは個や自であると同時に類であり他であり得るのです．この議論は，第4節のエピソード1にもエピソード2にも，いやこれから取り上げるすべてのエピソードに当てはまるはずです．

　ですから，ぴったり同じ体験をしていなければお互いに分かり得ないということではありません．決して自分に起こったことではないのに，何か「身につまされる」「人ごとではない」「自分にも起こりうる」ということはあり得るのです．つまり，エピソードを読むということは，エピソードによって描き出された場に読み手が身を置く（臨場する）ということであり，その場で関与主体（書き手）が間主観的に摑んだものと同質のものを，読み手も喚起されたイメージの中で可能性として摑みうるということです．それが了解可能性であり，その一般性や公共性が，そのエピソードの価値だということになります．その意味からすれば，一つのエピソードは，読み手にとっては一つのテクストだといってもよいかもしれません．ただし，このようにいうとエピソードをフィクションと同列視される危険性があります．効果としては，一つの小説や詩歌が読者に与えるインパクトと，一つのエピソードが読み手に与えるインパクトは同じ

序章 なぜ，いまエピソード記述の方法論なのか 47

次元のものだといわざるを得ないかもしれません．しかし，エピソードはあくまでもフィクションではなく，一つの「あるがまま」の事実として提示されるものです．効果が一緒ならば，「あるがまま」にこだわらなくてもいいのではないかという議論もありますが，私はそれには与しません[注14]．エピソード記述の方法論を人間科学の枠組みの下に置きたいと思うからです．

ともあれ，いま議論しておきたいのは，私たちが可能的に他者の世界に開かれていること，それゆえ，他者の一つの体験の提示が，我が身にも起こり得る可能的真実であると受け止めることができること，逆に，エピソード記述はその読み手の開かれた可能性に訴え掛けるものであることを認めることです．これによって，従来の再現可能性や検証可能性，あるいは信頼性といった，行動科学の枠組み内の認識論とは違う，エピソード記述の方法論に固有の認識論を構えることができます．

(4) 私にとっての忘れがたい体験：私は他者の体験によってどれほど強く揺さぶられるか

ここで，私が他の場所でしばしば引いてきた，私にとっては忘れ難い一つのエピソードを紹介しておきたいと思います．ある人の体験がそれと同じ体験をもたない他者をどれほど強く揺さぶり得るかを例示してみたいからです．

小学校3年生になる自閉症のUくんは，いまだウンチのトイレット・トレーニングが身についていませんでした．学校に送ってきた母親はそれをたいそう気にして，ことあるごとに「まだウンチはない？」とUくんに問い続け，Uくんを追いかけ回していました．Uくんは母親が近づいてくるとするりするりと逃げ回ります．母親の形相は暗く，まさに眉間にしわを寄せてUくんを追いかけ回しているという雰囲気でした．それを部外者の一人としてみている私も辛く，もしもトイレット・トレーニングがうまくいったら，どんなにこの親子の関係が良好になるかと思ったほどでした．それから数ヶ月して，あるときその母親と久しぶりで出会ったとき，その母親の表情が実に晴れ晴れとして，別人のようでした．そこで，「お母さん，何かいいことありましたか？」と尋ねると，「先生，聞いてください．私なんて馬鹿だったのでしょう，どうしてこんなことにもっと早く気がつかなかったのでしょう．簡単なことだったんです．Uが(排泄を)失敗したって，一回余分に洗濯をすればいいんですよね．電車の

中で失敗したって，私が周りの人に「ごめんなさい」と謝ればいいことですよね．なぜ，こんなことにもっと早く気がつかなかったんでしょう．気がついてみれば，ばかばかしいほどに簡単なことで……それでね，それに気がついて以来，何だかつき物が落ちたみたいになって……変ですよね」と明るく言うのです．私は暗い顔で眉間にしわを寄せてＵくんを追いかけ回すお母さんの顔と，今の明るいお母さんの顔がどうしても重ならずに，とまどいながら，しかし物も言えないほどに感動して，涙を堪えるのが精一杯だったことを思い出します．

　障碍のある子どもが，排泄のしつけに苦しむことはしばしばあります．長い年月をかけて，その壁を越えていく事例もあります．しかし，Ｕくんの場合は本当にそれが難しく，通常なら２歳過ぎに身につけるそのしつけを，10歳近くなってもまだ身につけていない状態でした．そのような状況の中で，苦しみぬいた一人の母親が，苦しみの果てのぎりぎりの瀬戸際で，一つの突破口を見出したというエピソードです．そこに至ってみれば，ばかばかしいほど簡単なこと，しかし，そこに至るまでに，この母親は７年以上の苦しみの月日を重ねたのでした．このエピソードの最後の部分を聞いたとき，確かに私は自分の子育てでそれに類する苦しみを経験したわけではありませんが，壁になっていたものを苦しみの最中で潜り抜けていったこの母親の思いは，何か胸にドスンと響く感じで伝わってきました．明るく振舞っている裏で，しかし，願っていたようにはいかなかった断念もきっとあったでしょう．一人の人間がそのように壁を越えるには，ある意味では私たちの常識的な価値観を脱却し，別宇宙の価値観にたどり着くだけの辛さ（おそらく７年もの年月を要した辛さ）があったに違いありません．

　しかしともかく，人はそのように生きるのです．そこには障碍の子どもと共に生きようとする一人の母親の真摯な姿があります．その姿に接するとき，人は同じ一人の人間として，感動を覚えずにはいられません．そのとき，私はこのエピソードを何としても描き出したいと思い，何とか多くの人にこういう生き様を示した一人の母親の存在を知らしめたいと思いました．そして，このエピソードを読むことを通して，自分の人生を振り返るきっかけを得る人が多数いることを願いました．これは，従来の実証科学のような共通項としての事実を提示するやり方とは明らかに違います．このような事例は二つとはあり得ないかもしれません．しかし，この母親の別次元にワープするかのような生き様

を，多くの人は「ありうること」とみなし，私と同じように感動を覚え，共感してくれました．この事実の提示の仕方は，これまでの行動科学がしてきたような事実の提示の仕方とは明らかに異なるものです．しかしそこにこそ，このエピソード記述の方法論の価値があるのであり，それを認めるかどうかが問題なのです．

(5) エピソード記述の信頼性をどのように考えるか

さて，個別の枠を超えられないではないかという批判には，私たちのエピソード記述は限定詞つきの一般性や公共性に開かれているということで答え，またエピソード記述に固有の事実の提示の仕方の意義を示してきましたが，ではエピソード記述の信頼性はどのように考えればよいでしょうか．この議論も実証主義の立場からはよく持ち出されます．客観主義＝実証主義の枠組みの下では，例えば観察の信頼性は複数の観察者による観察結果の一致率などの指標によって保証されるとされます．エピソード記述の方法論にはこれに対応するような信頼性があるかというわけです．一つのエピソードが再現可能でない以上は，同じ手続きを使うことは原理的にできません．ですから，観察結果の一致率のようなかたちで信頼性を示すことはできません．その意味では，そこがエピソード記述の方法論の一番の弱点といってもよいものでしょう．

ところで，実証科学においては，観察者は常に誰とでも代替可能な無色透明の存在であることが前提されています．観察の信頼性は当該観察者への信頼性ではなく，あくまで観察結果に対する信頼性です．ですから，一致率という数値で表現できるのです．これに対してエピソード記述においては，観察者が代替可能であるという前提に立ちませんから，実証科学と同じ意味での信頼性を得る手続きを取れません．しかし，描き出されたエピソードが書き手にとっての「あるがまま」のものであることを信頼できるかどうかは，いやしくも一つの科学であることを目指す以上は，議論しないで済ますわけにはいきません．私見では，実証科学のデータの信頼性の議論に対応するのは，描かれたエピソード内容の信憑性だといってよいと思います．

この点に関して，私の考えるエピソード記述の方法論においても，類似の場面を描いたエピソードを重ね合わせて比較考量することができれば，その差異性と同質性から，当該エピソードへの信憑性が高まるとはいえるでしょう．つ

まり,「やはりこういうことはあるのだ」という読み手の了解可能性が強められ,それによって描かれたものへの信憑性が高まるということです.これは実証科学の信頼性の手続きと少し似ているかもしれません.その点からすると,理想的には,他の人と同じ場面を観察(経験)しているときに,そのエピソードを取り上げ,それを記述し,その記述をその場を共有した人に吟味してもらうというのが,その描かれたものの妥当性や信頼性に繋がる最良の手続きだということになります.現に,保育の場面や看護や介護の場面などでは,同じ場面を複数の人が見ることはしばしばあります.特に,公開保育などでは,特定の子どもについて保育担当者の取り上げるエピソードと,参会者が同じ場面を取り上げたエピソードとを突き合わせてみることが可能です.そのようなとき,それぞれに間主観的に摑んだものを突き合わせることによって,観察対象の思いのありようをどちらがぴったり摑まえているかを,関わりの時間経過,観察対象を取り巻く対人的背景などを踏まえ,メタ観察によって検討することができます.それによって,そのエピソード記述をより確かなものにできるなら,そこには信頼性があるといってもよいのではないでしょうか.

　もっとも,このようなやり方でエピソード記述の信頼性を議論していくことは可能だと思いますが,私はむしろ,そのような同じ場面を複数の人間が見る場合に,そこでのエピソードの捉え方の重なりを強調するよりも,そのズレに迫る方が,そのエピソードの意味を掘り下げる上に有効ではないかと考えています.重なる部分が多ければ,書き手は自分の見方に自信をもてるでしょうが,そこからは書き手が考察したこと以上の新しいものが得られません.むしろズレがあるときに,新しい問いが立ち上がり,考察が一段と深まる可能性があります.それがエピソード記述の特徴だと思います.

　それに,エピソード記述の大半は,当該観察者＝記述主体が単独でその場面を体験して描くというかたちをとるものです.その書き手の体験を他の人が他の機会に再現できない以上,描かれたものの信憑性は,書き手に対する信頼性によって替えるしかありません.つまり,書き手が「まさにこのようであった」として提示するその場面は,読み手にとってはまさに信じるしかないものです.それを信じられるかどうかは,書き手への信頼性と,読み手の「それはあり得ることだ」という了解可能性にかかっているといわねばなりません.

　読み手の了解可能性が十分でなければ,たとえ書き手(表現主体)が表現した

ものが嘘ではないと信じることができたとしても，描き出されたものへの信憑性が十分ではなくなります．この点については，先ほどの「子宮の中を泳いでいる」というエピソードのところで触れました．いま，読み手の了解可能性といいましたが，言い換えれば，エピソードは読み手を選ぶというふうにもいえそうです．つまり，同じような事態を生きたり立ち会ったりした人には了解可能性は大きいけれども，そうでない人には了解可能性が小さくなってしまうということです．さらにまた，「あるがまま」が生き生きと描き出せていないために，読み手がその場面を鮮やかにイメージできない場合にも，描き出されたものへの信憑性が低くなることはいうまでもありません．そこに，エピソード記述を繰り返し経験し，場面を生き生きと描き出すための鍛錬が求められる理由があるわけです．

　ところで，エピソード記述の方法論にとって，エピソードが読み手に提示されるまでのところで，書き手が当該事象の「あるがまま」を「加工」してしまう恐れ，さらには捏造してしまう恐れは決してないとはいえません（これはエピソード記述に限らず事例研究一般に言えることです）．つまり，描き出された内容を読み手が了解できたとしても，それがそもそも捏造されたものではないということを手続きの上で保証するものはどこにもありません．ですから，描かれたエピソードの信憑性は，最後は書き手への信頼性（書き手の誠実さへの信頼性）に帰着してしまいます．表現の上手下手はあっても，少なくとも書き手が誠実で，自分の体験のあるがままに忠実であろうとしているということが，この方法論の最低必要条件なのです．そこが少しでも揺らげば，エピソード記述は単なるフィクションに堕してしまいます．ですから，ここのところはエピソード記述の方法論にとっては死活問題であり，究極のところは書き手の絶対的な倫理性に委ねられるとしか言い様がありません．これについては次の第6節の研究者倫理との関連で論じ直すことにしましょう．

(6) エピソード記述の妥当性をどのように考えるか——それはその場面の
　　「あるがまま」を的確に描き出しているか

　これは本論の第4章で詳しく論じることになりますが，本節の最後として，エピソード記述はどのような意味でその場面を的確に描き出しているといえるか，言い換えれば，描き出すべきものを的確に描き出しているといえるかを簡

単に議論しておきたいと思います．書き手（観察者・インタビュアー・関わり手）が描き出すものは，常にある背景（文脈）の上に「図」として浮かび上がったものです．書き手を簡単に誰とでも代替できないというのは，そこに理由があります．というのも，書き手の背景に包み込まれているものは，人によって異なっている可能性が高いからです．書き手による価値観の違い，子ども観の違い，発達観の違い，さらには経験（年期）の違いなどがある場合，たとえ関わる相手，つまり関与対象が同じであっても，関わる人によってその「背景」が違うために，「図」として取り上げられるものが違ってくることは十分に考えられます．ですから，たとえ書き手が誠実で，加工したり捏造したりすることなく，書き手にとっての「あるがまま」にできるだけ忠実であっても，書き手によって取り上げる場面が違うことはあり得ます．

　書き手がどの場面を図にするか，その場面を図にしたことが的確であったかどうか，これはメタ意味を掘り起こす作業とも絡んで，エピソード記述を本格的に研究に繋いでいくときには避けて通ることのできない問題です．これについては，本論で私の院生たちの描くエピソードを取り上げて，具体的な検討を加えてみることにしましょう．

　いまの議論は，ある時間の流れの中で，その場面を「図」として取り出してくることの問題でしたが，さらに，取り上げた場面は同じなのに，書き手によってそこで感じ取るものが異なる，あるいは意味づけがずれるという，エピソード記述の方法論のもっとも難しい問題があります．少し話を具体的にしましょう．

　A保育士にとって，Dくんは保育の場にやってきて半年にもなるのに，落ち着きがなくうろうろしていて，とても集団の流れに乗れているとは思えませんでした．いつもDくんのことが気になって，「またDくんは！」とDくんを流れに乗せるような対応をしています．これに対してB保育士は，Dくんは保育の場にやってきた当時に比べれば，随分と落ち着いてきた，みんなのすることをじっと見ていることがしばしばあり，自分でしてみようとすることも少し出てきた，集団活動にも気持ちが向かうようになったと受け止め，Dくんの思いを代弁するように言葉をかけています．

　要するに，二人の保育者は正反対に近いほど，Dくんの見方が違っていることが分かります．こういうことは保育の場ではよくあることです．私の見方は

子どもの思いに寄り添うということを基本にしているので，私にはB保育士の見方がよく分かり，A保育士の見方は，自分の思いに引き付けすぎていると映ります．つまり，私にはB保育士の捉え方が妥当だと見えるのです．ところが，その保育に指導に入った他の指導者は，A保育士の見方に立って，Dくんの指導プログラムを提示し，Dくんはこのままでは就学後に椅子に座っていられないから，いまから椅子に座らせる指導をしなければならないと主張します．その主張の前にB保育士は不満を抱きながらも，反論できないという事態が生まれます．そして，もしも私がそこに居合わせて発言する機会があれば，当然，その指導者とは違うことを言うでしょう．

　この場合，Dくんの見方としてどちらが妥当なのでしょうか．どちらも，自分の描き出すDくんが「正しい」と信じています．その見方の違いは，子ども観や価値観の違いでもあり，あるいはDくんの思いを間主観的に摑むところの違いであるともいえます．ここから先はケース・カンファレンスになりますが，片方の立場は，子どもの将来のために今これをさせなければという議論の構え方の下にDくんを見ており，他方の立場は，子どもの思いを受け止めることに主眼を置いて，今差し当たりはDくんに肯定的な気持ちが動くように対応することが必要だろうとの見方の下にDくんを見ていますから，どちらの描くエピソードがより妥当なのかに関しては，平行線を辿ることがしばしばで，なかなか決着がつけられません．

　おそらく，ここのところがエピソード記述の方法論のもっとも厳しい局面だと思います．ここではこれ以上の議論は避けて，エピソード記述の方法論には，描き出されるものの妥当性に関してこういう厳しい局面があるということを率直に認めておくにとどめ，後の本論で再度詳しく議論したいと思います．ただ，私の見方では，確かに「いま，ここ」の局面に関してはどちらが妥当であるかを結論づけられないけれども，例えばDくんへの関わりの積み重ねの中で，Dくんに現れてきた変化，周囲の人の評価，等々が重ね合わされていく中で，次第にどちらかの見方に収斂していくと考えています．それはまた，エピソードとして取り上げられたものの背景を訪ね，関わりの歴史を訪ね，さまざまな人の視点を交叉させて初めて可能になるものです．

　ちなみに，私の大学院のゼミは，発表者が提示したエピソードをみんなでつつきあって，その妥当性を吟味することに多くの時間を割いています．そのよ

うな試みを通して，次第にエピソードの捉え方がしっかりしてきて，描くべきものを的確に描くという，エピソード記述の妥当性の議論に接近することができるのです．

第6節　研究者倫理の問題

なぜ，この序章で研究者倫理の問題にまで踏み込むのでしょうか．それは，エピソード記述の方法論があくまでも現場に生きる人たちに関わり，その生のありようを描き出すことを中心においているからです．本節ではこの点を議論して，この章を締めくくりたいと思います．

（1）インフォームド・コンセントの主旨

私の所属する日本発達心理学会でも，2000年に研究者倫理綱領が定められました．実験やフィールドワークを行う際に，研究協力者の承諾（インフォームド・コンセント）を得る必要があることが定められています．この綱領を読む限り，手続きとして承諾を得ることは細かく述べられていますが，なぜ研究者倫理を問題にするのか，その精神についてはかなり一般的にしか述べられていません．昔はそんなものはいらなかった，個人の権利保護の観点が強くなってきたので必要になってきたのだというような議論も裏ではまかり通っているようです．

確かに，従来の客観主義に基づく調査や実験では，身体を侵襲するような強い刺激を与える実験手続きや，ソシオメトリックテストのように，集団の人間関係に影響を及ぼしかねない手続きなど，明らかに配慮の必要な事項を別にすれば，実験・調査の目的と手続きを明確にし，生じうる影響の予測を明示し，実験・調査の協力者が望めばいつでも協力を停止できることを示す同意書を取り付ければ，それで十分だったのかもしれません．というのも，そのような客観主義的・実証主義的な研究の枠組みは，刺激を提示して反応を見る，アンケートに答えさせる，特定の行動があったか否かを外部から観察する，等々，結局は協力者の行動しか捉えようとせず，協力者の心の内奥など最初から問題にしないのがその研究パラダイムであり，また実験・調査者は理念上は黒衣なので，その存在が協力者に影響したり協力者の内奥を揺さぶったりするとは理論

序章　なぜ，いまエピソード記述の方法論なのか

上想定されていないからです．

　しかし，現場に赴き，人の生き様につきあって，そこで生じた生の断面をエピソード記述にまとめるという私たちの関与観察はそういうわけにはいきません．関わり手はそこにいるというだけで，何らかの影響を関わる相手に及ぼしてしまいます．しかも，そこにいるだけの観察など滅多にできるものではなく，多くは相手に関与し，実際に多かれ少なかれ影響を及ぼすことを免れ得ません．ですから，研究の立場で現場に出たときには，その人たちとうまく関わっていくためのさまざまな配慮が必要になってきます．書類上は手続きを踏んだことになっていても，エピソードの書き手（関与者）のその精神や態度が協力者に対する必要な配慮を欠いていれば，何の意味もありません．

　つまり，そのフィールドに真になじみ，そこに生きている人とその場を前向きに共に生きようとする姿勢をエピソードの描き手がもてるかどうかが，むしろ関与観察においては本質的な問題です．それは特別なことではなく，本来は，人が人に対して当然にもつべき態度，つまり相手の尊厳を尊重し，相手を一個の主体として受け止めるという，ある意味で当然の態度です．しかし，特に若い研究者が早くデータを手に入れて論文にまとめたいと焦っているようなときには，往々にして，今述べたような当然の配慮が忘れられ，「論文を書くために」という思いが先行して，協力者が嫌がっていることに気づかなかったり，答えたくないことを聞いたり，データを集めればもう関係ないといった心無い態度をとったりしがちです．それはまた，研究者の知りたい研究，やりたい研究のための研究になっているからでもあるでしょう．どれほど知りたいと思っても，それを聞くことが相手にどのような影響を及ぼすことになるか，よほど慎重にかからないと，後で協力者にいやな思いをさせることになりかねません．

　ですから一つの理想は，研究者がフィールドに入るとき，自分もそのフィールドの一員になり，そのフィールドの問題を現場の人と一緒に考え，そこから自然に立ち上がってくる問いに応えるべく，現場の人と共に研究を進めるというように，いわば研究同人の立場で研究に臨むことです．そうすれば，同じ研究同人でありながら，実践の立場と研究の立場の違いがあることによって，かえって当該フィールドの抱える問題がより多面的に見えることになるかもしれません．そのような「共に生きる」姿勢をもってフィールドになじんで初めて，これまで述べてきたようなエピソードが取り上げられるようになってくるので

す.

　私の考えでは，少なくともフィールド研究に臨む場合の研究者倫理の問題は，今述べたような研究者の研究姿勢の問題がまず第一に来るべきだと思います．たとえそれによって，研究にさまざまな制約が生まれ，知りたいことが手際よく知りえない状況を生み出したとしても，それを「研究がやりにくい」と嘆くのではなく，「それは人相手の研究では当然」と理解すべきなのです．要は，書類上のインフォームド・コンセントをとっているから問題ないという姿勢ではなく，あくまでも協力者から気持ちよく協力してもらえるように配慮しているかどうかなのです．

　最近ではさまざまなフィールドが研究者倫理の問題に敏感になり，研究のための研究，単なるデータ集め，一種の「のぞき」のような観察，等々の「フィールド荒らし」に対しては，協力を拒む姿勢を見せるようになって，権威のある人の依頼状だけで，フィールド観察を許すなどということはなくなってきました．これは賢明な動向だと思います．フィールドに入らせてもらって，そこにいる人たちに関与し，その手応えをエピソードにまとめるというのは，協力者の善意がなければ成り立ち得ないものです．そのためには，研究の成果の現場へのフィードバックを含め，研究する側と協力する側に，善意と配慮に関してできるだけ対等な関係が生まれるような努力が必要でしょう．そのようにことを運ぶ上で，研究者の姿勢が問われるのです．

(2) 協力者への配慮は制約を生む

　協力者が協力してよいと思えるような配慮の中には，協力者がいやな気分になるようなことは慎む，了承を得られないエピソードはたとえ興味深いものであっても公表しないということが含まれます．もちろん，人の生の実相の中には負の事態も当然含まれてきます．それが「あるがまま」です．負の事態が含まれない生の実相はないといっても過言ではありません．しかし，その「あるがまま」をそのまま取り上げてよいかどうかは，協力者の判断を仰がねばなりません．負の事象を描いてこそ，人の生の悲しさ，辛さが分かり，その裏返しとして生の喜びや楽しさが分かるのですが，その負の事象の当事者がそれをエピソードに描き出すことを拒むなら，私たちはそれに従わなければなりません．

　けれども，本当に協力者とのあいだに共に生きる関係ができあがっていると，

協力者自身，その負の事象をすでに乗り越えたこととして受け止め，それを人前に提示することによって自分の乗り越えてきた道を示し，後続する人たちがその轍を踏まないようにしたいと願うこともしばしば起こってきます．だからこそ，エピソード記述を中心に置く質的研究や事例研究は，地道な対人関係の積み重ねが必要なのです．まかりまちがっても，誰かの権威の傘の下で，協力者が厭々協力しているというような状況だけは避けなければなりません．さもなければ，たとえその場はそれでしのげても，結局はそういう心無い研究者の態度が，多くの人を「次からは協力しません」という態度に追いやってしまうのです．

　面白いからやる，楽しいからやると，若い研究者たちは質的研究を目指す主旨を語ります．しかし，人の生き様に触れ，その人の尊厳を尊重しながら研究に臨むというエピソード記述の方法論にとっては，それはあまりに軽い姿勢だといわざるを得ません．インフォームド・コンセントを取り付けたから，後は何をしてもという軽い態度がうかがえてなりません．インフォームド・コンセントは必要条件の一つにすぎないという認識をもつ必要があり，フィールド研究に臨む基本姿勢をまずもって身につける必要があると説くのが研究者倫理綱領でなければならないのではないでしょうか．

(3) 自己規律や自己責任としての研究者倫理

　これまでインフォームド・コンセントに力を入れるあまり，研究者倫理の精神や姿勢についての言及が十分でないと指摘してきましたが，それは研究者の自己規律や自己責任に十分言及していないことにも現れています．特に，エピソード記述の方法論に関連しては，エピソードを捏造しないという研究者の自己規律や自己責任が大きな意味をもちます．前節の(5)「描かれたエピソードの信頼性」に言及したところでも触れたように，これは私たちのエピソード記述の方法論にとっては死活問題に関わってきます．というのも，再現が困難で一回性を帯びた出来事を，しかも「私」という一人の人間の主観(心)を潜り抜けることなくしては描き出せないというのがエピソード記述の特徴だからです．もしもそこにおいて，エピソードの書き手が現実の出来事を捏造し，話を面白くしようとして現実になかったことをあったように描くなどというようなことがあれば，もはや方法論云々の話ではなくなってしまいます．無論，そんなこ

とは決してあってはなりません.「事象のあるがままに忠実に」というのは,裏返せば, そこにフィクションを盛り込んではならないということなのです.

しかしながら, 自分の見た世界を自分が描くという営みにあって, 万一そこに少しなりとも意図的な捏造があったという場合に, そのことを外部の誰が確かめることができるでしょうか. その場面を他の人が一緒に目撃していれば, 描かれたものが事実に反することが確かめられるでしょうが, そうではないときに, それを確かめるすべはありません. ですから, 先にもみたように, ここでは書き手への信頼性しか頼りにするものがないのです. そのような事情の下にあるとき, そこに捏造がなく,「あるがままである」ことを保証するのは, まさに書き手の良心, つまり自己規律であり自己責任です. 私の主張するエピソード記述の方法論が研究者倫理を厳しく問うのは, まさにそこにエピソード記述の方法論の死活問題がかかっているからです. 描き出されたエピソードに対して, 書き手である自分が責任を負うという自覚, 言い換えれば, 文責は自分にあり, そこに偽りや捏造があれば, それは書き手の死命を制するものだという自覚です. おそらくこれは, 心理臨床家の来談者に対する誠実さや倫理性と同根のものだといってもよいでしょう. これは研究者養成において指導する側が院生や若手研究者に対してもっとも厳しく対しなければならない点だと思います.

このようにいうと, 何かエピソード記述の方法論というのは厳しすぎる世界のように見えてしまうかもしれません. けれどもそんなことはないのです. 人が人に接するときの基本姿勢がしっかり身についていて, さらに生じた出来事にできるだけ忠実であろうとしさえすれば, この方法論はそんなに難しいものではありません. それに, 捏造して話を面白くする必要など感じさせないほど, 現場の人の生き様の中には人を感動させる出来事に溢れ, それを忠実に取り上げるだけで, 人の心を打つのに十分なのです. 言うまでもなくエピソードの捏造は研究者倫理にもとるものです. しかし, それはこの研究の方法に内在している問題であるよりは, むしろ早く論文を, 早く名声をというような名誉欲や出世欲に絡む焦りがもたらす問題です. それに, 出来すぎた話はかえって人の心を動かしません. 一見さりげない, 大して重要とも思えない, どこにでもあるエピソードを取り上げて, そこに人の生を振り返るきっかけになる意味を掘り起こせたときに, エピソード記述の醍醐味を味わえたというべきでしょう.

その意味で，エピソード記述は誠実な人間であれば，誰にでもできるものです．ただ，エピソードを描き出してゆく上で，いくつか留意しておけばより分かりやすいエピソード記述になるということはあります．以下の本論ではそれに踏み込んでいきたいと思います．

第Ⅰ部・エピソード記述に向けた授業の組み立て

第1章 関与観察するとはどういうことか

　この第1章では，エピソード記述のための準備作業として，まず関与観察するとはどういうことかを概観しておきたいと思います．ここではその準備作業を4コマないし5コマの授業（講義と実習を組み合わせた授業）で行うことを想定し，そのための手順をいくつか考えてみました．

第1節　関与観察とは何か

　いうまでもなく，「関与観察」は，臨床精神科医であったサリヴァン（Sullivan, H. S.）の「関与しながらの観察」（participating observation），つまり，一方で自ら患者に関わりながら，他方で患者の様子を観察するという二つの行為を縮めて表現したものです[注15]．この関与観察は，もっぱら観察に徹する行動科学的観察と鋭く対立するものであることは，すでに序章である程度論じました．
　しかしながらこの関与観察は，これまで常に行動観察と対にされ，それとの対比の中で一つの観察法として理解されることが多いためか，「観察の仕方」の方に重点が置かれ，「関与の仕方」の方はあまり議論されないままにきたように思います．本章でも第2節では「観察」に重点を置いて議論しますが，実はこの関与観察の特徴は「観察の仕方」と「関与の仕方」が切り分けられないところにあります．ですから，行動観察との対比においてのみならず，関与のあり方の問題，つまり関与観察者と関与対象の「共にあるあり方」の問題としても論じられなければなりません[注16]．

　（1）二律背反的な「観察する」と「関与する」
　学生や院生の立場で初めてフィールドに立つとき，その現場ではさまざまな

人間関係模様が繰り広げられています．その中に入っていくのには結構緊張を強いられます．たとえ保育の場のように子どもたちが群がってきて相手を求めてくるような場合でも，職員の方にどのように接すればよいのか，子どもたちは受け入れてくれるだろうか，等々，そこに生きる人たちにどのように関与すればよいのか，不安を感じることもあるかもしれません．他方で，フィールドに入るのはボランティア活動のためではなく，あくまで関与観察を目指すのですから，何かを観察しなければなりません．しかし，たいていの場合，あらかじめ何を観察するかは決められていません．行動観察ならば，特定の行動に焦点を絞って見るということも可能でしょうが，関与観察の場合，そこに突っ立って，ただその現場で起こっていることを克明に見て記録することに主眼があるわけではありませんから，何を観察するのかが不明なままです．

　こうして，関与観察の場に臨んだ初心者は，一方では「関与する」ことに神経を使い，他方では何を観察するのか，その場で起こっていることをとにかく捉えようと躍起になります．ところがこの二つが，なかなか両立しません．「あちら立てればこちら立たず」で，関与に重点を置くと，いつのまにか現場の中に首を突っ込んで，そこでの事態に巻き込まれてしまい，そこで何が起こっているかを冷静に対象化して見ることが難しくなります．だからといって，観察する側に重点を置いて，少し引いて状況を見ようとすると，もっぱらの見る態度になって，関与することができなくなってしまいます[注17]．

　別の角度から見れば，「関与する」側に重点があるときは，関与主体の生きた身体が前景に出て，そこで相手の下に何かを「感じる」，感じたものに基づいて「応じる」というように，自分もその場で主体として生きていることが前面に出てきます．ところが「観察する」側に重点があるときには，逆説的なことに「見る私」が背景化されて，「〜が見える」というように，そこでの出来事が対象化されて見えてきます．本来はこの二つが同時に必要なのですが，「感じる」ことと「見える」こととのあいだにも微妙な二律背反があるために，この二つを同時にやりおおせることはかなり難しいと言わねばなりません．

　初心者にとってのみならず，ある程度関与観察に慣れてきてからでも，この二律背反の克服はなかなか難しいのです．

(2) 記録の難しさ

　関与観察が「関与・観察」であるということをみてきましたが，これはただちに，「記録する」ということの困難に結びつきます．行動観察ならば「見る」ことに徹するわけですから，ビデオや録音機器が使われない場合でも，目の前の出来事をそのまま記録用紙に記録していくことは可能ですが，関与観察の場合には「関与する」こと，あるいは少なくとも関与対象とその場に共にあるということが一方の重要な要件ですから，「関与する」ことと「記録する」こととがなかなか相容れません．記録に気持ちが向かえば，目の前の人とそこに「共にある」ことが難しくなります．そこで「共にある」ことに主眼を置いて関わると，そこで起こった出来事，特に相手の言ったことがその場でなかなか記録できません．ですから，関与観察主体はそこでの出来事や相手の言ったこと，そこで自分が感じたことを，できるだけ記憶に焼き付け，その日の関与が終わった時点でただちに記録するというやり方しか取れない場合が少なくありません．特に慣れない初心者はまずフィールドに関与することに神経をすり減らしますから，起こった出来事を記憶に焼き付けるどころではなく，その日の関わりが終わるとほっとして，しかしそこで何が起こったのか，自分はそこで何を感じたのか，記憶を辿ってもなかなか思い起こせないことがしばしばです．

　この記録の問題はある程度関与観察に慣れてきても，なかなか克服することのできない難しい問題です．ビデオや録音機器が使えれば，その場面を再現することができますから，ビデオを見直せば記憶の誤りを正すことはできますが，しかし，ビデオを通したのでは，その日のライブの出来事，つまりその場の雰囲気や関与観察主体に感じられたものが霧散することになってしまいます．けれども，それらの機器が用いられない場合には，記憶だけが頼りで，思い起こそうにも思い起こせないことがしばしば生じます．

　そのように記録上の困難があるにもかかわらず，後に詳しくみるように，何かのエピソードを取り上げて，それを記録に残し，それを考察することが関与観察においては最重要課題なのです．

(3) 関与することの重みと喜び

　関与観察には今みたような二重，三重の困難があるわけですが，それにもか

かわらず，関与観察を経験してみると，そこで生きている人たちの生き様に触れることができること，そして色々な出会いがあること，その出会いの中で自分の中にさまざまな気づきが得られることなど，関与観察ならではの喜びや感動もあります．そしてそれがエピソードのかたちで捉えられてきます．ここに，序章でみたような，自分を含めた人の生の断面を取り上げ，その意味を捉え直そうというエピソード記述の方法論が生まれてくるのです．

　しかしながら，関与する自分にそのような喜びや感動が生まれるから，だから関与観察をするのだろうといわれれば，それはどうだろうかといわざるを得ません．そこに関与者として現前することは，さまざまな影響を関与対象に及ぼすことを意味します．たとえ，相手を傷つけるような言動を行わなかったとしても，そこに現前すること自体，フィールドに生きる人たちにとっては何らかの影響を及ぼされることを意味します．保育の場においてさえ，子どもの言動に相手になるということは，関与者が鏡になって子どもの今のありようを映し返す意味をもちます．それだけに，どのように鏡になるのか，鏡になって映し返したことが子どもにどのように跳ね返ったのかが，常に考慮されていなければなりません．ここにも単に「あるがまま」を写し取ればよいという態度ではすまない，子どもに対する責任のような，自分のそこでの存在のありようの「重さ」のようなものを感じずにはおれないところがあります．

　もちろん，それは「重さ」であると同時に，特に持続的に関わって，関与対象の側に何らかの変化が現れ，それによって関与者が関与することに何らかの喜びを感じるようなときには，関与者自身，そこで自分の存在が意味づけられ，価値づけられたと感じるときでもあります．つまり，関与対象と「共にある」ということが，「重さ」と「喜び」の二重の意味をもたらしてくるところに，関与観察の意義があるともいえるでしょう．関与観察というと，すぐさまどのようにエピソードを拾うのかの話にもっていかれますが，実際にはこのような広い構えが身につくことが，関与観察の目的なのだと私は考えています．

第2節　関与観察に必要な二つの態度

　ここでは関与観察することにおける「関与する」ことと「観察する」ことの二重性を意識しながら，「観察する」側に重心を置いて議論してみたいと思い

ます．その際，その二重性を反映して，関与観察にも二つの態度が必要になることが明らかになるはずで，これによって，序章でみた「客観的な見方」と客観主義的な見方との違いを，もう一歩踏み込んで議論することができるだろうと思います．

(1) 関与観察においても事象を対象化して客観的に（脱自的に）捉える態度は必要である

　保育現場での関与観察を例に考えてみましょう．ある保育園での観察において，観察者である私が「ここ」に立つと，「ここからの向こう」の保育園風景が視野に入ります．園庭と保育室の位置関係，大型固定遊具の配置具合など，保育の環境が一つの風景として私に捉えられます．「いま，ここ」においては一つのパースペクティブしか与えられていませんが，私が観察位置を移動すれば，そのパースペクティブは時々刻々変化します．

　その風景の中に大勢の子どもたちがいて，私はいつのまにかその風景の中の一員となり，周囲の子どもたちのままごとの相手になったり，子どもの要求に応じてでんぐり返りをさせてやったりしています．その中で，当面の観察対象であるAくんが他の子どもたちと混じって遊んでいます．AくんにBくんが「このバケツに水を汲んでこい」と命令口調で言い，Aくんが無表情のまま水を汲みに水場に行くシーンが視野に入ります．周りの子どもたちに関わりながら，それを視野の周辺で捉えていた私は，AくんがBくんの命令に従う様子に少し違和感を覚え，Aくんはどんな思いでBくんの指示に従ったのだろう，今どんな気持ちでいるのだろうと，Aくんに自分の気持ちを向け，Aくんの気持ちのありようを探ろうとしながら，さらにAくんの水を汲んでいる様子に目を向けます……．

　このように，一人の子どもに注目しながら多数の子どもが共に保育の場で過ごす場面を観察するとき，当面の関心はAくんにあっても，Aくんの生の断面を捉える際には，まずは環境条件的な「あるがまま」を捉え，さらにそのような環境条件と，時間経過の中でAくんが周囲の子どもたちとどのように交わり，遊び，共にその場を過ごしたか，その生のありようの「あるがまま」を捉え，しかもそこに自分がどのように現前していたかを「あるがまま」に捉えることは，私の考えるエピソード記述においても基本的な骨格となるものです．要す

るに,「その場面はこうであった.その中でAくんはこう振る舞い,こう言った,自分はこのように現前していた」というような客観的な捉え方が必要だということです.

エピソード記述の基本は,このように関与する自分を含めた事象の「あるがまま」を客観的に観察することを一つの必須条件としています.このときの見方＝観察態度を「事象を対象化して客観的に捉える態度」と呼ぶことにしましょう.

ところが,観察者にそのように「あるがまま」だとして捉えられたものは,実はあくまでも観察者の一つの信憑であって,人が目を開けて外界を見れば,誰もがそのまま同じものを捉えるのかといえば,実はそれほど単純ではありません.そこでまず,観察するとはどういう営みなのかを少し整理して考えてみましょう.

1）生きられることと,対象化すること（切り出すこと）　まず,その場面を夢中で生きているときには,たいていのことはそれとしては意識に上りません.先の保育園の例でいえば,私が向こうの方で泥遊びをしている子どもたちに目を遣ったり,こちらのブランコを漕いでいる女の子に目を遣ったり,あるいは傍らでままごとをしている数人のグループに目を遣ったりと,保育風景のあちこちに視線をめまぐるしく動かしているあいだは,「こういうことが起こっている」ということがぼんやり捉えられるだけです.先の例でAくんの場面が切り取られたのは,その生の流れの中でその場面が浮き立ったからで,その結果,「Aくんはこうした,こう言った」と表現されることになったのです.エピソードとして捉えられる場面は,多くの場合,今のように意識化され,対象化され,切り取られた場面です.もしも私が先の保育の場に小さなメモ用紙を携行していっていたなら,子どもたちの遊びの輪の中に入りながらも,その場の中で浮き立ったものを手短かに書き取っていたかもしれません.

もっとも,ある場面が対象化され切り取られるのは,今の例のように,その事象が生きられている最中においてであるとは限りません.その事象が生きられているときは特に浮き立たなかったけれども,その後にその事象を振り返ってみたときに,ある場面が浮上し（意識化され）,その場面が対象化されることもあり得ます.このことは第5節で再び取り上げることにしますが,ともかく,

生の流れの中から浮き立つ，切り取るという様相が関与観察という営みにはあるということです．

　前節でみたように，こうして対象化されて捉えられることが「観察する」営みの中心なのですが，しかしこれは「関与する」ことを半ば阻害する面ももたずにはおれません．「夢中になる」ことは関与する上に重要だからです．ところが夢中になると，対象化して捉えることが難しいし，対象化して捉えると，「夢中」からはみ出てしまうことになります．ここに二律背反が厳しく顔を出しているのが分かるでしょう．

　2)「図」のとり方の相違　　私たちが事象を見るとき，カメラとは違って，視野に捉えられる事象のすべてを均等に見ることはできません．私たちは常に何かを図にし，それ以外のものを地にするという「図と地」の構造のもとに事象を見る他はなく，それが人間が外界を知覚するときの基本構造です．ところが，その事象をどのような「図と地」の構図に体制化するかには，常に見る主体の要因が介入してきます．先の例で，私はAくんを「図」にしてその場面を体制化しましたが，それは私がAくんに関心があったからで，ままごとに興味をもっている他の観察者なら，ままごとグループの遊びを「図」にしたかもしれません．このように，同じ場面を見ていても，その中の何を「図」にするかは人によって異なる可能性があります．ですから，自分にこう見えているから人にも同じように見えているだろうというのは，まさに信憑であって，実際には「図と地」の構図のとり方の違いが事象の見え方を大きく左右するのです．

　しかも，いまは同じ場面における「図」のとり方の違いでしたが，関与観察が取り上げるエピソードは，多くの場合，多くの出来事の中の一つの場面です．つまり関与観察においては，事象全体の中から，一つの場面を「図」にすることが基本的な問題だといえます．そこがまた人によって違ってくるのです．そこにはその人の子ども観，人間観，価値観など，ものの見方の違いが関わってきます．これについては第5節で再び触れます．

　3）物理的パースペクティブの相違　　同じ事象を見ていても，観察者の立ち位置の違いによって，パースペクティブが異なることも指摘しておかねばなりません．先の保育場面の例でいえば，私の立っている位置から見る場合と，誰かが

異なる位置から見る場合とでは，同じその場面であってもパースペクティブが明らかに違います．にもかかわらず，私たちは誰しも同じ一つの保育の場面を見ていたという信念をもちます．さらに，私自身が観察位置を移動するとき，私のパースペクティブは時々刻々変化しますが，それにもかかわらず，私はやはり同じ一つの保育の場面を見ているということを疑いません．よく考えてみれば，立ち位置の違いによるパースペクティブの相違，あるいはパースペクティブの時系列的な変化があるにもかかわらず，一つの事象を一つの事象として恒常的に捉えることができるというのは，大変不思議な精神の働きだといわねばなりません．実際，客観性を保証する絶対の「ここ」がない以上，絶対の「このパースペクティブ」もなく，それゆえ，「これが誰にも該当する客観的なシーンだ」というものはどこにもありません．にもかかわらず，私はその保育の場を「あるがままに見た」と主張し，また周りの人もこのように見るに違いないと確信し，周りの人もほとんどの場合，それを了解します．この了解可能性こそ，読み手がエピソード記述を読んだときに，それを了解できる基本的な条件なのです[注18]．

ともあれ，事象を見るという営みには，常にこの1）と2）と3）の要因が同時に働いています．観察者は，いま自分に見えている光景は，誰にも同じように見えるはずだと信じますが，それが常にそうだとは限らないことは，以上の理由によっているのです．

(2) 観察対象の下に何かを感じる態度[注19]

序章での議論を思い起こしてほしいのですが，私の考える客観的な見方と従来の客観主義的な見方との決定的な違いは，観察者を一人の主体とみるか，それとも「見る器械」に還元して考えるかの違い，言い換えれば，観察者が生きた身体を携えた感じる主体であるところから出発するか，その主体性を括弧に入れて誰とでも代替できる「見る器械」にしてしまうかの違いにあります．

繰り返しになりますが，客観主義的なものの見方の特徴は，観察対象をまさに対象として「ここ」からの「そこ」に捉え，その対象の属性としての行動や言動をもっぱら拾い上げる態度に終始し，それ以外の見る態度を排除する姿勢を貫くことにあります．つまり，行動観察において捉えられるものは，すべて対象化されたものであり，また対象化されたものでなければならず，その際，

観察者は無関与的で，無色透明で，それゆえ誰とでも代替でき，それによって観察する「私」が消失し，不特定多数の人としてその場を見ることになり，それによって一般性や普遍性が保証される……こうした考えを終始一貫することが客観主義的な見方なのです．

しかし，この客観主義のものの見方の諸前提は，実際に現場で観察の営みに身を投じてみると，明らかに制約が強すぎ，自然な観察を不可能にするものであることがただちに分かります．というのも，観察者は生身の身体を携えてその場に臨んでいるからです．実際，生身の観察者は，関与の場面において，関与対象を「対象」として(脱自的に)捉える一面をもちながらも，他面では，同時にそこでさまざまなものを感じたり，それを機縁にさまざまなことを考えたり，それに基づいて関わり方を変えたりしていて，関与対象を対象化して捉えるだけに終始することはできません．たとえ関与対象を克明に観察しようとし，対象を写し取るだけの目になりきっているかにみえても，やはり人間である観察者はあくまでも見て，感じて，考える主体なのです．

先の例でいえば，Aくんが「こうした，こう言った」という「客観的＝脱自的な」事実だけでなく，Aくんの様子をみていると，「気持ちは周りの子どもたちのしていることに向かっているのに，なぜかその場に入れないもどかしさを感じさせる」といったような，Aくんの気持ちを間主観的に摑んだり，その場の雰囲気を感じ取ったり，Aくんの動きを意味づけたりすることが観察者には必ず起こってきます．そこからAくんの様子をさらに見守ったり，何らかの誘いかけをしてみたりと，色々な対応が生まれてくるのです．

これは，私たちが主体として人に出会い，その出会った人を主体として受け止め，尊重するという，人としての基本を生きているからですが，それはまた，私たち人間が生きた感受する身体をもっているからでもあります．翻って，客観主義の見方は，その意味では，生きた身体を「見る器械」としての目に還元することによってはじめて可能になるといえます．このとき，「見る」ということは「ここからの向こう」に対象を固定して，対象の属性を写し取ることに限定されます．後の実習にみるように，この態度に徹することはある条件下では可能なのですが，しかし，事象を捉えるときに常にそのような態度で見ているかといえば，そうではありません．

ちなみに，わが国の和歌や俳句は，詠み人が事物や事象に「もののあわれ」

を感じるというように，対象と見る人とが渾然一体となって，見る人の「ここ」と対象の「そこ」が切り分けられないかたちで事象が捉えられることがあることを教えてくれています．そのようなものの見方，感じ方の方が，少なくともわが国の伝統的な文化においてはむしろ自然であり，そこでは景色や事象に「情」を感じ，「風情」として捉え，「見る」が「観る」でも「診る」でも「愛でる」でもあるということが，ごく当たり前に理解されています．そのような「見る」態度は，対象を対象としてそこに固定するような見方，つまり，捉えられるものを見る人から分断してあくまでも対象化し，その属性を抉り出すように見，見る人を括弧にくくってしまって無化するという徹底した客観主義的な見る態度の対極に位置するものです．客観主義的な態度で見るということは，ですから事象の見方としてはきわめて例外的，その意味では不自然かつ貧困な見方なのです．

　要するに人間は常に五感を携え，さらにはその五感を超えた感覚(その場の雰囲気や相手を捉えている力動感［vitality affect］を捉える感覚)を携えて，人や事物に対しているということです．視覚のように対象との距離を置いた感覚から，触覚のように対象との距離のない感覚まで色々ですが，人間はそれらの感覚を通して，対象を視覚的に(客観的に)捉えながらも，しかし同時に，常にそこで何かを感じ取っています．特に人と人が交わるときには，相手の心情やその「あいだ」に生まれる諸々の力動感を感じ取ることによって，相手との関わり方が自ずと方向づけられるという，独特の動きが生まれます．そのことが人を観察するときにきわめて重要な役割を果たしているのです．

　しかしながら，対象の下に何かを感じるこの態度は，常に見る当人の感情状態，知識，経験など，見る当人の固有性を背景に左右される面をもち，それゆえ，誰かと代替しても必ずその誰かが同じように感じるという保証はないという性格をもっています．例えば，研究が行き詰まり，ゼミ発表のときに思わず涙してしまう院生がいるとき，その院生の思いが手に取るように分かって頷く院生もいれば，我が身につまされて思わず涙ぐむ院生もいれば，そんなことで涙するようでは何のための研究なのだと，自分の中にも辛い思いがありながら，かえって反撥する院生もいるという具合に，対象の下に何を感じるかは人によって実に多様なのです．

　さて，これまでの議論を通して，私たちは関与観察における「見る」という

態度には二種類あること，つまり，事象をあくまでも対象化して脱自的に捉える見方と，事象の下に何かを感じる見方との二つがあることをみてきました．そして，関与観察するという営みにとっては，この二つの態度が常に同時に必要だというのが，私たちのエピソード記述の方法論の主張点の一つなのです．客観主義の見方は，前者の態度にさらに強い制約を加え，後者の態度を認めないか，後者の態度で捉えたものを捨象すべきことを主張する立場です．私にとってはそこが不満なのです．このことの問題はすでに序章でかなり詳しく論じました．

　私たちの関与観察は，今みたように二つの態度を同時に両方とも必要だと考えます．それによって，事象を「あるがまま」に客観的＝脱自的に捉えると同時に，関与観察者が他者の心情を感じ取ったり，そこに生まれる力動感を感じ取ったりしたことを，エピソードの中に挿入することができるようになります．またそれによって，その場で関与観察者と関与対象が色々なかたちで関わり合うことができるようになります．関与観察であれ，面接であれ，インタビューであれ，人に接しながら何かをするときには，必ずこの二つの態度が必要になるのです．

　ところが，この二つの態度は，第1節でみたように，しばしば「あちら立てればこちら立たず」の関係にあります．事象を対象化して脱自的に捉えるときには「見る」ことが前景に出る一方，自分の身体が背景化されて「感じる」ことが弱くなり，逆に感じる態度を強めれば，なかなか脱自的に対象化して捉えることができないというように，両者はなかなか両立しがたいのです．このことは現場に出かけたばかりの学生や院生諸君が訴える最初の悩みの出所です．保育の場で子どもと一緒に遊ぶことに夢中になると，そこで何がどうなったのか，後で振り返ってみても，面白かったということしか分からないということになってしまいます．そこで，次回，少し引いて観察する態度で関わると，今度は子どもと遊べないことになってしまうのです．このように，二つの態度はなかなか相容れません．しかし，その両立不可能に近いとみえるこの二つの態度を同時に働かせ，脱自的に「あるがまま」を捉えつつ，しかも我が身を通してそこに何かを感じ取っていくという態度，これこそ，人の生きる現場における関与しながらの観察に不可欠の「見る」態度なのです．

(3) 人を物のように観察することは可能か[注20]

　関与観察者は生きた身体を携え，見たり聞いたりするだけでなく，そこで何かを感じる者でもあるという私たちの出発点は，ごく常識的なものです．そしてそれは関与対象にもそのまま当てはまることです．

　その考えを敷衍すると，関与観察者も関与対象も同じ一人の主体だということになります．つまり，見て，感じて，考える主体である関与観察者は，関与対象を同じ一人の主体として受け止め，そこに共にあろうとしつつ，関与的に現前する人だということになります．そこには，関与主体であり，観察主体でもある関与観察者が，同じ主体である関与対象のありようによって，その現前のあり方に修正を迫られ，また関与対象は，関与観察者のそこでの現前の仕方に影響されて，そこにあるあり方を修正せざるを得ないというような，きわめて錯綜した関係が生まれます．そのことが関与観察における関与観察者―関与対象の関係の大きな特徴だといってもよいでしょう．つまり，一言でいえば，それは常に相互主体的な関係だということです．これは関与観察ばかりでなく，インタビューや面接にもいえることです．

　関与観察者と関与対象が相互に主体であるということはまた，関与観察者は見るだけ，関与対象は見られるだけの一方通行の関係ではないということでもあります．関与観察者の観察するという能動性は，関与対象のありように合わせる受動性をその内に含み，物を観察するときのように，対象の属性をことごとくあげつらうような強い一方通行の見方はとてもできないということになります．それはまた，関与観察者は関与対象から観察される可能性を免れ得ないということでもあります．これを認めることもまた，関与観察者が透明な存在であるという，従来の客観主義的観察の枠組みに反することになります．

　実際，見る者が見られる者であり，見られる者が見る者でもあるということが，人の生きる現場の観察を，物を観察することとはかなり違った，さまざまな配慮を必要とするものにしています．事物を観察する場合には，事物から見られることを顧慮する必要がほとんどないので，だからこそ事物を対象化して克明に見る態度を取れるのだともいえます．まなざしを行使する際にはいわば礼儀というものがあって，人を事物のように克明に見るのは，通常の場面ではむしろ失礼であったり，傲慢に思われたりするものです．それだけ，人を観察するという行為は難しいのです．

第1章 関与観察するとはどういうことか

もっとも，先に「もののあわれ」や事象の「風情」について述べたことを思い起こしてもらえれば分かるように，事物を見る際にも，常に対象化し，その属性をつぶさに見るという態度が一般的かどうかは大いに疑問です．画家や写真家が事物のある面を描いたり撮ったりする場合，目指されているのは，事物の表面を克明に写し取ることではなく，ほとんどの場合，むしろ自分との関係においてその事物の本質を捉えることです．そして画家や写真家に限らず，日常の世界では，人は事物に対しても，そこに何かを感じ，その相貌や風情を感得するように見ることはしばしばあり，常に事物を対象化して捉えているわけではありません．そうしてみると，客観主義的な見方は当初考えられていたほど一般的な見方なのではなく，むしろかなり独特の態度によって可能になるものだということが分かります．

第3節　これまでの議論の整理と観察実習の予備実習

前節の議論を整理する目的で，私のエピソード記述に関する学部学生向けの授業では，次のような実習の試みをしています．つまり，学生君たちにこれまでの議論を含めて観察についての一般的な講義をした後に，客観主義が主張するような態度で観察した場合，どのようなことが起こるのかを，実際に経験してもらおうというのです．

(1)「あるがままに」見ることと観察の
　　パースペクティブ性について

まず，実習に入る前のオリエンテーションのつもりで，次のようなマッハの自画像を取り上げてみます．

現象学の始祖ともみられているマッハ(E. Mach)には右図のような有名な自画像があります．「ふざけた課題を出してみよう．自分自身を描いてみたまえ．ただし，鏡を使わないこと，また鏡のような方式で推論もしないこと．君が自分自身を見る通りに正確に，で

マッハの自画像(Mach, 1865)

ある.となると,君自身には見えない頭は無しにして,ということだ」というクレーの日記を引いて,その脇に,異様な「自画像」が描かれています[注21].

　つまり,鼻の部分がほんの少しと,自分の腕,胸から足元,床などが描かれた,通常の自画像のイメージとは程遠いもので,顔などどこにも描かれていません.不思議な絵ですが,実は何かを見るというとき,私たちは常に「ここ」から「向こう」を見ているので,鏡を見ることなく,いま自分を見て「あるがまま」を描こうとなると,こうなってしまうのです.一般に観察は常にこの構図を免れることができません.これは従来,「観察のパースペクティブ性」と呼ばれてきました.この制約が生まれるのは,繰り返すように,常に「ここ」が観察の起点＝基点になっているからです.

　このマッハの自画像を通して,見える通りの「あるがまま」と,パースペクティブ性との関係に気づいてもらえたでしょうか.次に,客観主義のもっぱら見る態度で人や物を見たとき,どのようにそれが捉えられるかを実習を通して経験してもらいます.

(2) いくつかの課題とその実習

　まず,①学生君の座っている位置から,講義している私の姿をできるだけ見える通りに(客観的に)A4サイズの紙に描く(10分),②自分の身の回りにある一つの事物をできるだけ見える通りに(客観的に)A4サイズの紙に描く(10分),③講義している私の様子をできるだけ客観的に言語的に描写する(15分),④先ほど絵画的に描写した身の回りの事物をできるだけ客観的に言語的に描写する(10分),⑤私の立っている位置から私に見える光景を想像し,その光景に含まれている自分(学生君自身)を入れてその光景を描く(10分)という5つの課題をやってもらいます.

　最初は戸惑いながらも,たいていの学生君は次第にその課題に入り込んでくるようになります.そうした試みの中から,一部の学生の描いたものを参考までに示しておきます.

課題③　Cさん　60歳くらいの京都大学の教授.身長は170センチより少し低く,体重は65キロくらいか.歳の割には背筋がしゃんとしていて,姿勢がよく,さっそうとした印象.頭髪は白髪が多く,額から頭頂部にかけて毛が薄

第 1 章　関与観察するとはどういうことか

課題①　Aさん　　　　　　　　　課題①　Bさん

くなっている．その髪を七・三位に分けて，髪を後ろに流している．後ろ髪が背広の襟に届くくらい．顔は目鼻立ちがはっきりしていて，穏やかな表情の中にも意思の強さを感じさせる．もっと若い頃は，おそらく眼光が鋭く，睨まれたら怖かっただろうと想像させる．肌の色艶はよい．

　課題③　Dさん　鯨岡先生は京都大学の教授で60歳前後の年齢に見える．とても目が優しく穏やかな感じで，体型は標準的だろうか．髪は白髪混じりで，グレーの背広を着て，白のワイシャツに模様の入ったネクタイをしている．声は優しく，中間の音色で聞きやすい．話すときは周囲にまなざしを投げかけながら，相手をじっと見て話すタイプ．時折，手振りが入る．話の内容には自信が感じられ，自分の考えを丹念に，諄々と説いていく感じで，説得力がある．時折笑顔になり，ユーモアも交えるが，話の内容はかなり厳しいもので，迫力を覚える．絵画的な描写の際に目が合うと，しっかり見返してくる感じだったので，思わず目をそむけてしまった．

　課題④　ペットボトル(Cさん)　透明なプラスチックでできたミネラル・ウォー

課題②　Cさん　　　　　　　　　課題②　Dさん

ターのペットボトル．内容量は500ml．全体のかたちは概ね直径8cmくらいの円筒形で，上部はゆるやかなカーブを描いてすぼまっており，直径2.5cmくらいの白いプラスチック製のキャップがついている．上から10cmくらいのところが少しくびれ，上部に賞味期限が書き込まれている．

　課題④　ペットボトル（Dさん）　500mlの飲料用のペットボトルである．伊藤園という大手飲料メーカーが製造販売している「おーいお茶」である．ただし，よく店頭販売されている商品とは異なり，季節限定の「おーいお茶　冬緑茶」である．冬の健康維持のために天然カテキンが420mgも含まれている大変優秀な緑茶である．パッケージも冬仕様になっており，深い緑色と黒色の中間色をベースにしており，その上にいつもの緑で「おーいお茶」と記され，その左側に大きい白い文字で「冬緑茶」と書かれている．

　(3) 実習の結果のまとめ
　さて，学生君たちが授業後の感想レポートで一致して述べているのは，②や

第1章　関与観察するとはどういうことか　　　79

課題⑤　Aさん　　　　　　　　　課題⑤　Bさん

　④の課題が容易であるのに対して，①や③が難しく，特に⑤はやりにくかったということです．相手の側から自分の見え姿を想像して描くというという⑤の課題は，「相手の立場に立つ」ということを文字通り実行してみることを意味しますが，これがやりにくいと思うのは，想像力に訴える作業が必要だからで，ある意味で当然です．しかし，なぜ①や③がやりにくいと思ったのでしょうか．客観主義の立場が主張するように，観察することがもっぱらここから向こうを見ることで，見る私が無化される行為であるなら，①も③も，②や④と何ら変わらないはずです．ところが，学生君たちの感想レポートによれば，どうやらそうではなさそうです．
　実際，物を見ることと人を見ることがこうも違うのかということに改めて気づいたという感想がレポートに目立ちました．②や④の課題のときには，単に容易というより，何も気にしなくて，ただ事物の表面を克明に見ればよかったけれども，①の課題で先生(私のこと)の方を見ると目が合って，目が合うと自分がなぜか意識されるので，何かやりにくいし，また描くといっても，ただ見える姿を描くだけでは何か物足りなくて，何か難しい感じがあった，という感想がほとんどでした．どうやら，色々な表情や動きをする人を一つの表情や姿

勢を切り取ってその人を表現したとすることに何か難しさがあるようなのです．このことは言語描写の中にも現れていたように思います．

　まず，②，④について，二人の学生が描いたものを比べてみると，描いた対象は異なっていても，その細部の様子，描く姿勢がほぼ同じであることに気づきます．ここでも本当はパースペクティブの要因は働いているのですが，②では対象物を二人とも至近距離で真正面に見ているので，パースペクティブの要因が分からなくなっています．課題②を簡単にしようと思って身近な事物を描いてもらったのですが，課題①と比較する上では，教卓の上に何か大きな事物を置いて，それを描いてもらえば，観察者の立ち位置の違いとパースペクティブの違いがよりはっきりしたでしょう．

　ともあれ，②と④の観察態度は，当日の学生の描いたもの（ボールペン，ペンケース，カバンなど）にほぼ共通していて，対象を写し取るときには，自然に客観的（脱自的）態度になることを再確認することができました．これならば，観察者が代替されてもそれにほとんど影響されそうにありませんから，見る人の目をカメラの目のように還元するという客観主義の立場も成り立ちそうです．

　また①は，AさんとBさんの描画を比べてみれば分かるように，二人の座っている位置の違いが明らかに描画に反映されています．どちらも後列に座っていたのですが，廊下側と中央窓寄りの違いがあり，また最後列とその少し前の違いがあって，その違いが微妙に絵画表現に反映されています（パースペクティブの違い）．この描画は，書き手が座った状態で，もっぱら見る態度に徹して描かれたわけですから，客観主義の立場に近い態度で描いたことになります．ちょうどマッハの自画像のように，パースペクティブに忠実に描いた結果がこれだったのでしょう．このことは⑤をみても分かると思います．

　これに対して③は，CさんもDさんもまず最初は私の外面的な属性を中心に描写しています．それは半ば①に対応する言語版とでもいうものですが，しかし，そこにはパースペクティブの違いは必ずしも反映されていません．そして後半になると，私の雰囲気や様子，あるいは書き手に感じられたことを書き出すように変化しています．どうやら，最初は「見える通りに，客観的に」という言語的な教示に引きずられ，対象化して見たままを言語表現していたようなのですが，そのうちに，属性描写ではすまなくなって，自分の捉えた感じをそこに含めるようになっていくようです．これはCさん，Dさんに限らず，全体

的な傾向です．

　作業の後に，学生君のあいだでお互いに描いたものを見比べてもらうと，特に①や⑤において，お互いの立ち位置の違いによって，描かれる私の姿も，私の位置から見える光景も，相当に違うことが実際に確かめられたようです．また物を対象化して捉えそれを描写することと，人を観察して捉えることがかなり違うことも体験的に理解できたようでした．さらに，事物を観察する際には，目がカメラのようになって，細部を捉えるように働きはじめることも確認できました．

　また，絵画的に描写することと，言語的に描写することの違いに関して，絵画的には「あるがまま」を描く姿勢を貫けたが，言語的描写になると，自分の解釈が混じる（自分にはこう思える，こういう感じがするという表現が混じる）という感想も多くありました．絵として描くときには対象を写し取る態度を取れても，言語的に描写するとなると，それとは少し違う態度になるらしいのです．そして，中には絵画的に表現するときにも，人を描くときには対象を写し取るような態度を取れないと述べている学生もいました．

(4)実習を振り返って
　この実習は，もっぱら見るという態度を取ったときに，人や事物がどのように捉えられるかを体験的に確認してもらうというのがその主旨でした．通常，観察するというと，このような客観主義の立場に近いかたちで見ることだと信じられています．そこで，それを実行してみたときに，その態度がどこまで貫けるか，どこらあたりで貫き得なくなるか，それを体験的に確かめてもらおうと思ったのです．

　②や④の場合，つまり，事物をもっぱら観察するという態度を取るときには，私たちの目は自然に対象を写し取るような働きに還元されていくことが確かめられました．そして，人を絵画的に描く①の場合，もっぱら見る態度に徹しているあいだは，比較的②や④に近くなるようですが，次第に「もっぱら見る」という態度を貫けなくなること，どうやらそれは，観察する学生の存在のありようと，観察される私の存在のありようが，単に「見る―見られる」というような能動・受動の一方通行ではすまなくなって，お互いに相手の存在を意識し，まなざしの行使の仕方を微妙に動かさなければならなくなるからのようでした．

これが③になると，もっと強くその様相が前面に出て，自分が観察対象をどういう人と感じたか，その感じたことを描くようになるようです．

おそらく，ここで実習してもらった観察は，関与しながらの観察とはかなり異なり，もっぱら見る態度に徹しようとしてなされたものです．それでも上記のように，人を対象とするときにはその態度を貫き得ないのです．実際，③の人物の言語描写の場合には，人物をできるだけ客観的に捉えようとしながらも，描かれる対象と描く自分との「あいだ」に生まれる雰囲気や，あるいは描く対象について自分が感じるものなどが自然に含まれてくるのが分かります．序章ではこの点にかなりのスペースを割いて，それこそが一人の人間の生の断面を描き，その人物像を描き出す際のポイントになるものだということを強調してきました．

このデモンストレーションでは，私はほとんど静物のようにじっとしていましたが，実際のフィールドでは，そこに生きる人たちがいろいろな動きを示しています．また観察に入った人も，黙って観察者として見るだけの場合よりも，そこにいろいろな水準で関与することが多いでしょうから，そこには今回のデモンストレーションをはるかに越えた，力動的な対人関係が生まれているはずです．そしてそれが観察者の生きた身体を揺さぶり，いろいろなことを感じ取らせるはずです．もちろん，その中でも特に重要になってくるのが，いま相手がこういう思いをしている，こういう情動が相手の中で動いている，相手はこんな意図をもっているといった，相手の主観の中で動いているものが観察する自分に通じてくる（間主観的に分かる）という経験です．

そうしてみると，ここで実習したような観察態度が一般的なものではなく，むしろかなり特異的な観察態度だったことが分かるのではないでしょうか．

第4節　観察したものをどのように記録し表現するか

さて，二つの観察態度を問題にしたので，次にはその二つの態度によって捉えられたものがどのように記録され表現にもたらされるかをみてみましょう．

(1) 観察の記録は常に観察の事後になされる

第2節では，事象を客観的に捉えることの大切さを述べ，その際，観察者が

当該事象を生きることから，脱自的にその事象を眺めて対象化するもう一人の自分を確保することが必要だということを強調しました．これは，序章で述べたことを踏まえれば，いま自分に捉えられたものが記述にもたらされる際に，「これでいいのか？」と吟味する態度を常に保持することを意味します．この態度が厳しく働いてこそ，事象への忠実性が強まり，描かれたエピソードへの信頼性が高まることになります．

　こうした脱自的にその事象を眺める冷静なもう一人の自分の存在は，エピソードを記録にまとめ，あるいはエピソード記述のかたちで読み手に提示する際に，さらに重要性の度合いを増します．というのも，起こった出来事の記録は常にその出来事の起こった時点から何らかのタイムラグをもち，しかもいったん記録されてしまうと，それが一つの事実として一人歩きしていく可能性が高まるからです．ですから，起こった出来事から，最初にその記録が残されるまでのところで，どれほど事象に忠実であるかが，常に吟味されなければなりません．そこが少しでも緩むと，その記録をもとに描かれるエピソードが，どんどん事象の「あるがまま」からずれていくことになるのです．

　特に，「Aくんがこういう思いでいることが私に分かった」というような間主観的に捉えられる部分は，再現することがほとんど不可能であり，また確かめようもないので，その体験が生まれたところで記録に残すのがもっともよいのですが，関与しながらの実践の場面では，それがなかなか思うようにいかず，観察が終わってから記録を書くということになることがしばしばです．ですから，どうしても観察がなされたときと，記録に残すときとのあいだに，時間差が生まれ，そのときの場面を想起するという働きに依拠せざるを得なくなります．そのとき，その出来事をもう一度頭の中で再現しながら，その出来事そのものから距離をとって，それを対象化し，それを吟味しながら言語的に記録に残すという作業が必ず必要になります．そこに，脱自的なもう一人の冷静な自分が必要になるのです．エピソード記述は，そのようにして得られた記録をもとに改めて描き直されるものです（これについては次章で詳しく述べます）．

(2) 関与主体と観察主体と記述主体の関係

　エピソード記述は，その場に関与している者が同時に観察し，しかも観察していることを記述するというように，関与主体と観察主体と記述主体が微妙に

重なり合う複雑な性格をもっています．微妙に重なり合うという微妙な言い方をしましたが，観察主体としての私は，関与主体としての私を含めて「私が関与しつつあることを観察する」という構図の中に巻き込まれています．ところが記述主体もまた，「観察主体が観察していることを記述する」という構図の中に巻きこまれています．この二つの構図は，ちょうど作家が「次郎は『ぼく，それ嫌いだよ』と言った」と書く行為に似ています．つまり，「誰かがこう言ったと書き手は言った」という入れ子構造になっているのです．関与観察の場面に置き直せば「『こう関与している私』を私は見る」という入れ子構造と，「『私はこう見た』と私は言う」という入れ子構造があることになります．前者の最初の私が関与主体，後の私が観察主体，後者の最初の私が観察主体，後の私が記述主体ということになります．いずれも私と表記されていますが，作家の例で『　』を言った次郎と，「と言った」と書く書き手が違うように，関与主体と観察主体，観察主体と記述主体は必ずしもぴったり重なるわけではありません．観察主体はどこかで関与主体から超越した立場にいるし，記述主体はどこかで観察主体を超越した立場にいます．そしてまた，そうでなければなりません．書く営みの担い手である記述主体は関与と観察の両方を外部からそれこそ「客観的に」見ることができなければ，うまく描き出せないのです．

　このような議論をすると頭が痛くなりますが，実際に描かれたエピソードを読んで，するっと理解できるときというのは，たいてい，この入れ子構造がうまくクリアされているときであり，理解しにくい，何を言っているのか分からないときというのは，この入れ子構造に混乱が起きているときです．通常はめったにその混乱には至らないのですが，例えば次のような元高校教師の書いたエピソード記述を読んでみれば，この間の事情がよく分かります．

　　〈背景〉
　　私が高校の教師だったときのエピソードである．私が転勤して間もなくのことで，学校と生徒の状況がよく分かっていなかった．新入生40人と原級留置生（留年生）7人の47人クラスであった．「原級留置生のAは大変やからなあ」と周囲から声が上がっていたが，私にはどのように大変なのかが分からなかった．
　　Aは身長が175センチぐらい，体重は90キロぐらいある．がっちりとした体格で，いかにも腕力がありそうである．上目遣いや横目遣いで人を見る．顎を上下に動かし，肩を揺らし，睨みつけたりもする．その様子は，「俺に何か言いたいことがあるのか」「誰に口きいてるんや」といったふうで，人を威圧するような感じが

第1章　関与観察するとはどういうことか

あった.

　4月当初，Aは座席に座って担当教員の方をじっと睨みつけたまま，ほとんど何もしない様子であった．教科書もノートも筆記用具ももってきていない．担当教員を睨みつけて，すぐにでも何かしら言いがかりをつけて，どなりちらそうかという様子であった．前年度の担任の話では，授業中に何もせず，注意や指導を聞き入れない，注意すると無視したり，「何が言いたいねん」と切り返したり，授業中に仲間とともにいなくなることも多かったという．そういう次第で，Aのことはよく分からないまま，近づきたくない，会いたくない，という気分が先行していた．以下はその当時のエピソードである．

〈エピソード〉
　1年生の6月のホームルームのとき，いきなりAが立ち上がって怒鳴りはじめた．自分の席から離れて担当教員に大声で怒鳴り，「しばいたろか！」と言って，殴りかかりそうになった．クラスには二人の担当教員がいた．一人は進行役で，もう一人は補助役である．二人とも驚いて，「何を言うてるんや」「どないしたんや」「座って」と言っていたが，Aの激しい暴言と担当教員に近づいていこうとする動きに，「落ち着かんかい！」「静かにせんかい！」「席につかんかい！」と激しい口調で注意した．ところがAはさらに激昂し，「しばいたる！」「いてもたる！」と叫び，今にも殴りかかるような動きが担当教員に見て取れたので，「何，怒ってるんじゃ」「ええかげんにせんかい」と喧嘩腰で強く言い放った．Aは担当教員に向かって進み，担当教員も前に出た．もう衝突不可避やなと思われた．
　そのとき，大きな怒鳴り声にどうしたのかと隣のクラスの担任が様子を見に来て，二人のあいだに割って入り，Aの喉を押さえてのけぞらせ，担当教員も体を押さえ込んだ．Aは力の限り暴れ，もがいた．担当教員が「ええかげんにせんかい！」と言い，隣のクラスの担任が「お前，何べんこういうのをやっているんや，去年と一緒やろうが！」「何も変わっとらへんがな」「いい加減にしとかなあかんやろう！」と激しい口調で言った．Aは二人に押さえられてどうすることもできず，返答もしなかった．Aは二人に抱えられるようにして連れ出され，相談室に連れていかれた．そこで事情が聞かれ，約2週間の生徒指導を受けることになった．

　このエピソードは，粗暴な感じのある高校生のAくんにこのエピソードの書き手が出会った当時のものです．Aくんの様子や場の雰囲気は確かによく伝わってきます．これを一読したとき，私はこのエピソードの書き手はこの教室のどこかに位置して，Aに対する担当教員の対応を見ているのだとばかり思っていました．エピソード部分の，「担当教員に……殴りかかりそうになった」「担当教員に近づいていこうとする動きに」「Aは担当教員に向かって進み，担当教員も前に出た．もう衝突不可避やなと思われた」，等々の箇所を読めば，むしろそう思うのが自然です．ところが，実はこの書き手が担当教員自身なのだというのです．それを聞いて，私は少々驚きました．

もしも私が担当教員なら、「担当教員である自分に……Aは殴りかかってきた」「自分に近づいてくる動きに」「Aは私に詰めより、私も一歩前に出た．私はもう衝突は不可避だと思った」と書くはずです．どうやらこの書き手は、客観的に書かねばならないと教え込まれてきていたために、記述主体である自分をまさに担当教員やその場の観察者から完全に切り離し、それを外側から見て描かねばならないと考えたようです．そのためにこういう書き方になったのだと思います．しかし、読み手にはそれがまったく別人のように思えてしまう結果になりました．

　客観性を担保しようとして、あまりに超越してしまうと、記述主体と関与主体が分断されてしまって、かえってわけが分からなくなるという例です．

　この例からも分かるように、三者の重なりは大変に微妙です．完全に切り分けられてもなりませんが、だからといって完全に重なってしまっても具合が悪いのです．

　特に現場で実践に従事している人が関与対象について何かを描き出すというときには、自分の思いが先行しやすく、それによって今の三者の切り分けが十分でなくなるために、ただ自分の言いたいように言ってしまって、関与対象がどのようにそこにいたか、どんなことを思っていたかが十分に掬い取れず、とにかく自分にはこう思えたというところばかりが浮き出てしまうという結果になりやすいといわねばなりません．このことは序章で取りあげた「子宮の中を泳いでいる」というエピソードに特徴的なことでした．そこに用心して、相手に重なりすぎるのでも、自分の立場に凝り固まるのでもなく、そこから少し超越して全体を見ること（その場を客観的に見ること）が、エピソード記述には大切になってきます（後にこれを「第三の目」と呼ぶことになります）．

　今までの議論は、視点を変えれば、客観的であることを目指してその場から超越しすぎると、かえって事象の「あるがまま」が読み手に伝わらないというふうにもいえると思います．逆説的ですが、自分の立ち位置がはっきり分かるような記述の仕方、つまり「私にはこう見えた」「私にはこう感じられた」「私はこう思った」さらには「『○○はこういう思いでこうした』と私には見えた」など、観察主体の位置を明示した方が、より客観性が強まる面があります．先の記述の例では、おそらくここに誤解があったのだと思います．エピソード記述が客観的であるためには、「私」という主語を差し挟んではいけないのだ

という誤解があったらしいのです．しかし，エピソード記述はあくまでも「私」という関与者であって観察者である自分の体験を記述するものです．客観的に描くというのは，あくまで自分の立ち位置をしっかり提示しつつ，そこから脱自的に見るということなのです．

第5節　関与観察は常に「〜として」の構造を含む

　本章第2節で，事象を観察するときに，視野は均質に捉えられるのではなく，「図と地」の構図の下に捉えられることを簡単に指摘し，第5節で詳しく述べると予告しておきました．これからその問題を取り上げていくことにしましょう．

　(1) 行動観察記録とエピソード記述との違い
　「図と地」の構図の問題は，従来は知覚心理学の一つの知見として提示されてきました．つまり，カメラと違ってこの視野が均質に捉えられるわけではないこと，何かが「図」になるとそれ以外の周辺は「地」になること，「図と地」は相互に反転する可能性があること，等々が指摘されてきました．しかし，関与観察において「図と地」の構図を問題にするのは，一つの視野内の「図と地」の問題というよりも，ある事象全体，つまりある時間の流れの中で展開される出来事の流れ全体の中から，何を切り出してそれを「図」とするかという意味においてです．その「図」として切り出されたものがエピソードになるわけですから，何を「図」にするかはエピソード記述にとってもっとも本質的な問題であり，ひいては関与観察のもっとも重要な局面だといえます．

　従来の行動観察の記録の仕方をみてみれば分かるように，行動観察記録は起こった出来事を網羅するような記録，「いついつに，こういうことが起こった」という「客観的事実」の羅列が観察の中身でした．最近では，その事実の羅列の欄の横に，「担当者の思い」というような欄を設けて，関与している人がその事実が起こった際に何を思ったかを記すようになっている行動観察記録もみられるようになってきました．しかし，中心になるのは相変わらず出来事の時系列的な提示です．保育記録もそのような体裁が多く，また看護の世界でよくなされるプロセス・レコードなどもその一つだといってよいでしょう．保

育や看護など，一日の流れの事実確認が必要な世界では，確かにこのような記録も必要です．また私の考えるエピソード記述においても，特定の場と特定の人に継続的に関わって，そこからエピソードを紡ぎ出していこうとするときには，関わりのあった日の出来事を粗くでも簡潔に記しておいて，時系列的な変化を押さえておくことは，可能な限り試みる必要があると考えています．

　しかしながら，関与観察にとっては網羅的に出来事を取り上げることよりも，むしろその日その日の膨大な出来事の中から，関与観察者にとって「これだ」と思うようなエピソードを取り出すことが肝心です．そしてそこのところがもっとも難しいのです．なぜそこが難しいかといえば，その場面が事象全体から浮き立って「図になる」ことに，あるいは，関与観察者がある場面を事象全体の中から切り取って「図にする」ことに，関与観察者の暗黙の背景(地)が大きな意味をもってくるからです．つまり，関与観察者の興味，関心，知識，経験，理論，等々の「地」の上に，その場面が「図」として浮き上がってくるというのが，関与観察において一つのエピソードが取り上げられる際の基本的な構図なのです．行動観察記録であれば，「誰が何をし，何を言ったか」の事実を網羅的に記録すれば観察としてはそれで終わりでしょう．しかし関与観察にとっては，一つのエピソードを「図として」取り上げるところが問題で，それを出発点に，なぜそのエピソードを取り上げるかを議論してこそエピソード記述なのです．

　それはまた，関与観察主体の問題が前景に出てくるということでもあります．そこが従来の行動観察と決定的に違うところだといってもよいでしょう．行動観察では，観察者は無関与的ないわば透明な存在であり，問題にされるのはもっぱら事象の側です．ところが関与観察においては，観察者が何を問題にしたいか，どういう経験や理論をもっているかによって，「図」となる場面が違ってくると主張します．つまり，経験や理論や興味・関心が異なれば，「図」となるものが異なってくることを最初から出発点に据えているのです．事象の側が重要であることはもちろんですが，それに劣らず，観察する主体の側の問題も重要だとみるところに，行動科学の枠組みとのもっとも大きな違いがあるといえるでしょう．そのことを，これまでにも何度か紹介したことのある自家観察例を取り上げて，説明してみましょう[注22]．

第1章 関与観察するとはどういうことか

(2) エピソード——「離乳食はもういらない」(Y児；6ヶ月)

一組の子ども—養育者のあいだでの離乳食場面である．母親の膝の上に座らされたY児は，これから何が始まるかもう分かっているという雰囲気であり，食べさせにかかろうとする母親も特にY児の気持ちをスプーンに引き付けねばという感じではない．離乳食が始まり，母親がスプーンを差しだすと，Y児は当然のようにそれを受け入れ，咀嚼して嚥下する．次のスプーンが差しだされると，またY児はタイミングよく口を開けてそれを受け入れる．それはかなり早いテンポであり，見事なまでに同期している（もちろん，どの場合でもスプーンがくるのにタイミングよく口を開けるというわけではなく，スプーンがくる直前にすでに口を開けている場合も混じる）．行動レベルでいえば，母親がスプーンを差しだす→Y児が口を開け，咀嚼し飲み下す→次のスプーンがくるというように，一連の行為はきわめて円滑でリズミカルである．

しかし，食事がかなり進んで，もうそろそろ終わりになりかける頃からこの母—子の関係は興味深いものになってくる．行動のレベルでいえば，まず同期性やリズムが次第に崩れてくる．今やY児の気持ちは床の上のおもちゃに向かっていて，母親がスプーンを持っていってももはや同期したかたちで口を開かない．しかし，全く食べないわけではなく，少しタイミングがずれたかたちではあれまだスプーンを受け入れてはいる．だが「もういらない」という気分がありありである．母親も，「もういらないの？ マンマ終わりにする？」とY児の気持ちを確かめながら，しかしもう少し食べさせたいという気持ちもあって，なおもスプーンを運び続ける．そして，Y児が運ばれてきたスプーンから明らかに顔をそむけて「もういらない」という気持ちを露わにしたときに，母親は「ごちそうさまにしようね」と言って口の周りを拭いてやり，食事を終わりにした．

(3) このエピソードを切り出す私の意図

このエピソードは当日やその前後の関与観察における無数のエピソードの中から，私にとって「これは是非とも取り上げねばならないエピソードだ」として浮かび上がり，切り取られたものです．ある意味ではまったくありふれた離乳食エピソードであり，それを取り上げることに何の意味があるのかと思われるかもしれません．それを裏返せば，このエピソードを切り取って提示する背

景には，私の理論的関心や興味が働いているといわねばなりません．上のエピソードは，それ自体が面白いのではなく，またそれ自体で意味が完結するものではなく，それを切り出すことになった私の理論的関心や興味とセットにされなければ，その意味を十分に理解することができません．つまり，あるエピソードはそれ単独で成り立つものではなく，常にそれを切り出す人の理論的関心とセットになってはじめて一つのエピソードになるのです．

さて，このエピソードが切り出される当日の観察を振り返ってみましょう．実はこの場面を観察していたとき，私はまずこのエピソードの前半のきわめてスムーズなスプーンのやりとりに目を奪われました．2ヶ月前に離乳食が始まったばかりの頃の，一匙一匙を丁寧に運んでいた状態を思うとき，この日のテンポの早い同期したやりとりは確かに目を奪うものがあったのです．ですから，「離乳食の発達」というような関心や，「同期した二者間の相互作用」というような理論的関心からすれば，このエピソードの前半が「図」になって，それで終わっていたかもしれません．

しかしながら，おそらく当時の私が「養育者による子どもの気持ちの調整」というテーマや，「子どもも主体，養育者も主体」というようなテーマに関心があったからなのでしょうが，当初の同期する部分に目を奪われた状態から，養育者が子どものもういらないという気持ちを摑みながら，しかしもう少し食べてほしいという気持ちもあるというところ，また子どもの思いと養育者の思いが微妙にずれ，それがせめぎ合いながら，次第に収束していくところなどが「図」になって見えてきたのです．後半が「図」になったのは，私にそのような理論的な背景があったからだというしかありません．

多分，これまでも多くの人がこのような離乳食場面を見てきたはずです．そしてそれがどういう終わり方をするかも，多くの人が見てきたはずです．しかし，このような終わり方に，養育者が子どもを一人の主体と受け止めつつ，自分もひとりの主体として自分の思いを子どもに伝えていくという，「子ども―養育者」の関係の重要な局面を見，それを取り上げ，その意味を抉り出してみることはありませんでした．そこから翻って考えれば，多くの出来事の中から「図」を切り出すことがいかに難しいかが分かります．「図」として浮かび上がり，エピソードとして切り出されてしまえば，なるほどと納得できても，それがなかなか「図」になって浮かび上がらないのです．

いったん「図」として切り出されれば，理論的な背景があったからそれが図になったのだといえても，では理論的背景があれば，誰が見ていても必ずそこが「図」になっていたかといえば，そうともいえません．それゆえに，「図として切り出す」というふうに観察者の能動性を前面に出して言うべきか，「図となって浮き出た」というふうに観察者に捉えられた受動性を前面に出して言うべきか，そのあたりは実に微妙です．

ともあれ，どれほど関与観察者の目に「自然に」ある場面が浮き立ったとしても，それは常に関与観察者の抱える理論や関心といった背景の上に浮き出た「図」なのだということ，そして，「図」はそれ自体で「図」なのではなく，関与観察者の抱える「背景」との関連において「図」になるのだという点を今一度確認しておきたいと思います．

(4)「として見る」ことから背景へ

行動観察は，すでにそこにある事象を対象化して見て，それを克明に捉えるところに主眼がありました．「そこにあるものを見る」ことが基調なので，「誰々はこうした，こう言った」という事実確認がその観察の中心になったのでした．しかし，関与観察ではむしろ観察者が「あるものを図として見る」ところがポイントです．「〜を見る」から「〜を図として見る」というところに，従来の観察と関与観察の違いがあり，そこに観察者の主体性が絡んでくる事情が見えてきます．

ところで，「図として」の部分は，背景(地)があってこその「図」なのだと述べてきました．先の離乳食エピソードに立ち返れば，「図」となっているところが興味深いからまさにそこが「図」になったわけですが，いったんそこを「図」として捉えれば，今度はそれを「図」として支えている「背景」が反転して見えてきます．ここではこのエピソードの詳しいメタ観察は省略せざるを得ませんが，序章で指摘したように，エピソード記述はエピソードそのものに価値があるというよりも，そのエピソードを理論的背景の上の「図」として捉え直し(メタ観察)，その「図と地の関係」を全体として取り上げることがエピソード記述の価値なのです．ですから，「こういうエピソードがありました」という「図」だけの提示では，エピソード記述になりません．なぜそれを取り上げるか，それを「図」として取り上げた理由が提示されるのでなければ，エ

ピソード記述には意味がないのです．言い換えれば，まずエピソードがあって，それからメタ観察があるというより，メタ観察がすでに可能だからこそ，それがエピソードとして（図として）浮かび上がったとさえいえるということです．エピソード記述が難しいというのは，まさにそこのところです．

　院生諸君はよく，エピソードが拾えないと嘆きます．確かにそうです．拾えたときにはすでに語るべきことはほぼ見えているのですから．もちろん，先の離乳食エピソードは，それだけで家庭での養育の微笑ましい一つのエピソードではあるかもしれません．また，序章でみた「母親が祖母に子守唄を歌う」というエピソードも，それだけで微笑ましくも懐かしい，しかしまた胸の詰まるような思いを読み手に掻き立てるかもしれません．しかし，それが質的な研究に繋がるエピソード記述になるためには，そのエピソードだけでなく，それを切り出した観察主体の背景を取り上げないわけにはゆきません．それはまた，ある意味での「図と地の反転」の作業と言えるかもしれません．地＝背景が煮詰まっていないから，エピソードが拾えないということもあるに違いないのです．

(5) 流れの中から切り取られたものとしてのエピソード

　現場での関与観察にビデオ録画を併用している人も大勢います．過ぎ去った出来事を録画されたもので再び見ることができるのは，大変にありがたいことです．ところが，ビデオ記録があるからと安心するのは早計です．ビデオ記録の山に埋もれて途方に暮れる人がほとんどだからです．従来の行動観察記録のように，起こった事象を時系列的に羅列していくのであれば，ビデオ起こしを力ずくでやれば何とかなるかもしれません．しかし，エピソード記述にとっては，そこから何を切り出すかがほとんどすべてだといっても過言ではありません．しかも，そこから何を切り出すかに関して，「こう切り出すべき」というマニュアルがあるわけではなく，やはり観察主体の抱える多様な背景との関係で決まるとしかいいようがないのです．

　第3章で実例をあげますが，ビデオ記録を中心にエピソード記述に臨もうとするとき，多くの人は従来の行動観察のやり方を引きずるためか，ビデオに記録されているもののすべてを網羅したくなり，結局「図として切り出す」という作業ができなくなって，途方に暮れることが多いようです．すべてが「図」

になるということは，すべてが「地」であるというに等しく，そこに本来は「図」にすべき重要なことがあっても，何も「見えない」ということになってしまうのです．関与観察を始めた頃にまずぶつかるのはこの壁でしょう．それを振り返ると，「図として切り出す」ということは，図以外のものを積極的に捨てる必要があるということになります．網羅的な記録は，長期に及ぶ観察対象の変化を追うには好都合ですが，ポイントになるところがどこなのかが見えにくく，結局のところ，事象全体を眺めてそこに「図と地」の構図を取れないということになってしまい易いのです．

(6) ある場面が「図」になるきっかけ

序章で取り上げた3つの事例を振り返ってみれば分かるように，何かのエピソードが図になるときというのは，たいていの場合，「あれっ？」「ん？」「えっ？」というふうに，事態がこちらの思いとずれたり，そこで一時滞ったり，急に方向を変えたりと，何かこちらの気持ちに引っ掛かるときです．そしてそこから「面白かった」「はっと気づいた」「身につまされた」「何か違和感があった」「感動した」「嬉しかった」「悲しかった」等々，観察主体の中で何かの気づきが得られたり，情動が揺さぶられたりしたことが意識化され，生の流れに一瞬，立ち止まる瞬間が訪れます．それが先ほどの離乳食エピソードのように，大掛かりな質的研究にまで広がるかどうかは何ともいえませんが，ともあれ，そのように立ち止まる瞬間のエピソードがまずは「図」となり，それを「図」として取り上げることになった「背景」を考察していく中で，次第に「図と地の関係」が見えてくるというのがエピソード記述の特徴です．そういう試みを継続していく中で，他のエピソードとの繋がりがいろいろに生まれ，次第に分厚いメタ観察が可能なエピソードが取り上げられるようになっていくのです．

ですから，学生君や院生諸君がフィールドに出てエピソード記述を心がける際には，まず，その日の出来事の全体の流れを（これこれのことがあった，起こったというようなかたちで）大雑把にでも押さえて記録しておくことが必要です．その上で次に，面白かった，楽しかった，気になったというかたちで捉えられる場面をエピソードとして取り上げ，なぜ面白い，なぜ楽しい，なぜ気になると思ったのか，それをできるだけ考察してみるというところから出発するのが

よいと思います．そのうちに，フィールドになじみ，周辺の勉強が進んでくると，ふだんは見逃すような何気ない出来事に，面白さを感じたり，深く感動したりし，そこから分厚いメタ観察が可能になって質的研究に繋がるということも起こってくるはずです．

(7) 取り上げるエピソードは無数のエピソードのごく一部である

これまでみてきたエピソードの例は，読み手になるほどと思わせるところがあったと思います．そこから，ここに描き出されたような印象深いエピソードを提示することが，直ちに研究や実践報告に繋がるのだと思われたかもしれません．しかし，本書に提示するエピソードのほとんどは，多数のエピソードの中からピックアップされたごく一部のものです．凄いエピソードに出会えれば，それだけで論文が書けたり，報告書が書けたりするかのような印象を与えたかもしれませんが，それは誤解です．その意味では，日々の関与の中から，多数のエピソードを真面目に拾い，それに丁寧にメタ観察を付していく作業を地道にしていることが大切です．先ほどの離乳食エピソードの場合もそうでした．なるほどあのエピソードは分厚いメタ観察が可能な，私自身にとっても重要なエピソードだったわけですが，あのエピソードが切り出される背後には，膨大な他のエピソードがあったのです．論文の中で紹介できるのは，無数のエピソード群の中のほんの一握りにすぎません．中には，関与がうまくいかなかったエピソードもあります．分かろうとして分かり得なかったエピソードもあります．それらもエピソードとして拾うことによって，人の生き様を多面的に捉え，人が人に関わることの意味を深めていくことができます．そうしたいわば日の当たらないエピソードがこれまた背景になって，一つのエピソードを浮かび上がらせるのです．

その意味では，粘り強く現場に足を運び，丁寧に関与観察を行い，それを継続するという，地道なアプローチがエピソード記述の方法だといってもよいでしょう．質的研究はそうした積み重ねの中から，選りすぐられたエピソードを配列することによってはじめて可能になるのです．ですから，本書に紹介されるようなエピソードを読んで，そういうエピソードと出会えれば簡単に論文になるのだと錯覚しないこと，取り上げられるのは氷山の一角なのだから，まずは地道な作業が必要なのだという認識をもつ必要があります．

(8) 自分の拠って立つ暗黙の価値観を常に吟味すること

さて，これまでは，事象全体の流れの中から，あるものを「図」として切り出すところを問題にしてきました．そこがエピソード記述の最大のポイントの部分であり，その「図」を切り出すに至った観察主体の背景を明らかにしながら，「図と地の関係」を多元的に考察してこそエピソード記述であると述べてきました．しかしながら，その「図」を「地」の上の「図」と捉え直すところは，また大変に難しく，微妙な問題を孕んでいるのです．話を具体的にしてみましょう．

例えば，Cくんに知的障碍があって，能力面において他の子どもにできることができないという現実があるとしましょう．周囲の多くの人は，たくさん働きかけてみんなと同じことができることがその子の幸せに繋がるとみて，懸命に色々なことをさせようと躍起になります．そしてそうすることは一般に当然のことのように思われるでしょう．ある人がこのような構えでCくんを見ていると，Cくんが頑張るところ，できたところばかりに目がいきます（そこが図になって見えます）．そのような場面がエピソードとして取り上げられ，またそのエピソードは「能力の発達促進こそ療育の目的である」というような理論との関連で考察されて，Cくんに色々と働きかければ，Cくんの力はこんなにも伸びるのだ，ひいては障碍の子どもの療育はこうあらねばならない，といった言説にまとめられることもあるかもしれません．

ところが，そのように「図」を切り取るとき，そのことによってCくんの頑張らされるときの暗い表情や，ため息をつく場面は「背景」に追いやられることになります．そのことをどう考えるかが，エピソード記述のもう一つの問題なのです．つまり，そこにおいて，同じCくんの様子を前に，「図」と「地」が反転する可能性はないのかということを，どれほど厳しく吟味できるかが，そのエピソード記述の価値（説得性）に直接繋がってくるのです．

実際，Cくんの暗い表情や自分から何一つしようとしない受け身の姿勢を「図」にして見る人は，つまり，Cくんが今をどう生きているかという視点からその事態を見る人は，これは周囲の強い働きかけによる結果であり，もしもCくんが世界を生きる主人公だと自分で思えるように周囲が働きかけていくなら，Cくんはまた別の表情や行動を示すのではないかと考えます．つまり，背景にそのような理論をもっているので，そのような「図」の捉え方ができたの

です．そしてこの人たちには，Cくんが指導者の意図の下に指示に従うようにさせられ，頑張らされてばかりいるところが気になり，せめても自分と関わるときには思う存分遊ばせてあげよう，自分で物事に取り組む喜びを体験できるようにもっていこうと思うでしょう．そして実際に一緒に楽しく遊んでいくと，やはりCくんの表情が変わり，生き生きしてきます．そしてCくんが明るくなり，人を信頼し，自分を肯定できるようになるところを療育の成果として捉え，そのような観点からエピソード記述とそのメタ観察を展開していくでしょう．

　ところが，前者の立場から後者の立場をみると，ただ遊んでいるだけではないか，子どものために何もしてやらない無責任な立場ではないかとみえます．ところが後者から前者をみると，大人の都合や思いで子どもを振り回わす大人本位の立場ではないかとみえてしまいます．

　いうまでもなく，いまの二つの立場の議論は，障碍のある子どもの療育や保育を巡って，厳しい理論上の対立や対応を巡る激しい論争のある障碍児保育の現実を要約して述べたものです．こうした対立が生まれ，しかもそれのいずれの陣営も自分たちの見方が正しいと信じる背景には，関与観察に「図として捉える」という働きがあるからだといわざるを得ません．Cくんの様子は一緒でも，「〜として」捉えるところ，つまり「図」にするところが，関与主体の抱える理論や子ども観，発達観の違いによって異なってくる可能性があること，これが関与観察の難しさに繋がっているのです．

　要するに，この「〜として」の働き方を規定しているのは，観察主体の抱える背景的理論，例えば，子どもがどのように育つことが子どもの幸せなのかに関する理論，ひいてはその人の考える発達観や子ども観あるいは人間観です．この場合，「図」として捉えるものの相違はまさにそれぞれの人の抱く価値観の相違によっているので，理屈の上でそのいずれが正しいかに決着をつけるわけにはいきません．それどころか，それぞれの陣営の読み手がそれぞれのエピソードを同じ価値観のもとに読む可能性がありますから，それぞれの陣営が自分に都合の良いエピソードを取り上げ，またその陣営の読み手もそれに唱和して，自分たちは正しいと強く主張し続ける可能性はあり，それゆえ平行線にならざるを得ないのです．

　しかしながら，そうであるからこそ，何かが「図」として捉えられるときに，「これでいいのか？　こう切り取っていいのか？」と常に自分に問いを突きつ

ける厳しい態度が必要になります．「これでいいのだ」と安易に自分の価値観や判断に安住するのではなく，自分にこう見えているのは自分がこういう価値観やこういう枠組みをもっているからだと相対的に考え，その価値観や枠組みを含めて，「こう捉えていいのか，別の捉えようはないのか」という問いが立てられなければなりません．そのためにも，これまでみてきたように，脱自的な態度が必要なのです．そこから，価値観の違いだから平行線だという先の議論を超えて，観察対象を真に主体として受け止めて対応していたか，観察対象の思いを間主観的に摑んでいたかが吟味されるはずです．私自身は，このような厳しく吟味する姿勢をもってこそ，関わる人を尊重し，その人と共に生きる地平が開かれていくのではないかと考えます．

第6節　観察者は「相手」に自分を重ねることができる＝相手を主体として受け止めてその思いを間主観的に摑むことができる

　前節では観察者の抱える理論的背景の重要性を指摘しましたが，第2節の(2)項で触れた観察者の生きた身体，感受する身体の問題とも絡んで，関与観察において重要になるもう一つの観察者側の問題があります．それは，関与主体が関与対象に関わるとき，関与主体の側に関与対象の側の思いや意図や考え，あるいはさまざまな情動の動き(vitality affect)が把握されるということの問題です．それが関与対象を理解したり，それに基づいて関与対象への関わりのあり方が方向づけられたり，方向づけ直されたりする上に重要であることはいうまでもありません．そして関与観察は，まさにそのように関与対象の内面が把握されるところを観察された事実として提示するところに，その特徴があります．それがまた従来の行動観察と決定的に異なるところなのです．

　(1)「共感する」ということ
　第2節の(2)項では，人間が生きた感受する身体をもつということを中心に，相手の情動の動きを感じ取ることに触れました．それをもう一歩推し進めるとき，「人が人に共感する」「相手の思いが身に沁みる」「相手の様子が身につまされる」というような，人間関係の機微に関わる出来事が浮上してきます．

「私」はあくまでも「私」であり，「あなた」はあくまでも「あなた」であって，それぞれの主体は「絶対の個」であることは確かです．にもかかわらず，人間同士がお互いに関わり合うとき，そこには「絶対の個」の殻が破れ，お互いが通じ合える，重なり合えると一瞬でも思えるようなときが折々に訪れます．それは従来，「共感」ないしは「共感する」という用語で一括されてきました．

「共感」ないし「共感する」ということについては，古来，哲学では他我理解のアポリアとして長く議論されてきた歴史があります．つまり，「あなたが考えたり思ったりしていることをどのようにして私は理解できるのだろうか」という問いに答えることは，長い哲学の歴史の中でも難問中の難問だったし，いまでもそうなのです．ここでは，その難問に答えを出そうとしたり，その概念を厳密に定義づけようと試みたりするのではなく，人と人を繋ぐそういう働きがあることをまず認めた上で，それが関与観察の中にどのように入り込んでくるかを問題にしたいと思います．

実際，カウンセラーがクライエントの心情を共感的に理解しようという構えにあるとき，クライエントの思いがカウンセラーに身に沁みてくるように分かるときがあるとよくいわれます．逆に，そうなるようにカウンセラーには傾聴する態度が必要なのだともよくいわれます．しかし，それは何もカウンセラーに限ったことではなく，ふだんの人と人の関わりの中でも，それと同様のことはしばしば起こります．そして，共感的に分かってもらえたとその本人に思えることが，その本人の安心感に繋がったり，分かってくれる人への信頼感に繋がったり，ひいてはそれが本人には何らかの癒しになったりして，現実の対人関係が動いていくのです[注23]．

ですから，人が人に関与している局面で，「共感する」あるいは「共感的に理解する」と記述されることが，実際にどのような心の動きなのかを，可能な限りその場面に密着して描き出すことは，そこでの関与のあり方を知る上でも，その後の対人関係の変容を考える上でも，ひいては関与対象の内面の変化を考える上でも，重要な意味をもってきます．

このような個と個を繋ぐ働きは，しかし，きわめて微妙です．例えば，「身に沁みてくる」という表現は，相手の心情がこちらに沁みてくるということです．ここでは「向こうからこちらへ」というように相手の思いや情動がこちらに流れ込んでくる様相が表現されています．これに対して，「身につまされ

る」という表現は，相手の情動の動きによってこちらの内部にそれに類似した情動が喚起されるということでしょう．よく似ていますが微妙に違います．さらには，苦痛に顔をゆがめている我が子を見て，親の口から思わず「苦しい」という声が漏れ出てしまうとき，この「苦しい」は，まさに子どもに親自身が重なって，親が子どもに成り込んで言ったものとしか言い様がありません．あるいは，子どもが大喜びするのを見て，こちらも嬉しくなるというような事態は，共鳴や共振，あるいは響き合いと表現した方がよりふさわしいように思います．

要するに，個と個の繋がれ具合はきわめて微妙で，それを「共感」や「共感する」という表現で一括するのには何か抵抗があります．これまで私はその機微をどのように表現したものか随分苦労してきましたが，それというのも，個と個のあいだの情動の動きをそこでの実際の動きに合わせて表現することによって，そこでの関与のあり方がより適切に表現されるのではないかと考えてきたからです．

いうまでもなく，行動科学の立場からはそれは解釈であるとか，思い込みであるとの非難を受け続けてきました．これについてはすでに序章でみた通りです．しかし，関与観察にとってその機微を描き分けることは，その事象により密着し，その出来事をより生き生きと表現することに繋がります．読み手の了解可能性に訴えてこそエピソードの価値を示すことができるのですから，読み手がそこでの出来事をよりアクチュアルに思い描けるかどうかは，その了解可能性を大きく左右するはずです．その意味でも，その機微を丁寧に描き出すことは重要な意味をもつはずです．

(2) 間主観的に「分かる」こと

私は保育や養育の現場を観察していて，人が人を分かるということがその二人の関係を動かしていく事実に目を開かれる思いをしてきました．例えば，「母親が我が子が嬉しいと思っていることが分かる」「母親が子どものことを愛していると思っていることがその子に分かる」というような事態です．これをどのように考えればよいか思案した挙げ句に，行き着いたのが「間主観性」という概念でした．つまり，いま嬉しいと思っているという子どもの主観的な状態（子どもの思い）が，母親の主観に通じてくる，沁みてくる，把握されるとい

うことです．相手の主観的な状態と関わり手の主観的な状態とのあいだが何らかのかたちで繋がるという意味で，これを「間主観性」とか「間主観的な関係」と呼び，それを一方の側に引き寄せたときに，「相手の思いが間主観的に分かる」というように表現してきました[注24]．子どもの嬉しい笑顔を見て，母親が思わず「うれしい」と声を発してしまうのは，解釈でも何でもなく，子どものいまの状態にまさに母親の気持ちが重なって，子どもの思いがそのまま母親の言葉になったというしかありません．こうした事態を私は「成り込み」と呼んできましたが，これなども母親に引き寄せれば，「子どもが嬉しいと思っていることが間主観的に分かる」という事態だと考えることができます．

　こうした子どもと養育者との間主観的な繋がり合いは，それが養育者の子育てへの自信に，また子どもの養育者への信頼に確実に通じていきます．そして，それぞれの「自信」や「信頼」といった「心」の成り立ちは，その後の二人の生活のありようを大きく左右するほどの重要な意味をもちます．逆に，幼い子どもがもしも養育者に愛されていないと分かるなら，今の虐待問題を考えるまでもなく，それは子どものその後の対人関係に，あるいはその子自身の自分の心のありように深い影を落とし，場合によっては取り返しのつかない深い傷を残すことさえあります．単に食事を与えられた，清潔にしてもらったというような，身辺の世話の事実ではなく，その身辺の世話の奥にある養育者の思い（愛しているという思い，愛する気持ちになれないという思い）が子どもに通じて（分かって），それで子どもは元気になったり，元気をなくしたりするのです．

　このように，「間主観的に分かる」ということは，子どもにも養育者にも生じており，それが二人の関係を動かしていくことが分かります（もちろんこれは二者の閉じられた関係ではなく，周囲の他者がその関係を揺さぶることはいうまでもありません）．これは子どもと養育者の関係にとどまりません．子どもと保育者，看護師と患者，介護士と高齢者などの関係はもちろんですが，もっと広く二者関係一般に広げて考えることのできるものです．要するに，一方の主観的状態（こう思っているということ）が相手の主観に通じる事態，あるいは相手に分かるという事態であり，当事主体に引き寄せれば，「相手の思っていることが分かる」といえる事態です．

　ここから私は，「相手の思いが間主観的に分かる」ということは，「身に沁みて分かる」「身につまされる」「通じ合えた」「気持ちが分かった」「気持ちが摑

めた」というような，通常の人間関係の中で日常的に使われている表現をもっとも広く掬い取ることのできる一般的な事態であると考えるようになりました．そしてそこから，従来，他者理解の鍵を握るとされてきた「共感」や「共感する」もその一般的な事態の一変種として扱っていけるのではないかと考えてきました．

　そのような用語上の問題はともあれ，この「間主観的に分かる」は，関与主体が関与対象に関わる中でもきわめて重要な局面をなしているはずです．つまり，「誰それはこうした，こう言った」という行動的事実を超えて，関与主体に「相手がこう思っているのが分かった」という事実は，その後の関与主体とその関与対象との関係を動かすだけの重みをもつはずです．特に，幼い子どもにとって，親に愛されていないと分かるという事態は，その無表情や元気のなさに直結し，その後の不安定な行動に繋がることはいうまでもありません．残念ながら，そうしたことは保育現場や児童養護施設の現場に出向けば嫌というほど見せつけられます．どれほど身辺の世話がきちんとなされていても，養育する人の側に「あなたを愛している」という思いが動かなければ，結局子どもの側は「親が自分を愛しているとは思えない」ことになって，次第に元気を無くしていくことになるのです．

　こうして，関与観察においては，関与主体が関与対象の思いを間主観的に把握できるかどうかが大きな意味をもってくることが分かります．保育や看護の場面に臨んでみれば，実践者たちはみなこの「間主観的に分かる」ということをもとに，相手への対応を紡ぎ出していっているのが分かります．例えば，保育士たちは子どもの一生懸命な様子をみて，「〇〇くん，頑張ったね，凄いね」と声をかけます．今の紙面でそのような文字が並べば，お決まりの文句が並んでいるかのように思われるかもしれませんが，実際に，その子が一生懸命に取り組んで，やっと自分の思い通りの製作物ができて，「やった」という気持ちになっているその瞬間に，今の言葉がかけられるとき，それは紛れもなく，保育士が子どもの「頑張った，やった」という気持ちを間主観的に摑み，保育士もそれを嬉しいと思った結果なのです．そして，保育士が心から認めていることが子どもにも分かるので，そこで子どももさらに表情を輝かせて，嬉しいそぶりを見せるのです．

　このような子どもと保育者の関係の積み重ねが，望ましい保育的関係に繋が

ることは，もはやいうまでもないでしょう．関与の中でそのように「分かる」ことの重要性を認識し，それを実際に遂行できることが，関与観察の中で大きな意味をもちます．

(3) 間主観的に「分からない」こと

ところで，いくら相手の思いを分かろうと思っても，常に分かるとは限りません．また分かろうと一生懸命になればなるほど，分からなくなるということにもなります．たとえ二人の身体が類的同型性をもち，同じ波長の情動が動く可能性が高いとはいっても，やはり切り分けられた個と個である以上は，二人のあいだには分かり合えない局面が必ずあり，また分かり合えない局面の方がむしろ多いといわねばなりません．簡単に分かり合えないからこそ，たまに分かり合えたときの喜びが大きいのかもしれません．

相手がいまどういう思いでいるのか，それを分かろう，分かりたいと思って，気持ちを相手のところに持ち出すけれども，そこで何かが引っ掛かって，分からないという事態は，ちょうど先ほどの「間主観的に分かる」ときの事態と比較してみると，お互いの主観的な状態が繋がり合う寸前で繋がり合えていない，つまり「間主観的に分からない」事態だといえるのではないでしょうか．元々，別個の主体と主体の関係において，そのような事態はむしろ普通です．分からないのがある意味で当たり前の事態において，何かのきっかけで引っ掛かりが取れたときに，つまり，分かろうとする自分の気持ちが背景に退いたとき，相手の気持ちが「間主観的に分かる」という事態に転化すると考えるのが自然だと思われます．

つまり，お互いが主体であるという出発点に立ち返り，それぞれが主体として関わり合いながら，なおかつ時に繋がり合えるのはなぜかと問いを立てるのが自然だということです[注25]．そのように考えるとき，改めて「分からない」とき，「分かり合えない」ときに，その人がどのように振る舞うかによって，相手との関係が大きく左右される理由が見えてきます．例えば，赤ちゃんに関わる養育者は，いつも赤ちゃんの思いが分かるわけではありません．そのときに，「分からない」から，苛々して，ほおっておくのか，それとも赤ちゃんがどういう思いであるか，いまはどうしても分からない，「分かってあげられないけど，泣きたいだけ泣いていいよ，抱っこしていてあげるからね」と赤ちゃ

んを抱っこし続けるかは，赤ちゃんからみれば「愛されていると思えるかどうか」に直接関わってきます．このように「間主観的に分からない」ときの対処が，実は大きな意味をもっているのです．つまり，分からないから分かろうと努め，それでも分からないときには，分かるようになるまで待とう，ともかくいまは相手を大事にしよう，相手とそこに共にあろうと努めよう，それでも私は主体としてこのままここにいよう……そういう思いが相手に間主観的に通じ，相手との関係を深めることに繋がるのです．

　これは乳幼児と養育者の関係ばかりでなく，子どもと保育者，あるいは看護師と患者，さらには介護者と高齢者などはもとより，身近な対人関係全般にいえることでしょう．要するに，分かることが良いこと，分からないことは悪いことと捉えるのではなく，関与主体が今の自分のありようを自分で認められるようになると，間主観的に分かる，分からないを越えて，まずは関与対象の思いを受け止め，自然に関与することができるようになるということです．

　ともあれ，関与観察においては，関与主体がこの間主観的に「分かる」「分からない」をどのように生き，またその経験をどのように記述するかによって，その対人関係のありようが読み手に分かったり分からなかったりしますから，そこが関与観察のポイントだということになります．出来事はかくのごとくであった，という出来事の客観的な流れを示しつつ，そのあいだに，関与主体が間主観的に感じ取ったこと，感じ取れなかったことを交えることによって，その場面がよりアクチュアルに描き出され，読み手にその場の雰囲気や息遣いまで捉えられるようになってくるのです．

(4) 間主観的に把握したことを吟味することの難しさ

　さて，関与の場における対人関係は間主観的に把握されたものによって，大きく動かされることを見てきました．しかし，行動科学からの厳しい批判があるように，それが思い込みではないのか，単なる勝手な解釈ではないのかという疑問は，間主観性の重要性を認める立場においても，やはり考えてみなければならない点です．前節で，関与観察主体が「図」と捉えるところで，それがどれほど自分にとって自明なものであっても，「これでいいのか，別の図のとり方はないのか」と問うだけの厳しい態度が必要だと述べました．同じことがこの間主観的に把握されたことについてもいえます．なぜなら，「このように

感じられた」ことを証拠立てるものがなく，あくまでも関与観察主体にそのように感じられたことを読み手は信じるしかないからです．ということは，読み手は関与観察主体を信じるしかないということでもあります．この読み手の信頼に応える道は，関与観察主体がそこで間主観的に感じ取るときに，「本当にこう摑んでいいのか，別のとり方はないのか」と厳しく吟味する以外にありません．

しかしながら，そのようにいうからといって，間主観的に把握されたものに価値がないとか，信用ならないといっているのではありません．ただ，序章でも指摘しておいたように，そこにはかなり確信をもてるところからあやふやだと思われるところまでの幅があり，特にあやふやだと思われるときに，真剣に「これでよかったか？」の吟味が必要になります．そしてその吟味を遂行する上で，その体験からわずかに離脱し，脱自的にその体験を眺める態度がここでも必要になります．間主観的に把握されたものの確信度が何らかのかたちでエピソード記述の中に表現されるなら，読み手はさらにその場のアクチュアリティに迫ることができるでしょう．

(5) 間主観的に把握されるものの文脈依存性と歴史性

関与観察主体に何かが間主観的に把握されるのは，確かに「いま，ここ」においてです．そしてその基本になるのは，第2節の(2)項で触れたように，二者の身体を広義の情動が行き交うことであり，また関与観察主体が関与対象に気持ちを向ける，重ねるといった態度をとることに大きく依存しています．しかしそればかりでなく，二人が関わり合う「いま，ここ」の文脈と，それまでの関与の歴史にも大きく依存しています．文脈依存性についていえば，「いま，ここ」の近傍において，二人のあいだに何が起こっていたか，関与対象に他の人がどのように関わっていたか，等々，それを関与観察主体がどれほど摑んでいたかがその「分かる」を規定しています．歴史性についていえば，関与対象とこれまでどのように付き合ってきたか，そこでどのような経験が生まれたか，その積み重ねの中でお互いにいま相手をどのように受け止めているかといった，関与観察主体と関与対象との二者関係の歴史がその「いま，ここ」の把握に刻印されてくる可能性があるということです．そしてそれは当該二者関係の歴史のみならず，関与対象が自分の周囲にいる人とどのような付き合いをしてきた

第1章　関与観察するとはどういうことか

かの歴史まで，その「いま，ここ」の把握を揺さぶる可能性があります．

　多くの場合，付き合いが長期にわたり，人となりがお互いに分かり合えるほどになってくると，間主観的に摑めるものも多くなってきます．「人となりが分かり合える」とは，その人の対人関係がおおよそ摑め，その人の生きてきた歴史がおおよそ分かるということが背景にあって，その上で自分との関係の歴史の積み重ねの中で，その人の人となりがかなりしっかり摑めるようになるということです．実際，「いまこの人はこうしてほしいのだと」というように，関与対象の意図や欲求などの主観的なものが分かるのは，単に「いま，ここ」の近傍における文脈だけでなく，その人との付き合いの歴史が鍵を握っている場合が往々にしてあります．ですから，付き合いが長期にわたるほど，一般には間主観的な把握が容易になるといえるのです．

　しかしながら，その歴史性がかえって，間主観的な把握を迷い道に引き込む惧れもあります．これが思い込みに繋がったり，安易な「分かる」を生み出すことに繋がったりします．歴史の積み重ねが強い文脈を作るために，「これでいいのか」の吟味をかえって鈍らすことがあり得るのです．

　例えば，重度・重複障碍の養護学校で経験したことですが，嚥下の難しいDくんは食欲旺盛で体つきも大きい生徒でした．Dくんの食事介助をしている教員のT先生は「Dくんはご飯がだいすきだよねー，いつもたくさん食べるものねー」と言いながら次々にスプーンを運びます．しかし，Dくんは嚥下が難しいので，口の中に前のスプーンの食べ物が残ったまま，次のスプーンを受け入れることになってしまいます．見ている私はDくんの口の動きが気になり，むせないかどうかはらはらしながら見守っていました．それでも先生のスプーンを運ぶ手が緩みません．なおも，「おいしいねー」と次々にスプーンを運ぶうちに，とうとうDくんが喉を詰まらせ，そこでようやく一呼吸入れることになったのでした．

　この例などは，間主観的に把握するということの難しさを如実に教えてくれます．先生にしてみれば，Dくんの食べたい気持ちを摑んでスプーンを運んだと思っているに違いありません．しかし，それはDくんの様子には合致していませんでした．そのような誤解は日々の生活の中では確かにあり得ることで，それが問題なのではありません．問題なのは，子どもの様子が第三者にそうではないと告げているにもかかわらず，関与主体がしばらくそれに気づかなかっ

たことです．早くに気づいて関与の修正が図られれば，間主観的な把握の誤りはそれほど大きな問題ではありません．その修正がなかなか図られなかったのは何故かを考えると，吟味の不足もさることながら，Dくんと先生のこれまでの関係の歴史にも一因がありそうなのです．その歴史が「Dくんはいつもよく食べる子」「このようなテンポでも受け入れる子」という文脈を作り上げ，それを背景に「もっと食べたいと思っている」という「似非間主観的把握」をもたらし，それを「これでいいか」と吟味する姿勢を鈍らせた可能性があるように思うのです．

そのようなことにならないためにも，「間主観的に分かる」部分については，常に「これでいいのか」の吟味の姿勢が必要です．

第7節　ビデオ録画された場面を記述する試み

これまで関与観察の特徴，関与観察が抱える困難，等々，関与しながら観察するということの問題を概観してきました．これらは，これからフィールドに出て，関与観察を実地に行ってみる前段階の学びとして提示されたものです．第3節では，事物や動きの少ない人をもっぱら外部から観察するという実習を行いましたが，本節では動きのある関与場面のビデオ映像をこれまたもっぱら外部から見る態度で視聴した後に，そこに生起していたことを，できるだけ出来事に忠実に記述してもらいます．

その目的は，一つには関与観察した結果を記録にまとめることが，ほとんどの場合，生起した出来事を回想しながら，その場面を忠実に再現することを要件の一つにしているからです．そしてその試みを，実際に関与した人の記述と比較することを通して，出来事を記録することの難しさを経験してもらい，関与観察の長所と短所に気づいてもらうことも目的の一つです．

(1) ある関与場面を撮影したビデオ視聴に基づく簡単な記述の試み
〈インストラクション〉
ある小学校に付設された通級指導教室の指導場面を撮影した正味5分間のビデオ映像を3回提示します．学生君たちの最初の課題は，3回の視聴の後，このビデオ映像に写っている出来事をできるだけあるがままに記述する(20分)と

いうものです．視聴のあいだにメモをとるなどして，できるだけ「あるがまま」を記述するように促します．

〈ビデオ映像の背景〉

　この映像は，某通級指導教室に通うYくんに指導のM先生が関わるという場面です（およそ5分間）．Yくんは6歳で保育園児です．医師から自閉症の診断を受けていて，通級を始めてから1年近く経過しています．M先生はこれまで多数の自閉症の子どもに関わってきたベテランの先生です．

〈指導のM先生が描いたYくんの背景と簡単なエピソードをもとに，私がビデオを見ながら細部を補足し，出来事の展開を詳細に示したもの〉

〈Yくんの背景〉

　Yくんは現在6歳で保育園に通園，3歳頃に自閉症と診断される．最初のうちはなかなか関係がとりにくく，ひたすらYくんのやりたいことに付き合うというかたちになっていたが，最近は指導室で一対一のときは落ち着いて遊べるようになった．この半年，要求が分かりやすくなり，クレーン現象が増え，「イー」という発声で「違う」「嫌だ」を表現するようになり（以前は嫌なことがあるとすっと場を離れていた），また相手を意識して行動するようになってきた．暗いのが苦手で，触覚系の過敏さが目立つ．何色かの物がいつもと同じように並ぶのを好む．

　この日は指導室の机の上に機関車トーマスを置き，それに色の違う貨車を10個繋ぐ遊びになる．貨車には同色の動物（キリン等）がはめ込めるようになっている．机の上は籠などが置いてあって狭いので，10個繋ぐにはスペースを空けてやりたいが，籠などを動かしたらYくんは嫌がるだろうなと思いながら関わる．

〈トーマスと貨車の連結〉

　Yくんは椅子に座ってトーマスに貨車を繋いでいる．トーマスの前側に貨車を一つ繋ぎ，その貨車に同色の動物を一個はめるという遊びである．にこにこと嬉しそう．そばに私が座ろうとしても嫌がるそぶりは見せない．10個繋ぐにはスペースが狭いので，とりあえずいらない籠をそっとどけてやろうとすると，籠が動いたとたん「え〜お〜」と少し声を出す．「ボクのしたいようにさせて」と言いたい様子である．こちらはYくんの並べやすいようにしてやっているつもりなのだが，やっぱり「やめなさい」と見えるのかなあと思う．それ

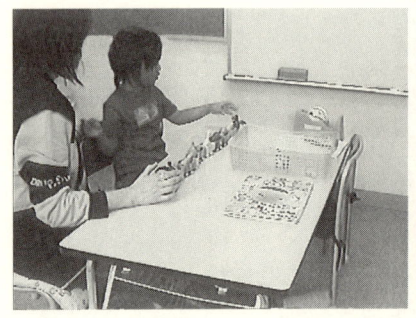

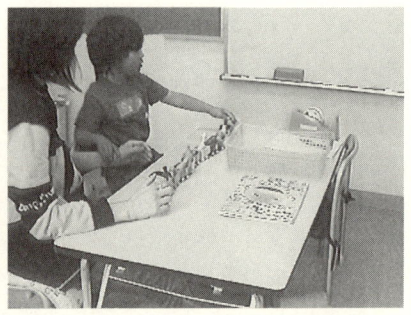

でも Y くんはそのまま遊びを続け，貨車を一個繋ぎ，そこに同色の動物を乗せ（はめ込み），また貨車を繋ぎ動物を乗せ……と，次々に続けていく．

　貨車が連結されるたびにスペースが狭くなるので，トーマスを少し後進させてスペースを作ってやろうとすると，「イー」と声を出す．ちょっと動かしてスペースを作ってやるだけでも自分のペースじゃなくなってしまうらしい．

　緑，黄緑，水色，黄色，赤……と貨車の連結が続く．水色のところから貨車に乗せる動物の向き（トーマスの進行方向と同じ向き）を決めた感じである．オレンジの貨車を繋ぐところで，繋ぐ前に動物を反対向きに乗せたために，動物の向きをトーマスの進行方向に合わせようとすると，連結のフックが反対側にきてしまって繋がらない．何度も繋ごうとするがフックが入らない．そこで，先生がしてあげるねという意味を込めて「反対向いてくださーい」と言って動物の向きを反対にしてはめてやる．そのように関わっても Y くんは別に嫌がらない．次の青の貨車でもまた動物を反対向きに乗せてしまったので，また繋がらない．Y くんはちょっと私の方に手を挙げて，「してほしい」のサインを出している．また「反対向いてくださーい」と言って向きを変えてやる．その次の茶色の貨車のときも動物の向きを反対にはめ，私の手に手を伸ばしてくる（クレーンのように見える）．どうやら「せんせい，ボクまた反対向きにするからね，向きを変えてね」という意味だったらしい．意図的に反対向きに置いて私に直させるところが凄いと思う．

　こうして10個の貨車が連結される．全部繋がったところで「やったね」と声をかけると，Y くんも嬉しそう．全体を見渡すと最初の緑の貨車と黄緑の貨車のところだけ乗っている動物の色がずれている．そこで「先生，これ気になるんやけど，交換してもいい？」と尋ねながら，両方の貨車の動物を交換する．

第1章　関与観察するとはどういうことか　　　　　　　　109

Yくんはそれをじっと見ているだけで,「イー」と拒否しない．動物を交換したところで，Yくんは全体を手でなでるようにして，全部揃ったという表情になる．

そして，先頭の貨車を出発させようとして，動物を持って動かそうとしたところ，動物が貨車からはずれてしまう．それからYくんは次々に動物をはずし，はずした動物を全部おなかのところに抱えてプレイルームの方に行く．プレイルームに動物を持って行って何をするのかなと思って見ていると，抱えていた動物が何個か床に落ちたところで，全部床に投げ出してしまう．

〈せんせいと一緒に鏡に映りたい〉

それから気分を変えるように，大型のオモチャの家の屋根に登ろうとし，片足をかけて私がお尻を押してくれるのを待っている．少し押してやっただけで，後は自分で頑張って屋根に這い上がる．トーマスの遊びのときから前髪が顔にかかって邪魔そうだったので，「髪が邪魔そうやなあ」と声をかけて，髪の毛をかき上げてやろうとすると，その手を振り払うように少し嫌がった様子を見せて，私の方に抱きついてくる．いつもの大好きな「ぐるぐる回し」をしてほしいのだと思って，「3，2，1，ゼロ，シューッ！」と掛け声をかけて数回ぐるぐる回しをしてみる．

「もう一回しよう」と誘うと，背中を見せるので，背後から抱きかかえてぐるぐる回しをしてほしいのかと思い，「この格好でするの？　はい，だっこ，ジャンプ」と声をかけ，抱え上げようとするが，それには応じずに「イー」と拒否の声を出す．そこで「どうするの」と尋ねながら，Yくんの動きにこちらの手や体を委ねると，私の両腕で自分の顔をぎゅーっと挟むようにして，鏡を見てにこにこしている．そこで私も鏡に映ったYくんの笑顔を見ながら，「誰

だー，ぎゅーっ」と声をかけながら自然に笑顔になる．Yくんは私の腕につかまってぶら下がるように体を前に倒し，にこにこして鏡を見ている．

そこで，再び「ぐるぐる回しする人」と誘ってみるが「イー」という返事．「違うの，じゃあ，おんぶする人」と誘うと腕の中に抱かれてきたので，抱き上げて「ぶーらん，ぶーらん」と声をかけながら体を揺すってやろうとすると，またもや「イー」と拒否の声．「違うの，どうするの」と背後から抱きながら再びYくんに体を委ねるようにしているところに，他の子どもが部屋に入ってくる．とたんにYくんの表情が変わり，私の腕をすり抜けるようにして待合室の方に行ってしまった．

(2) 私の補足的な解説とコメント

担当のM先生自身が簡潔に描き出したエピソードに，状況説明も加えながら少し補足してみたので，少々長めのエピソードになりましたが，この間，およそ5分の出来事です．少し詳しく描き出したのは，ビデオ視聴のできない読者にも，この映像の大要を摑んでほしかったからです．ここでは，5分間のエピソードを二つに区切っています．この映像は固定式のカメラで撮影されたもので，Yくんが指導室からプレイルームに移動したところで，M先生はビデオカメラの向きを自分で変えなければなりませんでした．その前後で二つに区切られています．

これまで述べてきたことから分かるように，エピソードは描く人の理論的背景との繋がりにおいて意味を露わにします．が，ここでは学生君たちがこの映像を見てどのように描き出すかを見ようとしていますから，特に詳しいメタ観察は付していません．ただし，私自身がこのエピソードを読むときの関心は，通級指導教室の指導のあり方において，ある程度繋がりが取れる関係ができてきてからは，単に子どもに合わせるだけでなく，子どもを主体として受け止めながら，関わり手も一個の主体として子どもの前に立ち，自分の思いを伝えていく必要があること，つまり相互主体的な関係を深める必要があるというところにありました．

まず，Yくんは指導室ではとても落ち着いていて，M先生とそこに共にいることが当然だという様子がうかがえ，またYくん自身がある意図をもって行動しているということがよく伝わってきます．Yくんが主体として生きていると

いう感じの源は，ここでは主に意図の主体だというところにあります．しかしYくんは，先生の存在にも気持ちを向けていて，「いや」を表す「イー」という小さな声は，単に嫌な気分を外に向かって表出しているというよりは，むしろ「それはいや」「そうしないで」というYくんの思いを先生に伝えている感じがあり，その意味では大変コミュニケーション的に聞こえます．つまりM先生はYくんにとって単なる道具的な他者ではなく，思いを伝える相手だと認めている感じがありました．貨車をうまく繋げないときに，ちょっと手を動かして「してほしい」のサインを出すときにも，道具的な意味で先生の手をクレーンとして使ったというのではなく，してもらえることが分かっていて，「してほしい」と伝えている感じが十分にありました．

　もちろん，M先生自身が述べているように，スペースを作ってあげようという先生の意図を汲むまでになっているわけではありません．ですから，ちょっと籠を動かしただけで「イー」と言ってしまうことになります．

　ここの場面は，しかし私から見ると，スペースを作ってあげようという先生の配慮が少し前面に出すぎているようにも見えました．確かにここには，Yくんはやはり自閉症の子どもで，うまく並べられなくなると遊びを放り出してしまうことがあるから，だからうまく並べられるようにスペースを作ってやって，という先生の配慮が働いているのでしょう．しかし，私の「相互主体的な関係」という観点からすると，スペースが狭くなったときに，Yくんがその事態にどう臨むのか，まずはYくんの出方を待ち，そのときのYくんの思いを受け止めながら，「やりにくいなー」「どうしようかなー」と一緒に考えたり，「こうしてみようか」と自分の考えを提案したりして，先生の思いを伝えていくというところがもう少し欲しい感じがありました．

　しかし，それでもこうして関わりが持続していくということは，M先生のいうように，通級を始めた当初とは違って，一対一で遊べるようになってきたという二人の関係の歴史が目に見えないかたちで働いているのに違いありません．

　さて，前半のエピソードの中身ですが，Yくんは貨車を繋いでから動物を乗せるというやり方から，動物を貨車に乗せてから繋ぐというやり方に変えました．ところが，そのことと，トーマスの進行方向に動物の顔の向きを合わせるという考えがうまくマッチしなかったために，貨車が連結できないという事態が生まれました．多くの自閉症の子どもは，そのように自分の意図とずれた事

態が生まれると，たいていその場面から離れてしまいます．しかし，Yくんはそこで遊びを投げ出してしまわずに，先生の「反対向いてくださーい」という対応を受け入れ，先生が動物の向きを変えるのをじっと見ています．そして次には先生に「してほしい」のサインを出し，最後のところではほとんど意図的に逆向きに動物をはめて，先生に「反対向いてくださーい」と言わせ，動物の向きを変えさせようとしています．そのあたりは，Yくんが先生と一緒になって一つの流れを作り出している印象があります．

その二人の関わり合いが相互主体的だと見えたのが，そもそもこのエピソードを取り上げようと私が思った出発点でした．そのようにしてようやく10個の貨車の連結が終わったところで，その場にほっとした雰囲気が生まれるのですが，M先生はそこで，「先生，ちょっと気になるんやけど，ここ直していいかな」と言って，緑と黄緑の貨車の動物を置き換えます．その様子をYくんは黙って見ていますが，先生が直し終わった後，繋ぎ終わったときのほっとした雰囲気とは違った雰囲気がそこに生まれたように私には見えました．少しYくんの意に添わなかったとでもいうような雰囲気が感じられたのです．しかし，M先生の記述の中にそれは入ってきていません．おそらく，M先生にしてみれば，Yくんは色の順番にとてもこだわる子どもだったので，緑と黄緑の貨車のところだけ動物の色が違っているのを，後でYくんが気づくと嫌がるだろうという予測が働いたのでしょう．ですから，ここは単にM先生のおせっかいだったのではなく，Yくんのいつもの行動が下地になっていて，それがM先生の介入を促したのだと思います．しかし，その先生の意図とは少しずれて，Yくんにはその介入が意に添わなかったように私には感じられました（これまでの流れで指摘してきたように，M先生がここで動物を入れ替えたことの是非を問題にしているのではありません．M先生のように場面を読んで対応することは日常ではしばしば必要なものです）．

そのことが，貨車を出発させようとしてたまたま動物が貨車からはずれてしまったときに，むっとした気持ちを強め，急いで全部の動物を貨車からはずす行動になり，隣のプレイルームに動物をもっていって投げ出す結果になったのだと思われました．

自分の意図どおりにならなかったとき，その苛立ちを前面に出して，これまでしてきたことを投げ出したり，壊したりすることは健常な子どもにも（大人

にも）ありますが，多くの自閉症の子どもはそこで気持ちが崩れてしまうと，パニック状態になったり，人との関わりを遮断したりすることが多いようです．しかしYくんはここではそうならずに，オモチャの家の屋根に登るという遊びに移っていくことができました．そこにも先生とのこれまでの歴史，関係の積み重ねが働いていると思います．つまり，お尻を押してもらうことで先生との信頼関係を取り戻し，それによってYくんが一個の主体として自分で自分をコントロールできるようになりつつあることが，わずかながらうかがえるように思うのです．

　後半のエピソードは，トーマスのエピソード以上に相互主体的な関わりが際立っています．小屋の屋根に登るところでも，YくんはM先生がお尻を押してくれることを当然のように期待し，M先生もほんの少し後押しするだけで，Yくんが自分で登ることを当然のように思っていることが，ほんの数秒の関わりにもうかがえます．つまり，関わりを見ていると，M先生はひたすらYくんにつき従っているのではありません．そのことは，前半のエピソードで「ちょっと，ここ，先生，気になるんやけど」と動物の向きを変えようとしてみたり，後半のエピソードで「髪，邪魔そうやなあ」というふうに，先生の思いをしっかりYくんに伝えるところに現れています．あるいは，「ぐるぐる回ししようか」「ぐるぐる回しする人」「おんぶする人」と，次々に提案しながら，しかし，だからといってそこに強引に引っ張りこんでしまうのではなく，「違うの」「どうするの」「違うの」と，盛んに自分の提案に対するYくんの反応を確かめながら，Yくんの思いの向かうところを見定めようとしています．そして，鏡の前ではYくんのしたいことに合わせるように体の力を抜いて自分の体をYくんに委ねるところにも，「誘いつつ，相手に委ねる（合わせる）」という微妙に捩れた対応がうかがえます．

　今の場面のように，二人の思いが微妙にずれているところに，かえって二人がそれぞれに主体として生き，なおかつ二人のあいだに目に見えない繋がりが生まれているのを確かめることができます．「それぞれに主体なのだから，それぞれの思いは微妙にずれているのだけれども，それでもどこかで繋がっている」という感じなのです．それは繋がりを作り出そうと，先生の側が必死に子どもに合わせようとする余裕のない対応とも違います．子どもを主体として受け止めながらも，やはり関わり手もまた主体としてそこにいて，その上で，共

にそこに自然にいることができているのです．

　学校の先生方や療育の支援者の対応は，ややもすればよかれと思うことを「させる」対応になりがちです．また子どもに合わせようとする場合も，合わせすぎて，関わる人が自分の思いを伝えるという部分が弱くなってしまうことが多いように思います．しかし，ここでの対応を見ていると，ごく自然な人と人との関わり合いに見えます．「私は私，あなたはあなた，でも，私とあなたね」とでもいうような，まさに相互主体的な関係になっているのです．

　もしも私がこの一連の場面の中から一つのエピソード場面を取り上げるなら，鏡の前でのやりとりの場面にフォーカスすると思います．そこが私の当面の関心である相互主体的な関係をもっともよく示す場面だからです．

　こういう自然な関わり合いが生まれる背景には，まず，この指導場面でM先生が特定のことをさせようという強い意図をその身体から発散させていないことがあげられます．この5分前後の出来事をリードしているのは基本的にはYくんで，M先生の側に「こうさせる」という強い意図はうかがえません．先生の誘いかけは，Yくんの意図をより実現しやすい方向への誘いかけになっています．だからこそ，Yくんはときおり「ヒー」や「イー」と拒む声を挟みながらも，先生との関係を維持し続けることができるのです．

　最後に，M先生が描き，それに私が補足した上記のエピソード記録は，M先生の内側から眺めたYくんであり，周囲の状況であることを確認しておきたいと思います．というのも，これから提示する学生君たちのビデオ録画に基づく記述は，あくまでも映像を外側から見て描くというものであり，両者はまったく違った態度で描いているからです．

(3) ビデオ視聴に基づくエピソードの記録

　さて，実習としては，ビデオを3回続けて視聴した後，学生君たちはそれをエピソードとして描き出しました．その後に，これまでのM先生自身のエピソードと私のコメントが示されるのですが，ここではその順序が逆になっています．この実習課題でも，学生君たちはもっぱら見る立場にいるわけですから，描き出されることもその大半は事実経過を忠実に辿るという内容になっていました．学生君たちの描いたものの中から，二人の記述を以下に例示します．

第1章　関与観察するとはどういうことか　　　　　　　　　　115

Kさん
　テーブルに機関車トーマスの入った籠が置いてある．Yくんはその籠からトーマスを取り出し，機関車に貨車を繋いでいる．Yくんは機関車に繋げていくのが面白いのか，繋ぎ方が反対になっても気にする様子はない．そばにいるM先生は繋げるYくんを見ていたが，向きが反対になるのが気になるようで，「反対にしてくださーい」と声をかける．YくんはM先生の声掛けに応えることなく，トーマスを繋げていく．するとM先生はYくんの繋いだ向きが逆になっている車両の向きを変えてしまった．Yくんが全部繋ぎ終わると，M先生は「やったね」と声をかけたが，また一両，向きの違う車両を発見して，向きを変えた．するとYくんは繋いだトーマスを壊し始めた．そして車両の列を壊し，いくつかを抱えて席を立った．YくんはM先生がトーマスの向きを変えたのが気に入らなかったようだ．Yくんは車両を抱えて隣室にいき，抱えていた車両を床にばらまいた．よほど面白くなかったのだろう．M先生はYくんの気持ちに気づいていないようで，「髪の毛，邪魔そう」と言葉をかけるが，Yくんがトーマスを壊したことについては，言葉をかけなかった．
　隣室には小さな家があり，その屋根に上ったYくんに，M先生はまた「髪の毛，邪魔そう」としか言わない．Yくんが屋根から下りると，M先生はYくんを背後から抱え，Yくんと遊ぼうとする．M先生はYくんの体を揺すってやったりするが，Yくんは遊びに乗ってこない．Yくんはトーマスを繋げるとき，思うように遊べなかったことで，M先生と一緒に楽しもうという気持ちになれなかったのだろう．

Nさん
　室内にてYくんがトーマスの機関車を繋げて遊んでいる．楽しそうに繋げて遊んでおり，Yくんの表情がなかなか良い感じ．その後，M先生が入室．「髪の毛，伸びたね」と言って座る．Yくんが列車を繋いでいく際，「よいしょ」と声をかけているが，Yくんがうまく繋げられない際には，手伝ってあげている．YくんもM先生の手を掴んだりして，手伝ってくれとサインを送っている．全部車両が繋がり，Yくんが満足気な感じでいるときに，M先生は列車の後方部分の動物の置き方が間違っていることが気になっていたようで，「ねえねえ」と話しかけ，「これ気になるんだけど，先生．これ反対」と指摘．Yくんとしては動物を乗せて列車を繋げたということで喜んでいただろうが，先生が反対向きに動物をはずして直したので，何となく高まっていた気持ちがしぼんできてしまったようである．そして，列車を次々に切り離し，ついには席を立って隣の部屋に移動．隣の部屋に行ってもつまらないのか，手に持っていた動物を床に落とし，遊びたくても何をして遊んだらいいか……という様子に見える．後からきたM先生に再び「髪の毛，邪魔そう」「髪の毛，うっとうしそうやな」とダメ出しされる．
　M先生主導で体をグルグル回してもらうが，すぐに「ちょっと待ってて」とM先生はビデオの位置を直しに行ってしまう．M先生は何とかYくんとの遊びを展開しようと必死にあれこれ試みている様子．Yくんは鏡に映りたがっているが，M先生には伝わっていなかったのか，グルグル回しに先生はこだわっている．

(4) M 先生の描いたエピソードと学生の描いたエピソードとの比較

　わずか 5 分のあいだの出来事の映像を見て，その場面のあるがままを描くという作業だったわけですが，この二人の描いたものを読むと，関与主体の描くエピソードと随分違うことはもとより，学生同士のあいだでもかなり違うことが分かります．実際，20 数名の学生のエピソード記録は実に千差万別で，記憶された出来事を文章で描き出すことの難しさを改めて思い知らされます．第 2 節で行ったような人や物がほぼ静止した状態であって，しかも観察対象が一つに絞られているようなときはともかく，このように動きのある出来事を記憶を呼び起こしてあるがままに描くことがどれほど難しいかが改めて分かると思います．

　ここで簡単にその記述されたものを振り返ってみておきましょう．

　① 5 分間とはいえ，何をどう見るかに関して背景的理論をもたずに，生起した出来事を回想しながらあるがままに追うという態度では，前半部が後半部に比べて正確さの度合いが高いのは当然でしょう．トーマスを繋ぐところはほとんどの学生がかなり描けていましたが，後半部の鏡の前のエピソードは分かりにくさも手伝って，描けなかったり，描いても不正確だったりしているようです．

　②トーマスを繋ぎ終わったのちに，先生が動物の向きを変えてやるところは，ビデオだけでは見えにくく，また先生がそのようにした背景がほとんどの学生には分からなかったようで，不必要な介入と捉えられることが多く，そこから一つのストーリーを作り上げていくケースが目立ちました．それはここに掲げた K さん，N さんの場合も同様だったようです．そしてそれがフィルターになって，後半部が描きにくくなっていたようです．

　③私の関心である「相互主体的な関係」という観点をもたない場合，二人の関係を読み解くことはきわめて難しい課題だったようです．また，自閉症の子どもの特徴を知らなかったことも，読み解きが難しい理由の一つだったでしょう．たいていの学生はトーマスのエピソードで先生が動物の向きを変えてやるときの関わりの際に，Y くんが先生に「向きを変えて」とサインを送っていることに気づきませんでした．それに気づいたのは N さんだけだったので，N さんの分をここに掲載しましたが，これなどは，自閉症の子どもについてもう少し理解があれば，もしかしたら気づけたかもしれません．

第1章 関与観察するとはどういうことか 117

④わずか3回ビデオを見るだけでは当然ですが,学生君たちはM先生がどういう場面の読みをして対応しているかを考える余裕はなかったようです.単に,介入的であった,要求に応えた,といった行動上の捉え方に終始していて,意図を間主観的に摑むというのは,このような課題では殊のほか難しいようでした.

(5) 実際の実習のその後の展開

　実習では,ビデオを見て描き出した後に,M先生のエピソードの記録と,その後に付した私のコメントを読み,ビデオをもう一度見て,最後に全体の感想を述べるという手続きを踏みました.全体の感想を手短に述べると,「M先生の描いたエピソードや鯨岡先生のコメントを読んでからビデオをもう一度見てみると,細部までなるほどと確認できた.自分の最初の記述は穴だらけで,正確さを欠いていた」という感想に尽きると思います.特に後半のエピソードに関して,「記憶を辿っていたので,前半部に関心が集中したが,コメントを読んでビデオを見ると,後半が面白いことに気がついた」という感想も多数ありました.また,「子どもがやってとサインを出しているというのを読んで,自分ではまったく気づかなかったので,今度はそこに集中してビデオを見ると,本当にサインを出しているのが分かって,驚いたし感動した」という感想もありました.そして「こんな短いビデオでも,その背景になる知識や経験がなければ,一つ一つの行動の意味が摑めず,ただ見ているだけではほとんど何も見えていないに等しいことが分かった」という感想などは,今回の実習の実態をよく伝えているようにみえます.

　関与主体の描いたエピソードが正しく,他が間違っているというのではありません.M先生に見えていない部分もあるでしょう.また関わり手でなければ分からない部分もあるはずです.そして何といっても,見る側の経験の厚み,関わりの歴史が,こうした出来事を捉え,理解する上で鍵を握っていることは,この実習を経験した人がこぞって認めていたことでした.関与観察とは,M先生のように自分が実際に子どもに関わりながら,同時に観察することをいうものです.ただ見るだけではなく,いろいろなことを子どもの下に感じ取りながら,またこれまでの経験や場の状況や関係の歴史を踏まえて,それぞれの場面をいろいろに読みながら,そこに共にあろうとしているということを摑んでも

らえれば，このビデオを見てもらう意義はあったといってよいでしょう．
　このような実習を振り返ってみると，改めて，エピソード記述の方法論の長所と短所が見えてくる気がします．この方法は，あくまでも関与観察主体の「目」を潜り抜けて捉えられたものに基礎を置いています．関わりの歴史を背景に関与主体にしか摑めないものもあります．しかし，関与主体が観察し，エピソードに取り上げるのは，関与主体の関心にそって切り取られた部分です．そこに，「それでいいのか？」と問い続けなければならない不安定な部分が残ります．しかし，そのような制約にもかかわらず，この方法によってこそ，人の生の断面が捉えられ，関わる人と共に生きているありようが捉えられるのです．

第8節　インタビューや面接で大切なこと

　これまでは関与観察の概要を押さえておくために，さまざまな観点から議論を積み重ねてきました．観察といえばすぐさま行動観察を考えるかもしれませんが，関与観察はこれまでの議論から分かるように，観察することも大事だけれども，同じようなウェイトで，その場に関与対象と共にあること(being with)が大事な要件です．そしてそのことを踏まえれば，これまでの議論は何も関与観察だけに限られるものではなく，インタビューや面接の場面にも同じように生かされるはずです．このことは，第1節でも述べたように，「関与しながらの観察」が元々，臨床精神科医であったサリヴァンに由来するものであることを思い起こせば当然のことでしょう．本節では手短にインタビューや面接時に必要な注意事項を述べて，学生・院生諸君がフィールドに出かけるための下準備をしておきたいと思います．

　(1)「聴く態度」とはどのようなものか[注26]
　序章でも述べたように，質的研究の一環としてインタビューや面接を方法手続きとして用いるときも，関与観察のときと同様に，人が人に接するという基本，つまり研究協力者を一人の主体として受け止め，尊重するという姿勢を堅持しなければなりません．それがインタビューや面接において，協力者から話を聴くときの基本的な態度にも繋がります．

1） 半構造化されたインタビューや面接に向けて　そもそも研究に向かうのですから，研究する側には当然ながら聞きたいことがあります．それをあらかじめ整理しておいて順番に聞いていくのが，研究する側にとっては好都合ですが，実際には相手のいることであり，研究する側の思惑通りにことは運びません．どのように聞くのか，聞きたいことを直接質問して答えを求められるかどうかは，質問の内容，協力者の状態や立場，協力者と作り上げるその場の雰囲気といったものを勘案して，慎重に判断することが求められます．そのためには，あらかじめ多様なケースを想定しておいて，どういうふうに聞きたいことに繋げるようにもっていくか，いくつも質問の仕方を用意しておく必要があります．くれぐれも，単刀直入に聞けばよいという無思慮な聞き方だけは慎まなければなりません．その配慮のなさが，結局は協力を断られたり，協力後の協力者の不満になったりするのです．

こうしたインタビューや面接のやり方は，「半構造化」という形容をつけられることがしばしばです．つまり，おおよそは聞きたいことを整理しておくけれども，その聞き方や聞く順番は，インタビューや面接の状況に合わせて柔軟に変えていくというやり方です．予定されていたことが予定時間内にすべて聞けないということも起こります．それでも，できるだけ協力者のペースに合わせることが原則です．

2） 傾聴的に聴くという態度と黙って聞くこととの違い　半構造化といっても，研究者側に聞きたいことがあるとき，つい聞き出す態度になりやすく，研究者側のペースで次々に質問していくかたちになったり，協力者が前の質問との関連でまだ話したいことがあるうちに，話の腰を折るようなかたちで次の質問を向けるような聞き方をしていたりすると，だんだん協力者側に不満が溜まってきて，ぞんざいな答えしかしてくれなくなります．そのことを思えば，やはりカウンセリングの場におけるカウンセラーと同様に，聞くときの基本態度としては傾聴的な態度が求められます．

傾聴的態度とは，単に黙って聞いていて相手の話の腰を折らないというだけの聞き方ではありません．何よりも相手に気持ちを向けて，「身を乗り出して」「耳を傾けて」という表現が単なる比喩ではないかたちで聴く態度です．そこには聴く人の存在のありようや，相手への配慮が滲み出てきます．そのよ

うに気持ちを持ち出せば，語られる言葉の意味内容ばかりでなく，その言葉を紡ぎ出す協力者の思いが間主観的に摑めるようになってくるはずです．言葉では「おかげさまで」などと言っていても，内心で不満が高まっていることが分かるのは，聴く側がそのように気持ちを向けているからであって，ただ言葉の意味だけを追いかけているようでは傾聴的とはいえません．

　また，相槌はコミュニケーションを円滑にする上に必要なものですが，形式的に相槌を打てば良いというものではなく，本当に相手の言葉が身に沁みて分かったときには，相槌も打てない，返す言葉もない，ただ沈黙するだけということも起こり得ます．そして，そのような深い聴き方のときに，かえって話す側は自分の言うことが通じた，分かってもらえたという気分になれるのです．通り一遍の相槌は，かえって「分かってもらっていない」と受け止められるのが落ちです．

　とはいえ，傾聴的な聴き方の中でも，相手の話にうまく相槌を打ったり接ぎ穂ができたりすれば，相手がより話しやすくなり，また相槌や接ぎ穂が単なる相槌や接ぎ穂でなく，うまく聞きたいことに繋げる相槌や接ぎ穂であれば，聞く側にとっても好都合であることは確かですから，相槌や接ぎ穂の上手下手はインタビューや面接で重要な意味をもつことはいうまでもありません．ただ，これには経験と研究する側の人間性の幅が必要で，それはインタビューや面接の経験ばかりでなく，自らの人生経験を豊かに積まないと，なかなかうまくいかないでしょう．ここに，インタビューや面接を方法とすることの難しさがあります．

(2) 初回面接（インタビュー）で語られることと，研究協力者が本当に語りたいこと

　初回面接（インタビュー）は，人が人に最初に出会い，お互いがどういう人であるかを瀬踏みする場なので，お互いに緊張し，向ける質問も探りを入れるような質問から始めることが多く，またそれに答えて語る協力者も，通り一遍の語りになる可能性は大きいといわねばなりません．ですから，初回はこちらが聞きたいことを協力者がどれだけ語ってくれたかではなしに，二人のあいだに接点が生まれる様子や，それを通して協力者がどういう人であるかを自分の感覚で摑むことに主眼を置くことが必要です．そして多くの場合，面接（インタビ

ュー)を重ねるにしたがって，次第にそこに「共にある」という関係が生まれ，またそのようになったときに，協力者の本当に語りたいことが徐々に語りの中に出てくるという経過を辿ることが多いようです．

(3) 言葉を拾うことに終始しないこと

面接やインタビューでは，協力者の承諾を得て，語りを録音することがしばしばありますが，それが最初から許されていない場合，聞き手は相手の語りを何とか脳裏に焼き付けようと躍起になり，言葉を拾うことに懸命になって，語りの背後で動いている協力者の思いに気持ちが向かわなかったり，その思いを間主観的に捉えられるものがなかったりする場合が少なくありません．また，相手の語りは確実なデータになるために，それがあれば，語りの分析は事後にすればよいということになって，相手の思いを捉えた部分を書き残す作業がおろそかになったりしかねません．

しばしばインタビューや面接を中心にした質的研究が語りの羅列で終わって，その語りの表面の意味を追いかけることで済まされているのは，私の考えるエピソード記述の方法論からすれば，残念なかたちといわざるを得ません．語りの意味を本当に生気づけるのは，その語りの背後で働いている協力者の思いだからです．それを捉えなければ，質問紙研究と大差ないものになってしまうでしょう．

(4) 分かろうとしても分からないことがあること

長く付き合ってきた人ならばともかく，初対面かそれに近い，なじみの薄い関係にあっては，限られた語りの中から相手の本当に言いたいことが見えなかったり，相手の言いたいことを分かろうとしても分からなかったり，表面的に分かっても深く分かってあげられなかったりすることはしばしばです．カウンセリングのようなカウンセラーとクライエントという独特の対人関係においてさえ，分かろうとしても分からないことはしばしばあるのですから，制約の多いインタビューや面接において，間主観的に分からないということはしばしば起こるとあらかじめ考えておくことが必要です．

その上で「分かろうと努める」ことが大切です．これは先の傾聴的態度と同根のもので，まずはそこに「共にある」状態を作り，分かろうと努めていれば，

間主観的に摑めるものが差し当たりなくても，あるいは差し当たり相手の語りが分からなくても，そこから道はおのずから拓けてくるのです．

ただし，分かろう，分からなければという思いが強くなると，かえって分からなくなることも踏まえておかねばなりません．語り手と聞き手がそこで自然に共にあることができるようになったとき，つまり，聞き手が一人の主体として語り手の前にいることができるようになったとき，相手の気持ちが分かってくるときがあるということであって，その場合でも，完全に分かることはあり得ません．少し分かったり，ずれたりしながらやってゆくのが人間の自然な姿であり，エピソードもそういうところを描き出すところに主眼があるのです．

(5) 相手を主体として受け止める懐の深さ

人の生き方は実にさまざまです．語りの中には自分の価値観と合わない語りも必ず含まれてきます．そのようなときに，すぐに聞き手である自分の感情が揺らぎ，それが態度に現れるようでは，当然それは協力者に跳ね返ります．ですから，カウンセラーと同じように，どんな語りであっても，自分の価値観で安易にふるいにかけず，懐深く受け止める態度が，インタビューや面接では必ず必要になります．これは傾聴的に聴くときの人間性の幅と同じものです．

(6) 研究協力者との関係の深まり

関与観察は，1年，2年と長期に及ぶ関わりになることは珍しくありません．それが関与観察主体の背景を分厚くし，それによって，得られたエピソードのメタ観察が豊かになる可能性が開かれます．だからこそ，日々の関わりとその積み重ねが必要なのです．このことはすでに述べてきました．その点でいうと，インタビューや面接は一般に時間的な継続性において大きな制約がある場合が多く，その分，研究協力者との関係の深まりが不十分なまま調査が終了することになりかねません．

その時間的な制約を少しでも緩和するには，1回毎の面接やインタビューを大事にし，余裕をもって臨みながらもその場に集中して，協力者との関係が少しでも深まることに意を尽くすことです．そして研究の資料を得ることが目的だとはいいながら，他方で協力者と人間として触れ合えることをこの研究の目的の一つに置くことも，大事なことかもしれません．二度と出会えない，まさ

に一期一会の人との出会いであり，出会えたことに感謝し，そこで触れ合えたことを喜びに思えることが，その研究の質を高めることにもきっと役立つことでしょう．

第2章 フィールド体験と簡単なエピソード記述の試み

　この第2章では，関与観察について学んできたことを踏まえ，フィールド実習の授業の一環として，フィールドに出かけ，そこでフィールドへの関与を実地に体験し，そこでの印象深かった出来事を素朴なエピソード記述にまとめ，それがなぜ自分に印象深かったのかを素朴に考察することを試みます．授業としては，まずフィールドに赴く前の諸注意と心構えを講義した後(第1節)，序章や第1章を踏まえてエピソード記述の留意点を概観し(第2節)，次にT. A.(ティーチング・アシスタント)よりエピソード記述の実例の紹介と解説を行ってもらい(第3節)，それから実習に出かけ，各自，そこでの体験の中から一つのエピソード記述を持ち寄り，それをT. A. を含めて一緒に吟味して，全体で実習のまとめの作業を行う(第4節)という段取りになっています．

第1節　フィールドに赴く前に

　すでに序章と第1章で関与観察の大枠は示してあるので，ここではフィールドに赴く前の諸注意や配慮点だけを簡単に提示します．

(1)さまざまなフィールド
　私の授業では保育園に出かけますが，このような実習の授業の場としてはさまざまなフィールドを想定することが可能です．幼稚園，養護学校，ボランティアの障碍児サークル，特別養護老人施設などが挙げられます．もちろん，看護実習や介護実習などすでにカリキュラムに定められた実習が行われている場合には，その実習での経験をエピソードにまとめるというかたちにもっていくことも可能でしょう．授業以外に，私の院生たちのフィールドとしては，他に

児童養護施設，児童自立支援施設，乳児院，障碍者の入所・通所施設，母子通園施設，ターミナル・ケア病棟，等々があります．

(2) フィールドに赴く前の配慮点

　それぞれのフィールドに出向くには，いくつか配慮の必要なことがあります．例えば，保育園，幼稚園に出かける前に保健所で検便等の検査を受けておく，風邪をひいている場合は参加しない，等々です．この配慮は，障碍児関係の施設，介護施設などでも同じように必要でしょう．つまり，外部から入っていく以上，部外者である私たちが健康であることが大前提で，病気などの影響がフィールドに及ばないための配慮は必ず必要です．

　次に，各フィールドはそれぞれの都合を抱えており，その都合にこちらが合わせることが原則です．例えば，アポイントメントをとっていても，相手先の急な都合で(そのクラスの先生が病気であるとか，その日にちょっとした事故があった等の，予測し得ない都合で)受け入れが難しいことはあり得ます．その場合には日を改めるなどの配慮は，こちらがしなければなりません．

　また各フィールドは日々のデイリー・プログラムに従って動いていますから，どの時間帯にお邪魔すればよいかも大事な配慮点で，あらかじめそのフィールドの1日のスケジュールを調べて，もっとも影響の少ない時間帯に訪問することを心がける必要があります．もっとも，例えば保育園の食事風景を是非観察したいときなどは，その旨を現場に伝え，それが可能かどうか，どういう条件ならば可能かなど，事前に現場と打ち合わせておくことも必要です．

　それから，実習の授業として行うのですから，学生君たちだけで出かけるようなことは極力避けて，授業担当者やT.A.が必ず随行し，万一のときには授業担当者が責任を負う体制をとっておく必要もあります．またフィールドでの事故に備えて，保険加入も考えられてよいことでしょう．いうまでもないことですが，挨拶や片づけ等が必要なことも，事前の注意事項として指摘しておく必要があるかもしれません．

　最後に，フィールドは人の生きる場であり，そこに介入することができるのは，あくまでもフィールド側の厚意によるものであることを肝に銘じ，自分の一方的な思いで相手を叱ったり，おせっかいな行為に出たり，相手の嫌がることをしたりといった負の関わりは，絶対に避けなければならないことも，学生

第2章 フィールド体験と簡単なエピソード記述の試み　　127

君にしっかり伝えておく必要があります．

（3）フィールドに出かける目的の確認
　エピソード記述の方法論を実地に学ぶためにフィールドに出かけるのは，ある仮説を検証するためではありません．あくまでもそこに生きる人たちに直接出会い，何らかの水準で関わり，そこでさまざまなものを学生君が肌に感じ取りながら，少しの時間でもその場を共に過ごすこと，その上で何か印象深かった出来事をエピソードとして記述することが目的です．そこをしっかり確認しておかないと，何のためにフィールドに来ているのか分からないことになってしまいます．その点で，これまで序章や第1章で述べてきたことを学生君たちがきちんと学んでいない場合，フィールドに出かける目的が曖昧になり，無目的にただ出かけたという結果になりかねません．そのことを踏まえると，この実習の最初の授業のオリエンテーションのときに，そのことをしっかり指摘しておくことが必要かもしれません．

（4）その他
　研究者倫理の問題はすでに序章で触れているので，ここでは省略しますが，もしも序章が十分に学習されていない場合には，インフォームド・コンセントや自己規律・自己責任などの研究者倫理に関わる問題にも是非触れておく必要があります．また第1章で「関与する」と「記録する」ということの二律背反を指摘しておいたので必要ないかもしれませんが，この実習では「関与する」ことにも大きなウェイトがあるので，メモをとりながらの観察は行わないことを最初から断っておいた方がよいかもしれません．
　その他，フィールドでの集合時間の厳守，動きやすい服装，相手に嫌がられない程度の身づくろい，等々，言わずもがなのことですが，学生君の動向をみて，必要と判断すれば指摘しておくべきでしょう．

第2節　エピソード記述のために[注27)]

　フィールドに出かけ，そこで人に関与しながら観察し，そこからエピソードを取り出してくるという流れを説明してきました．特に，関与観察からある場

面を切り出すまでの経緯は, 第1章で詳しく述べました. そこで次に, エピソード記述に向けて考えておかねばならないことを, 以下に大まかに提示しておきたいと思います.

(1) フィールドに臨む姿勢

これまで述べてきたことから, まず次のようなフィールドに臨む際の心構えを今一度確認しておきたいと思います.

①関与観察は, 観察者が予断を排し, 素朴な気持ちで現場に赴き, そこに生きている人に対して謙虚な態度で接するところから始まる.

②その際, 人に対する評価的な見方を排し, あくまでもそこでの人の生き様を自分も含めて描くことが関与観察の目的であることを協力者に伝えておくことが大切である.

③関与観察において, 観察者はもっぱら見るだけの観察者ではなく, その場で出会う人に関与し, その関係を自然に生きることが目指されなければならない.

④関与観察において, 観察者はその現前の仕方, 関与の仕方を通して, 関与対象の下にさまざまなことを感じ取り, それに従って対応を柔軟に変化させていく必要がある.

⑤関与の中で間主観的に感じ取られたものについては, 常に「そのように捉えてよかったか」というように吟味する態度が必要である.

⑥関与の中で印象深かった出来事を記憶にとどめ, それを後にエピソードとして描き出し, なぜ自分にとって印象深かったかを考察することが初次的なエピソード記述に繋がる.

(2) 描かれたエピソードが満たすべき条件

関与観察の後に何らかのエピソードが描き出されるとき, それがどのような要件を満たしていればよいかを考えてみましょう. 序章や第1章を振り返れば, おおよそのところはすでに述べているといってもよいのですが, ここではそれを整理して, 箇条書き風にまとめてみました(順不同です).

①関与観察の場がどういう場であるかをまず明示し, 次に, 取り上げるエピソード場面の背景となっている状況をおおよそ描き出しておいて, そのエピソ

第2章　フィールド体験と簡単なエピソード記述の試み　　129

ード場面がどのような状況の中で生まれたかが読み手に分かるようにしておくこと

②自分がどういう立場でその現場に入っているかを明示し（学部の授業の一環として，大学院の研究として，研究者の立場で等々），またどういう目的でこの場に臨んでいるかを明示すること

③自分がいまどういうことに興味・関心を抱いているか，どういう理論的関心をもっているかについては，エピソードを提示する背景として前段で述べておいてもよいし，あるいはエピソードを描いた後のメタ観察（考察）として提示してもよいが，いずれにしても，どこかでそれを明示する必要があること

④当該エピソード場面をその場面を見ていない読み手がイメージできるように，できるだけその場面の「あるがまま」を時系列に沿って描き出すこと．その際，自分がどういうかたちの関与をしていたのかも併せて描き出すこと

⑤なぜこのエピソードを切り取って提示したかが読み手に分かるように描き出すこと．つまり，自分は何に感動したか，何が気がかりだったか，何が面白かったか，何に気づいたか，等々，エピソードを切り出す動機に相当するものが読み手に判るように描き出すこと

⑥エピソードは，関与対象の思いを間主観的に摑んだ部分，摑めなかった部分がハイライトになるはずである．それゆえ，そこを丁寧に描き出し，自分と関与対象がどのようにそこに現前していたかが読み手に分かるように描き出すこと

⑦関与主体である自分が間主観的に摑んだ部分だけでなく，人の動きやその場の雰囲気など，自分の身体を通して感じられたことをエピソードに盛り込むことによって，できるだけその場のアクチュアルな様相を提示するように心がけること

⑧読み手にエピソード場面の状況が十分に伝わり，また書き手のもっとも訴えたいところが十分に伝わる限りにおいて，エピソードそのものはできるだけ簡潔であることが望ましく，必ずしも必要のない細部は割愛すべきこと

これまでの私の経験から，思いつくままを箇条書きにしてみましたが，実際には，関与観察に臨む立場の違い，研究歴の違いはもとより，その場の条件の違いなどがあって，常にこの8点のすべてが満たされるわけではないかもしれません．しかし，この8点が完備していれば，それだけ読み手はその場面を思

い描きやすくなり，その場面を書き手と一緒に考える構えに入ることができます．序章でも詳しく述べたように，エピソード記述は読み手に理解されないようでは意味がありません．その点からすれば，上記の要件を満たしつつ，書き手である自分が一人の読み手になったと想定して，その読み手は当然，その状況が分からないはずですから，その読み手に分かるように描き出していくという姿勢が重要になってきます．

(3) 一つのエピソード記述が満たすべき要件[注28]

　これまではエピソード場面がどのように描き出されるべきかの話でしたが，一つのエピソード記述としては，もちろん，そのエピソード場面を描いたもので完結するわけではありません．序章や第1章で繰り返し述べてきたように，私の考えるエピソード記述の方法論は，エピソード場面そのものを描くことで完結するのではなく，あくまでも，そのエピソード場面を「図」として切り出すことになった，関与観察者の抱える興味・関心との関連を明示し，そのエピソード場面が直接に示す意味を超えた「メタ意味」を把握してはじめて，一つのエピソード記述になるものです．そのためには，観察されたものについての観察・省察という意味での「メタ観察」が，必ずエピソードの本体に併せて提示されるのでなければなりません．

　一つのエピソード記述の提示の仕方には，いくつかのやり方が考えられます．もっともオーソドックスなやり方は，上記の流れに沿って，(1)背景の提示，(2)エピソードの本体の提示，(3)メタ観察の提示，という三段構えです．次節に示すエピソード記述の範例は，この段取りに従っています．研究論文などにエピソード記述を持ち込む際には，このやり方が優れていると思います．その場合，エピソード本体の中に，関与観察者が感じたこと，思ったこと，間主観的に摑んだことが一緒に描き込まれます．その方が状況をより生き生きと把握できると思いますが，難点はエピソードが長くなって，時間的な経過が摑みにくくなる場合があることです．

　このような場合，(A)背景の提示，(B)客観的なエピソードの流れの提示，(C)第1次メタ観察，(D)第2次メタ観察，という四段構えも可能です．つまり，ここではまず(B)でエピソードの流れを明示しておいて，その流れのポイント，ポイントの部分で，自分はここでこのように感じていた，この流れのポ

第2章　フィールド体験と簡単なエピソード記述の試み

イントの背景にはこういうことがあった，というような解説を加えていくのが（C）の第1次メタ観察です．特に，エピソード場面が複雑で，一本の流れで示しにくいときなどは，このやり方がかえって分かりやすいことがあるようです．（D）の第2次メタ観察は(3)の「メタ観察の提示」と同じです．

　いずれをとるかは，結局，読み手が読んでどちらが分かりやすいかによります．かたちの上では違っていますが，本質的な違いではありません．

　いずれの段取りになるかはともかく，背景の明示と，メタ観察の提示は，一つのエピソード記述にとっては欠かすことのできない要件で，これがないエピソード記述は，少なくとも私の考えるエピソード記述の方法論に従ったものではありません．

(4) エピソード記述の評価

　エピソード記述の満たすべき要件は，評価の観点から考えてみてもよいかもしれません．これまで述べてきたことと本質的には同じことですが，裏側から見る気分になれるかもしれません．

　①読み手として読んで，背景からその場面に至るまでの流れがかなりしっかりとイメージできるかどうか．それとも，「ここが分からないから先に進めない」という感じになっているかどうか．

　例えば，児童養護施設をフィールドにして関与観察するというときに，ボランティアとして入っているのか，非常勤であれ準職員として謝金を得て入っているのかによって，立場は明らかに異なります．その立場の違いによって，その場面でこう関わった，こう関わらなかったが，理解できたりできなかったりします．最初のその背景のところで躓いていると，その先がちっとも頭に入ってきません．そうならないように，背景がしっかり描かれている必要があります．もちろん，研究協力者の側の背景的情報は知り得ない場合もあります．その場合にも，そのことが記されていると，読み手はその与えられた情報の範囲内で理解しようと努めるでしょう．

　②その場面のアクチュアリティ（生動感）がその記述から読み手に把握できるか．

　例えば，第1章の高校生の事例のように，場面の緊迫感がエピソードから伝わってくるかどうか，あるいは序章でみたような，虐待を受けた子どもの表情

を失った様が伝わってくるかどうか．これらの場面のアクチュアリティは，読み手の了解可能性に直接関わるだけでなく，そこに関与観察者がどのように居合わせたのかを告げる意味でも，やはりポイントになる部分だといわねばなりません．

③背景となる興味・関心，あるいは理論との関係において，そのエピソードのメタ観察が十分で，関与観察者の問題意識が十分に摑めるか．

ここは評価の観点としてはもっとも厳しいところです．これは最初の頃のエピソード記述では当然ながら望むべくもありません．一般的には，修士論文の水準でようやく「なるほど」と思えるようになるというところでしょう．そのためには，もちろん，理論的な勉強も必要でしょうし，またフィールドになじむ必要もあるでしょう．また自分自身の人生経験の積み重ねも必要であるかもしれません．しかし，どれほど不十分であっても，このメタ観察を試みる努力無しには，エピソード記述の方法論に習熟することはできません．

さて，細部はともかく，大きくはこの三点からエピソード記述は評価することができます．そして，この評価の観点からみて充実したエピソード記述だといえるものは，上記の満たすべき要件をほとんど満たしていることが分かると思います．言い換えれば，関与観察者の今のあり方，問題意識をあぶりだす（明らかにする）ためのものとしてエピソード記述があると考えられなければなりません．

＊＊＊

さて，序章，第1章，そして第2章のここまでのところで，おおよそ6回分（1回2コマ）の授業を経過してきたことになります．いよいよフィールドに出かけるわけですが，その前に，これまでの議論の総括をかねて，当時博士課程に在籍してT. A. でもあった大倉得史君に，エピソード記述の範例を提示し説明してもらいます．このエピソードは彼が大学院のゼミで発表したものの一部ですが，大変分かりやすい構造になっていて，学部学生がエピソード記述とはどういうものかを知る上に格好の内容だと思われたので，それを提示・解説してもらいました．その際，「誰がやってもそのように」というスタイルと，「自分の主観を交え，他者の思いを間主観的に捉えて記述する」というスタイルの二つのバージョンを示して，エピソード記述にとっては後者の態度が必要であることも併せて説明してもらいました．

第3節　二つのエピソード記述の比較検討
――精神科デイケアでの観察から　　　　　T. A.　大倉得史

　市内のある小さな精神科クリニックで，私が非常勤のデイケアスタッフとして働くようになってから3年半が経つ．当初は精神分析学への関心から，精神疾患というものが実際どんなものなのかを直に感じ取りたくて入った職場だったが，最近はデイケアという独特な空間に潜在する，大変複雑だが豊かな「意味」のようなものを感じるようになり，これを明らかにしてみたいと思うようになってきた．まだ，具体的なかたちにはなっていないが，いずれはこのフィールドでの観察をまとめ，研究として発表していくことも考えている．

　その手始めとして，2001年12月の当研究室のゼミで，このデイケアという場で何が起こっているのか，ごく簡単に紹介したことがあるが，今回はそのときの発表をもとにして，実際の観察，及びエピソード記述がいかなるものなのか，それをいかにまとめていくかという点に注意しつつ，観察にかかわる問題をいくつか考えていきたい．

→といった前置きによって，**自分がいかにそのフィールドに入ったか，なぜそこで観察を行うことにしたのか，どんな立場にある者として入ったかを提示しておく必要がある**．

（1）当院デイケアについて

　精神障碍を抱える人たちが，日々通ってきて時間を過ごす．当院デイケアの特徴として，統合失調症以外のさまざまな疾患（パニック障碍，うつ病エピソード，双極性感情障碍，分裂感情障碍など）の人たちも受け入れているということが挙げられる．結果，食事や排便に付き添いが必要な人から，一人暮らしをしつつデイケアと作業所を並行利用している人まで，あるいは非常に積極的にプログラムに参加する人から，部屋の片隅で座っているだけの人まで，メンバーは，その性格，生活能力，健康度において実にさまざまである．

　開所は週5日，午前9時半から午後3時半まで．さらに2002年度から，5日のうち2日は，午後7時半までのナイトケアも新設された．

　デイケアに登録したメンバーは，開所時間内ならいつでも好きなときにやってきて，好きなときに帰ることができる．基本的には25畳ほどのデイケアル

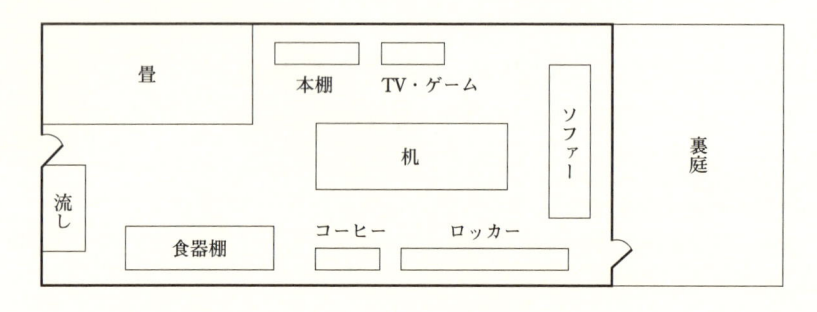

```
┌─────────────────────────────────────────────────────────┐
│            ┌──────┐  ┌──────┐                           │
│   畳       │ 本棚 │  │TV・ゲーム│                       │
│            └──────┘  └──────┘     ┌────┐                │
│                   ┌────────┐      │ソ  │                │
│                   │   机   │      │フ  │     裏庭       │
│┌──┐               │        │      │ァー│                │
││流│               └────────┘      └────┘                │
││し│  ┌──────┐  ┌──────┐ ┌──────┐                       │
│└──┘  │食器棚│  │コーヒー│ │ロッカー│                   │
│      └──────┘  └──────┘ └──────┘                       │
└─────────────────────────────────────────────────────────┘
```

ームが，彼らに用意された空間となる．小さな裏庭と待ち合いのロビーも使え，特に喫煙者の利用率が高い．デイケアルームは上記のような造りになっている．

　デイケアルームにはテレビゲームや，将棋・囲碁，ドンジャラ，人生ゲーム，トランプ，ウノといった各種ゲームがあったり，ギターやキーボードといった楽器があったり，マンガがあったりとなかなか多彩である．コーヒーやお茶もセルフサービス（コップの後片付けもセルフサービス）で飲めるようになっている．プログラムのない時間帯は，そうしたゲームや楽器で遊ぶ人，談笑している人，どこかに隙間を見つけては横になって眠っていたりする人など，各自思い思いに過ごしている．

　プログラムは毎日午前と午後に一つずつ用意されており，書道，歌（誰かが好きな歌をもってきて，それをみんなで練習する），詩の朗読会，カラオケ（近くのカラオケ屋に行く），散歩，料理やおやつ作り，絵画・手工芸，SST（対人関係の練習），各種ミーティングといったものをベースに，障碍者スポーツセンターでの運動（卓球，バレーボール，サッカーなど），ハイキングや花見などの野外レクリエーション，デイケア祭（外部の人も招いて，日頃作った作品などを展示したりする）やクリスマス会などの年中行事が組み合わされ，実に多様である．そもそもメンバーの提案によって始まったプログラムも数多く，3年前の開設当初に比べれば大変充実した内容になってきている．プログラムへは原則として自由参加で，気分が乗らないとき，しんどいときなどは参加しないでも一向に構わない．日にもよるが，大体10名前後のメンバーと常勤の女性スタッフ1名ないしは2名，非常勤スタッフ1名（私以外は皆女性で日替わりで入っている）が，デイケアルームにいるというのが平均的なところだろうか．スタッフの仕事はプログラムの進行や，メンバーの話し相手・遊び相手，各種の雑用などであるが，

その他しんどそうな人，ぽつんと一人でいる人などに注意しつつ，どういった関与をするかを考えなければならない．個々の仕事をこなしつつ，常に全体に目配せしておくことを要請されるため，楽な仕事ではない．

→といったふうに，場の構造，すなわちそこがどんな場であるかを，大まかに描き出しておく必要がある．特に，記述の読み手に対し，そのフィールドがなじみのないものであったりする場合に重要．

＊＊＊

本当は，ここまでの記述だけでは，エピソード記述に入る前の「問題」の立て方としてはまだ十分ではない．ここでエピソード記述に入ってしまうと，何が問題になっているかが依然として読み手に伝わっていないから，せっかくの事象の面白さが半減してしまう．実際，ゼミ発表のときには，「2「精神科」ということ——メンバーをどうみたら良いのだろうか？」という項と，「3「デイケア効果」——デイケアとは何なのだろう？ 私は何をしているのだろう？」という項を設け，筆者［大倉］がデイケアというもののどんなところに「不思議さ」を感じているかを明らかにしようとしたが，今回は観察にかかわる問題に焦点化するという目的に鑑み，そこは割愛して，早速エピソード記述の例を挙げることにしよう．

以下では，多少「わざとらしく」なる感はあるが，二通りのやり方で同じエピソードを記述してみる．

(2) エピソードから

まずは，次の二つのエピソード記述を比較してほしい（登場する人物はすべて仮名）．

> **(A)「誰がどう見ても」というレベルでの記述**
> 「もう，降ります」2001.12.3
> 　午後3時過ぎ．その日の午後のプログラムも終わり，メンバーは談笑したり，お茶を飲んだり，うつらうつらしたりしている．そんな中，机のそばで男性メンバーのトモキさん（20代）とナオヤさん（30代），女性スタッフの児玉さん（50代）の3人が固まって，地域の複数の医療機関，作業所が合同で開く作品展に当デイケアから出展する，作品の紹介文を考えていた．
> 　そのときトモキさんが「じゃあ，僕もういいです．もう，降ります．重いっていうのは，自分でも分かってますし……」と言って立ち上がり，少し離れたソファー

に腰を下ろした．皆がそちらの方を見る．スタッフの児玉さんが「うん？ トモキさん，どうしたん？ そんなふうになることないやろ．それをこれからみんなで一緒に考えてもらおうって言ってるんやし……」と言う．児玉さんが言い終わらないうちに，「だから，僕が降りたらいいんでしょ．それで済むでしょう．もうナオヤさんの文章でいいです」とトモキさん．児玉さんが「そんな……何も降りなくてもいいでしょう．それは，この作業から降りるっていうこと？ それとも……」と尋ねると，トモキさんは「この作業から降ります．そうすれば問題ないでしょう」と答える．

「どうして急にそんなにいらだっちゃったのかな？ トモキさんのもナオヤさんのも良いし，ここでは決められないから，みんなに聞いてもらおうって言ってるところで，トモキさんがそんなこと言っちゃったら……」と，児玉さんは言う．それに対してトモキさんは，「いらだっている……いらだっているのは確かですけれど……」と言った．そこで児玉さんは皆の方に向き直って，トモキさんとナオヤさんの２つの意見のうち，どちらが良いのか量りかねている今の状況を説明し，２つの文章をこれから聞いてもらって，良いと思う方に手を挙げてほしいということを伝え，皆もそれに同意する．トモキさんはそれでも「だから，もういいです．僕はナオヤさんの方がいいと思います」などと言っていたが，少し離れたところで一連の動きを見ていた女性スタッフの森さん（20代）が「トモキさん，とりあえずトモキさんのも聞かせてもらっていいかな」と言うと，彼はうなずいた．

そこで児玉さんが，２人の文章を読み上げつつ，「『……未来へ向かって羽ばたこう！』っていうのと，『……未来へ向かって羽ばたこう，という思いで製作しました．』っていうのと，途中までは同じなんだけど，最後の『という思いで』というのをつけるかどうかっていうことなんやけど……」と言う．それに対して女性メンバーのＡさん（60代）などからは，「おんなじやん」という言葉が漏れたりもした．トモキさんは「『未来へ向かって羽ばたこう！』で終わると字面通りに受け取られないかな，と思って心配だったんですけど」と言う．

それから決をとる段になったが，トモキさんは，自分のではなくナオヤさんの文章の方に手を挙げた．結果は７対４でナオヤさんの文章に挙げた人が多く，これで一件落着かと思われた．

ところがそのとき，トモキさんが自分の文章の方に挙手していないところを，児玉さんが見て，「トモキさんは？」と訊いた．そのとき，同じスタッフの森さんが「ナオヤさんの方に挙げてたな」と口をはさんだ．トモキさんも「挙げました」と言ってソファーから立ち上がろうとする．しかし児玉さんは，「まだ終わってないで」と言い，次にその紹介文にどんな絵を付すのかという採決にも加わるようトモキさんに促す．そのとき，森さんの「ちょっとしんどいんやんな」という言葉と，男性メンバーＢさん（30代）の「しんどいんちゃうかな」という言葉が同時に発せられた．トモキさんも「はい．ちょっとしんどいんで」と言って，再びソファーに腰を下ろす．児玉さんは「トモキさん，ちょっと後で話そうな」と言って，次の採決に移っていった．

*

その日のデイケアが終了した直後，流し場付近でナオヤさんが児玉さんに歩み寄

第 2 章　フィールド体験と簡単なエピソード記述の試み　　　137

って「児玉さん，ごめんな．自分の意見の方がどんなにいいと思っていても，それを押し通そうとしたらあかんねんな．話のもっていき方，勉強になったわ」と話していた．児玉さんは「ううん．一生懸命考えた結果のことやし，ええで」と応えている．「いや，でもちょっと自分の芸術的センスにこだわりすぎました」とナオヤさんが言う．児玉さんは「そしたら，ちょっと待っててもらえるかな．これからトモキさんと話すし」と言い，トモキさんを呼んで面接室に入っていった．
　しばらく経って，トモキさんが面接室から出てきた．それを見て，そばで別の仕事をしていた森さんが「トモキさん，気分は晴れました？」と尋ねる．トモキさんは「はい」と答えると，診察券を受け取り「頂戴つかまつりました」などと言いながら，外に出ていった．

(B)「私がどう見たか」を明らかにしようとした記述
「もう，降ります」2001.12.3
　午後3時過ぎ．その日の午後のプログラムも終わり，メンバーはのんびりと談笑したり，お茶を飲んだり，うつらうつらしたりしている．私もそばにいたメンバーと，風邪をひいたらどうするかなどといった雑談をしている．そんな中，机のそばで男性メンバーのトモキさん(20代)とナオヤさん(30代)，女性スタッフの児玉さん(50代)の3人が固まって，地域の複数の医療機関，作業所が合同で開く作品展に当デイケアから出展する，作品の紹介文を考えていた．皆を代表して作品の紹介文を考える係になってもいいと言ってくれたのが，何事にも積極的に挑戦してみようとするトモキさんと，アイデア豊富でいつも色々な提案をしてくれるナオヤさんだったのだ．通常なら「終わりの会」が始まっているはずのこの時間帯だが，この紹介文を考える作業のけりがつかないようで，こうした何をするでもないのんびりとした時間が長引いていた．
　そのとき突然トモキさんが「じゃあ，僕もういいです．もう，降ります．重いっていうのは，自分でも分かってますし……」と大きな声でまくしたて，立ち上がって少し離れたソファーにどかっと腰を下ろした．皆，何事かとそちらの方を見る．スタッフの児玉さんが「うん？　トモキさん，どうしたん？　そんなふうになることないやろ．それをこれからみんなで一緒に考えてもらおうって言ってるんやし……」と，なだめるように言う．その言葉をさえぎるようにして，「だから，僕が降りたらいいんでしょ．それで済むでしょう．もうナオヤさんの文章でいいです」とトモキさん．彼の突然の態度変容の真意を量りかねている様子で，児玉さんが「そんな……何も降りなくてもいいでしょう．それは，この作業から降りるっていうこと？　それとも……」と尋ねると，トモキさんは児玉さんの方は見ず，口早に「この作業から降ります．そうすれば問題ないでしょう」と答える．どうやら紹介文のことで，トモキさんとナオヤさんの意見が分かれ，トモキさんが何かにいらだって，話し合いという作業それ自体を投げ出してしまったのだということが周りにも見えてきた．
　「どうして急にそんなにいらだっちゃったのかな？　トモキさんのもナオヤさんのも良いし，ここでは決められないから，みんなに聞いてもらおうって言ってると

ころで，トモキさんがそんなこと言っちゃったら……」と，あくまで児玉さんは，スタッフとして，意見の対立はデイケアの場全体で話し合って解決していくという方向へ軌道修正しようと粘り強く働きかける．というのも，もし，ここで実際にトモキさんに「降り」させてしまえば，彼が明日からデイケアに来にくくなってしまうのは明らかだからだ．それに対して「いらだっている……いらだっているのは確かですけれど……」と認めることはできたが，それでも一旦投げ出してしまった手前，後には引けないのか，どうしても興奮を抑えきれないという感じで，トモキさんはそわそわと目を泳がせている．そこで児玉さんは幾分強引に皆の方に向き直って，トモキさんとナオヤさんの二つの意見のうち，どちらが良いのか量りかねている今の状況を説明し，二つの文章をこれから聞いてもらって，良いと思う方に手を挙げてほしいということを伝え，皆もそれに同意する．トモキさんはそれでも「だから，もういいです．僕はナオヤさんの方がいいと思います」などと言って，あくまでそうした流れに抵抗しようとしていたが，少し離れたところで一連の動きを見ていた女性スタッフの森さん（20代）が優しく「トモキさん，とりあえずトモキさんのも聞かせてもらっていいかな」と言うと，断る理由もなかったのか，彼は仕方なくうなずいた．

そこで児玉さんが，二人の文章を読み上げつつ，「『……未来へ向かって羽ばたこう！』っていうのと，『……未来へ向かって羽ばたこう，という思いで製作しました．』っていうのと，途中までは同じなんだけど，最後の『という思いで』というのをつけるかどうかっていうことなんやけど……」と言う．それに対して女性メンバーのAさん（60代）などからは，「おんなじやん」と彼女らしいあっけらかんとした言葉が漏れたりもした．トモキさんは「『未来へ向かって羽ばたこう！』で終わると字面通りに受け取られないかな，と思って心配だったんですけど」と，多少弁解めく．良くいえば大変まじめな，悪くいえばちょっと堅苦しいそんな考え方が，いかにも彼らしくて微笑ましい．そして，彼が自分の文章に対して使った「重い」という言葉が，「という思いで製作しました」という言葉を付け足すということだったことも，このとき分かった．

それから決をとる段になったが，トモキさんは表情を固くしたまま，自分のではなくナオヤさんの文章の方にさっと手を挙げた．一旦作業から「降りた」と言ってしまった手前，今さらおめおめと自分の意見の方に手を挙げることなどできないという彼の意地のようなものが伝わってくる一方，それでもそれが，例えばデイケアルームから出ていってしまうという完全放棄の選択肢もあった中で，何とかいらだちを抑えて場に参加し続けようとする彼なりの精一杯の努力であるようにも感じられた．私は，彼の文章も決して悪くはないということを伝える方が良いだろうという読みが働いていたのと，また，正直な感想としても彼の文章の方が落ち着いていると思ったこともあり，トモキさんの文章に手を挙げた．結果は7対4でナオヤさんの文章に挙げた人が多かったが，それなりに数が割れたので，トモキさんのプライドも傷つけられることはなさそうな感じで，一件落着かと思われた．

ところがそのとき，トモキさんが自分の文章の方に挙手していないところを，児玉さんが見とがめて，「トモキさんは？」と訊いた．挙手を数えるのに追われていたこと，ちょうどトモキさんが座っていたソファーが彼女の死角になっていたこと

第 2 章　フィールド体験と簡単なエピソード記述の試み　　　　139

が重なって，児玉さんには彼がナオヤさんの文章に挙手したのが見えなかったらしい．トモキさんがすねていて，話し合いへの参加を拒否しているという事態の捉え方を，彼女はしているようだった．そこで再び粘り強く，彼を話し合いへ導こうとする言葉かけをなしたのだが，逆に，その問いつめは自分なりの精一杯の仕方でその場にいようとしていたトモキさんにとって，自分のではなくナオヤさんの文章の方に手を挙げるという自己矛盾を再び突きつける，かなり酷なものになってしまったと私には感じられた．私が「あっ，まずいな」と直感したまま何も言えずにいるところへ，同じスタッフの森さんが「ナオヤさんの方に挙げてたな」と口をはさんだ．トモキさんも「挙げました」と言ってソファーから立ち上がろうとする．そんなトモキさんの態度に，児玉さんは少しカチンと来てしまったのか，「まだ終わってないで」と言い，次にその紹介文にどんな絵を付すのかという採決にも加わるよう促す．私はトモキさんの様子をつぶさに見守っていたこともあり，彼は彼なりによくがんばっていたと思うことができたが，児玉さんにしてみれば，最初から最後までトモキさんがすねてばかりいるという印象を払拭しきれなかったのだろう．そのいらだちもあって，幾分しつこくなりすぎてしまうだろうトモキさんへの言葉かけが再びなされようとしたそのとき，またしても森さんの「ちょっとしんどいんやんな」という言葉と，男性メンバーＢさん（30代）の「しんどいんちゃうかな」という言葉が同時に発せられた．トモキさんもそれに同調し「はい．ちょっとしんどいんで」と言って，再びソファーに腰を下ろす．児玉さんはまだ釈然とせず「トモキさん，ちょっと後で話そうな」と言いつつも，同じスタッフの森さんが彼の弁護に回っている状況から何かを感じ取ったのか，一応それで矛を収め，次の採決に移っていった．

　　　　　　　　　　　　　　　＊

　「終わりの会」が終わってその日のデイケアが終了した直後，流し場付近でナオヤさんが児玉さんに歩み寄って「児玉さん，ごめんな．自分の意見の方がどんなにいいと思っていても，それを押し通そうとしたらあかんねんな．話のもっていき方，勉強になったわ」と話しているのが目に入る．児玉さんは「ううん．一生懸命考えた結果のことやし，ええで」と応えている．「いや，でもちょっと自分の芸術的センスにこだわりすぎました」とナオヤさんが言う．児玉さんは「そしたら，ちょっと待ってもらえるかな．これからトモキさんと話すし」と言い，トモキさんを呼んで面接室に入っていった．その後ナオヤさんも交えて，面接室でどんな話がなされたのかは，直接には分からなかった．

　しばらく経って受付のそうじをしていると，トモキさんがすっきりとした表情で面接室から出てきた．それを見て，そばで別の仕事をしていたスタッフの森さんが「トモキさん，気分は晴れました？」と明るく尋ねる．トモキさんはすっかり機嫌を直したようで，「はい」と元気良く答えると，診察券を受け取り「頂戴つかまつりました」などと冗談めかしながら，気持ち良さそうに外に出ていった．

　以上のように，（Ａ）はできる限り私の「主観性」や事象に対する「解釈」が入り込まないように配慮しつつ，「透明な観察者」になりきって書いた記述で

あり，(B)は逆に，私が私の「主観」において何を感じ，どのように事象を見ていたのかということをできる限り盛り込み，さらには私がどのようにその場に関わっていたかをも明示しようとした記述である．手前味噌になって恐縮だが，恐らくは(B)の下線部のような言葉を，エピソードを書く際に盛り込めるようになること（少なくとも，盛り込む必要を感じ，適切な表現を求めてうんうんうなることができるようになること）が，この演習の目標だと思う．以下では，この二通りの記述を比較検討しながら，観察にかかわるいくつかの問題を考えていこう．

(3) 場への関わり方の問題

　今回私にとって，書く際に違和感を感じたのは，明らかに(A)の記述であった．もともとできあがっていた(B)の記述から，「主観的」な言葉，「解釈」の入り込んだ言葉，「私」の行動や思いに関する言葉を抜き取るという方法をとらなければ，(A)のような記述はできなかったように思う．比較的あっさりとしていて，「誰がどう見ても」というレベルに徹して書けばよいのだから，ある意味では簡単なはずの(A)の記述を書く際に私が感じた難しさ，ないしは「わざとらしい」という違和感が，どこから生じてくるのかというのが，まず第一の問題である．

　結論をいえば，それは場への私の関わり方の深度というものに関わっている．私はデイケアという場に，単なる外部的な観察者として入っているのではない．何らかの職業的役割を果たすべき非常勤スタッフとしてそこに居るのであり，その場に「関与」しているのである．当然，上の出来事が起こった際の，トモキさんやスタッフ児玉さん，森さんの意図や思いといったものは，(B)の記述に盛り込んだようなものとして，私にはごくごく自然に「分かって」いた．それは日頃からトモキさんに接する中で，彼が，一見するとささいなことに対し，ときにひどくこだわったりするということや，自分の思いが通らないときに周りの状況が見えなくなってしまうということを，すでに予備知識として私がもっていたからだし，また常勤スタッフの児玉さん森さんとも，デイケア終了後にいつもミーティングをし，スタッフとしてどういった意図をもって関わるべきかということを常に話し合っているからだろう．非常勤スタッフとして，私がその場にある程度の深度で入り込んでいるがゆえに，とても自然に「分か

る」こと——それは確かに私が私の「主観」において「分かる」ことに違いないが——なのに,「誰がどう見ても」という「客観的・普遍的」レベルを厳密な意味で維持しようとすると,それを記述できなくなってしまうのである.

　これは,デイケアという場において,メンバーやスタッフのあいだにいかなる関わりがなされるか,デイケアという場がどう動いているのかを考えていく上で,致命的である.なぜなら,端的に,私も含めその場にいる人たち皆が自然に「分かる」ことの水準で,デイケアは動いているからである.それはスタッフ森さんの発言から明らかだろう.彼女の発言は,彼女がやはり私と同様の事象の捉え方をした上で,トモキさんと児玉さんとのあいだを取り持とうとしていることを示している.彼女が「(客観的に見て)トモキさんが本当は何を思っているのか」とか「スタッフの児玉さんの関わりがどういう意図をもっているのか」と熟考していては,実践はままならない.

　ともあれ,すでに私の「主観」ないしは「分かる」によって,かなり色づけされて捉えられた事象を,あえて脱色して記述しなければならなかったということ,それが,私が(A)の記述をする際に感じた難しさであり,「わざとらしさ」であった.

　逆にこの関わり方の深度がきわめて浅い場合,例えば私が初めてデイケアというものを訪れ,「ちょっと見学させてもらいます」ぐらいの気持ちで,同じ事象に触れたとしたならば,どうだったろうか.この場合は,意外と(A)の記述が容易になり,(B)の記述が大変難しく感じられるかもしれない(いや,このエピソードを記述しようという気にすらならないかもしれない).その場にいる人たちの微妙な心の動きというものを「分かる」ようになるためには,やはりある程度の場数が必要だということは否定できない.いってしまえば,それが「分からない」ときにこそ,そこにいる人々の行動や発言などを,「主観」によって色づけられていない,厳密に「客観的」な水準で記述できるのかもしれない.

　これまでT.A.をやってきて,初めて観察に赴く人たちのレポートを読み,(A)のタイプの記述が多いことに気づかされるが,その理由の一つは,その場への関与の深度というものが,まだ深まっていないというところにあると考えられる.実際,私にとっても,初めて訪れる場で満足のいく観察をするということは,ほぼ不可能である(ただし,後に述べるように,関わりの浅いうちの観察に

は意味がないということではまったくない)．

(4) 本当に「主観」に色づけられていないのか
　さて，今，関与の深度が深まっていない場合に(場合でも)，「主観」によって色づけされない記述が可能になるなどと述べてしまったが，はたしてそれは本当だろうか．
　(A)の記述は一見，「誰がどう見ても」というレベルでの，メンバーの言動や，スタッフの言動を追っているように見えるかもしれない．だが，ここで私が，なぜこのエピソードを取り上げたかという問題が生じてくる．もっとも素朴にいえば，印象に残った，ただそれだけであるが，しかし，なぜ，このエピソードが，実にさまざまなことが起こったその日一日の中で，特に印象的だったのだろうか．主観によって色づけされていない記述が可能なのかどうかを明らかにするためには，この「印象的」ということの意味を突き詰めなければならない．
　一つの「仮説」を述べてみよう．
　私には，デイケアという場において，メンバーやスタッフのあいだでどんな関わり方がなされるのか，その背後に一体どんな力が働いているのかを明らかにしたいという，興味・関心があった．それは，非常勤スタッフとしての業務に埋没している際にも，恐らくは暗黙のうちに私のどこかにあった問題意識であった．そして，その問題を考えるためにこのエピソードがきわめて豊かな意味をもっていると直観されたがゆえに，私にはそれが特に印象的なものになったのだ——こういった仮説を考えることができる．
　しかし，ここで一つ問題が生じてくる．実はこのエピソードに出会う前，私には「メンバーやスタッフのあいだでどんな関わり方がなされるのか，その背後に一体どんな力が働いているのか」という問題設定が明確には言語化できていなかったのである．かといって，そうした問題意識がまったくなかったかといえば，それもうそになる．常日頃から，私は「デイケアって何だろう？」とか，「常勤スタッフの人の関わりはどんな意味をもっているのだろう？」とか，「非常勤スタッフとして自分には一体何ができるのだろう？」とは考えていたからである．けれど，それらは何か私の中で得体のしれない「もやもや」を形成するばかりであり，一つの輪郭をもったはっきりとした「問題」にはなって

第2章　フィールド体験と簡単なエピソード記述の試み

いなかった．それが「問題」になったのは，このエピソードに出会い，それを記述したときだったのである．

　こういうことができるだろう．私の中に潜在していたいくつかの問題意識があった．それらは，まだ互いにどこでどう繋がっているのかも分からないまま，私の中にばらばらなものとしてあり，「もやもや」を形成していた．しかし，一つの「印象的な」エピソードに出会うことで，それらが「デイケアという場に働くさまざまな力」という言葉のもとに回収され，ある程度の輪郭をもつものとして私の中に浮上した．それを通じて，私は実際に，「デイケアという場に働くさまざまな力」という「問題」を言語化し，立てることができたのだ，と．

　したがって，問題をしっかり煮詰めてから事象に臨むべきだ，というほど，ことは単純ではない．まず事象に臨む．それは最初，「実際の精神障碍ってどんなものだろう？」といった大変漠然とした興味・関心によるものかもしれない．しかし，そうやってデイケアという場に臨むうちに，私はいくつかの事象に出会い，さまざまな問題意識をもつようになった．ただ，それらは未だまったくまとまらないまま，私の中に「もやもや」を形成するにとどまり，明確な問いとして立てられることはなかった．そうした中で，ある印象的なエピソードに出会い，そうした「もやもや」が「デイケアに働く力」というかたちで，それなりの輪郭をもった「問題」として言語化され，意識化されるようになる．ただ，これでも，まだ漠然としているので，私はこれからも日々，さまざまな事象に出会い，印象的な出来事をエピソードとして記述することで，やがてより煮詰まったかたちで「問題」が新たに再体制化される日を待たねばならないだろう……．

　このように，「問題」はエピソードに出会う中で醸成され，逆にその「問題」意識が新たなエピソードを切り出させてくる，という循環過程——もちろん，「考察」もそれに附随して深まっていく——がある．

　さて，はじめの問いに戻ろう．関与の深度が浅いうちになされる，比較的あっさりとした記述は，本当に主観的でないと言い切れるだろうか．以上のように考えてくると，初めての場に赴き，そこで「印象的な」出来事に出会った時点ですでに，後に自分独自の関心・興味，研究の「問題・目的」に煮詰められていくようなものの一番の下地が用意されていることになる．言い方を変えれ

ば，その事象を一つのエピソードとして取り出させたものは，自分の中に潜在している「何か」である．例えば，上とまったく同じ事象であっても，私の中にあった問題意識が，「合同作品展の紹介文には，どちらの意見が適切だったか」というものだったら，まったく違ったエピソード記述になったに違いない．つまり，この視界に入るもののうち，ある人のある言葉に注目するというだけで，そこにはすでに観察者自身の「主観」が入り込んでいるともいえるのである．

(5)「主観」過程を意識化するということ
　(3)では観察者の「主観」に，その場にいる人たちのさまざまな思いのようなものが，「分かる」ものとして感受されるまでに，ある程度の関与の深度が必要であること，及びその「分かる」水準を描き出していかねば，その場がどう動いているかを理解できないことを示した．(4)では，関与の深度が浅いうちになされる，目に見える行動面の記述においてすら，観察者の「主観」が大きな意味をもっており，実はその「主観」過程にこそ，後々の研究テーマ，「問題」へと煮詰められていく「何か」がはらまれているだろうことを示した．こうして(3)(4)から必然的に導かれる帰結は，観察者が自身の「主観」過程を冷静に見つめなければならない，というものである．大変逆説的だが，観察研究を煮詰める原動力となるのは，自らの内にある「主観」の観察であるといっても過言ではないほどなのである．
　例えば，上に挙げたような事象が私にとって印象的だった，そのときの私の感覚をもう少し詳しく観察してみよう．

〈メタ観察〉
　トモキさんが話し合いを投げ出してしまおうとしているとき，私に生じていたのは「まずいな」という感じであり，「スタッフの児玉さんはどうするんだろう？」という関心であった．その場にいる一人のスタッフとして，何とかトモキさんをなだめて，彼が話し合いに参加できるようにもっていかねばならない，でも自分が児玉さんの側に立って，あまり露骨にそういう態度をとると，トモキさんの態度を余計に硬化させてしまうのではないかという思いと，非常勤なんだからあまり出しゃばらないで，やはりここは常勤スタッフの児玉さんに任せておく方がいいかなという遠慮から，私は言葉掛けをすることができない．こうした「うっ」と詰まる感じが，まず私を捕らえたものである．だから，その直後に同じ常勤スタッフの森さんからなされた，「トモキさんのも聞かせてもらっていいかな」という絶妙の発言は，

私には大きな驚きだった．私が「うっ」となって何も言えないところで，あまりに自然で，しかもトモキさんにきちんと寄り添った発言が，私と同い年の彼女からなされ得るということ，そこにはっとさせられたのである．さらに，その後トモキさんが挙手していないところを見とがめた児玉さんが，今度は幾分過干渉的に彼を問いつめようとしたときにも，やはり「まずいな」と感じ，何とかトモキさんの弁護をしなければと思ったのだが，常勤スタッフの児玉さんに対して，「いや，それは違うんです」とは言いにくく，再び「うっ」となる．そこで再びなされた森さんの発言に，また常勤スタッフと非常勤スタッフのその場への関与の仕方の違いを痛感したのだった．

このようにして，「印象的」の内容を詳しくみていくと，それは私の「うっ」と詰まる感じや，森さんの言葉掛けに対する新鮮な驚き，つまりは私自身の心の動きであることが明らかになり，さらに自分が何に「うっ」となったのか，何に驚いたのかということを考えていくと，非常勤スタッフと常勤スタッフの存在様式の違いという問題に行き当たることになる．この問題は，デイケアという場がどんな場なのかを考えていく上で，大変重要なものであろう．

さらに，以上のように意識化した「主観」過程は，エピソードを書く際の重要な指針となる．すなわち，私が（B）のエピソード記述の下線部に盛り込んでいる言葉，ないしはエピソード全体の構成の仕方は，こうして意識化された「主観」過程のさりげない表現なのである（「さりげない」とは言うものの，この「主観」過程を盛り込むために，うんうんとうなりながら表現を工夫しなければならないが）．だからこそ，読み手は，エピソードに引き続いてなされる上のようなメタ観察も，それなりに納得しながら読めるのだし，そこから非常勤スタッフと常勤スタッフの存在様式の違いという問題にも踏み込んでいけるのである．試みに（A）の記述から，上のような私の「主観」過程の観察へと至り，最後に常勤スタッフと非常勤スタッフの存在様式の差異という問題へと繋ぐような理論構成を考えてほしい．おそらく，すべてがばらばらになってしまうだろう．

事象に出会っているときには必ずしも明確にはなっていない，自らの「主観」過程を意識化していく作業が，研究テーマを煮詰めさせ，エピソードをどう書くべきかということを決定させていく．その作業によって，考察すべき問題は自然と定まり，「問題」「結果」「考察」に一本筋が通るようになっていくのである．したがって，まず大事なのは印象に残った出来事，驚きや戸惑い，「あれ？」といった疑問や違和感を感じた出来事を，素朴にエピソードにして

みることだろう．はじめは(A)のような記述であっても，そのとき自分が何を感じ，何を思っていたのかを色々と考えていくうちに，そこに肉付けできる要素が無数にあるということが感じとられてくるのではないだろうか．

＊＊＊

　今回，観察にかかわる問題のうち，結果的に観察の深め方といったあたりに焦点を当てて，私なりの言葉でごく簡単に論じたが，もちろん観察の問題はこれにとどまらない．一番の問題は上のような方法でなされる観察が，いかなる意味で学問的妥当性をもつものなのかといったあたりであろうか．あるいは，場に臨むときにどんな態度で臨むべきかといった問題(研究者倫理の問題も絡むだろう)や，学知と事象の捉え方にいかなる関係があるのかといった問題も残されているが，それらについても今回は十分な議論ができなかった．

　初めて観察に行くと，「何も面白いことがなかった」という思いを抱く人が多いようだ．結構面白い事象に出会っているのに，いざ研究にしようとすると変に身構えて，「もっと興味深いものを」「もっと研究らしいものを」と考えてしまうからだろうか．しかし，上に述べたように，最初は素朴な「おや？」をエピソードにしてみることから始めてみるしかない．ここでの議論が，「現場に出て観察する」場合にどれほど役に立つかは多少疑問が残らないでもないが，そうした最初の「気負い」をいくらかでも減じるものになっていれば，と思う．

（以上　大倉得史）

　ここでは学部生の実習の授業のための範例として示したので，分厚いメタ観察は省略されていますが，エピソード本体を描くことに関しては，まさに範例といってもよい内容になっていると思います．ここではまだ自分が前景に出ておらず，はらはらしながらデイケアの対人関係を見守るにとどまっていますが，ここで例えば常勤スタッフの森さんがこの場面を描いたらどうなっていたか，また常勤スタッフの児玉さんがこの場面を描いていたらどうなっていたか，当然，立場も違い，立ち位置も違い，また抱える問題意識も違うわけですから，まったく違うエピソードが描かれたでしょう．そうしてみると，従来のアプローチとは違って，内容の同一性に一般性，普遍性を求め，その価値を考えるのとはまったく異なる事実の提示の仕方であることが，改めて見えてくるのではないでしょうか．

第4節　フィールドに出て，関与観察を行い，エピソード記述を実行する

　昨年度，3回生向けの私の実習ゼミに配属されたのは4名でした．これまでのフィールドワークに向けた実習ゼミでの講義や，他の観察実習の授業(第1章の内容)を経て，関与観察とエピソード記述に向けての準備を整えた4名は，私と二名のT. A. と共に，大学から少し離れたところに位置する協力園(岩屋保育園)に出かけ，そこで一時間あまり子どもたちに関わるという体験を二度もちました．そして各自が一つのエピソードを実習ゼミで報告し，T. A. を交えて全員で検討した後，学生君たちだけで今期の学習の全体をまとめて，他の実習ゼミと合同の発表会に臨みました．その間の経過は，発表会のレポートに反映されているので，以下にそれを紹介したいと思います．このレポートは4人が役割分担して書いたものになっています．

(1)関与観察とエピソード記述(文責 D. K.)

　近年，発達心理学の分野では，従来からの行動観察研究に加えて，観察者が実際に現場に赴いて現場に関与しながら同時に観察するという関与観察の方法も重視されるようになってきた．行動観察研究における研究者は，対象(協力者)から完全に切り離された存在であるという前提に立つのに対して，関与観察における研究者は，協力者の生きている世界を共に生きるなかで観察を遂行し，問題を考えようとする．そうすることで行動観察では捉えられない，現実の生き生きした生活世界を把握することができるのである．
　前期の実習ゼミでは，関与観察の理論とフィールドワークの心得を学び，その後に実際に現場(保育園)に赴き，この関与観察を実践してみたのでそれを報告したい．
〈関与観察の方法〉
　関与観察では，観察者＝研究者は協力者の日常を共に生きることを求められると同時に，あくまでも観察者なのだから，観察することも求められる．したがって，観察者には以下の3つの態度が求められるといえる．
　①客観的態度　→出来事は斯くのごとく起こったということを正確に把握する態度＝見る態度
　②間主観的態度→協力者の前に現前することで初めて分かる何か(雰囲気，表情，思いなど)を感じ取る態度＝感じる態度
　③その場を生きる態度→②に基づいて一人の主体としてその場を自然に生きる態度
　しかしこの三つの態度は，ときに互いに排除しあうこともある．客観的な把握に

専念しすぎると現場を生き生きと感じることができなくなるし，その場を自然に生きられなくなる．また現場にのめり込みすぎると，出来事がどのように起こったのかという客観的な捉えがおろそかになる．ここに関与観察の難しさがあるのである．

〈行動観察と関与観察の違い〉

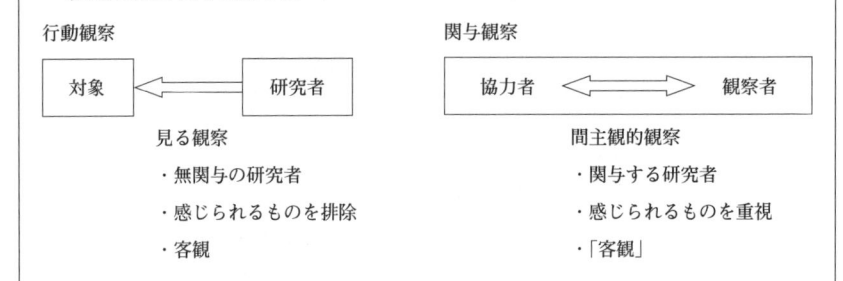

行動観察　　　　　　　　　　　　　　関与観察

対象 ⇐ 研究者　　　　　　　協力者 ⇔ 観察者

　　　　見る観察　　　　　　　　　　　　間主観的観察
　　　・無関与の研究者　　　　　　　　・関与する研究者
　　　・感じられるものを排除　　　　　・感じられるものを重視
　　　・客観　　　　　　　　　　　　　・「客観」

　行動科学の客観は，研究者と研究対象を切り離すことで保証されるもので，誰がいつどこでやっても再現可能であるという意味での客観である．これに対して，関与観察の「客観」は，研究者が現場に臨み，間主観的に感じるものを提示することで，より多くの読者にその現場を共有してもらうときに成り立つ「客観」である．それゆえ，関与観察の価値は，間主観的に把握されるものをどのように評価するかにかかってくる．

現場に臨む研究者の姿勢（研究者倫理の問題）
〈従来の行動観察研究〉
　　対象をありのままに捉えたいという思い（隠しカメラ，ワンウェイ・ミラーを利用した観察も可）……無色透明な研究者＝客観性，普遍性の保証⇒研究者中心
〈関与観察研究〉
　　研究は協力者がいてはじめて成立⇒現場への影響を十分に考える（現場貢献）
　　観察者に対する被観察者の関係ではなく，観察者の共在を許容し，場を共有する人と受け止めてくれるのが協力者．

エピソード記述
　現場で観察された経験を，エピソード，第1次メタ観察，第2次メタ観察の三つの要素から構成されるエピソード記述としてまとめていく．
　(a) エピソード
　観察者が体験したものの中から，観察者の興味や関心に沿って選び出された出来事がどのように起こったのかという事実の提示．
　(b) 第1次メタ観察
　観察者が現場に関与することで間主観的に把握されたものを提示する
　　→あるがままの事象をより生き生きと再現することが可能となり，より多くの読み手に事象を共有してもらうことが可能になる．
　(c) 第2次メタ観察
　観察者が，なぜ数あるエピソードの中からこのエピソードを取り上げたのか，その理由を観察者の抱える背景（暗黙の興味，関心，素朴理論など）との関連で提示す

第2章 フィールド体験と簡単なエピソード記述の試み

る．
　→エピソード記述を学問レベルにまで引き上げる．
　このようなエピソード記述を繰り返し，類似したエピソードを取り上げることで，ある現象についての本質理解を目指す．

(2) フィールドへの関与（文責 M. N.）
1) 関与観察を行うことの意義
　関与観察について学習を重ね，その方法や考え方の理解を深めることは大変重要なことである．しかし，それにも増して重要なのは，実際に現場に赴いて観察を行うこと，つまりフィールドに実際に出かけて観察を行うことである．関与観察の方法や考え方を学習するのは，実際に観察を行うときに必要になるからであり，現場で観察をして，「感じられる何か」を実際に肌で体感すること，そしてその感動を人に伝えるために記述すること，これこそがもっとも重要なことである．ただし，今回は全員が初めてということもあり，自分の研究を行うために観察を行うというより，関与観察とはどういうものかを体験しようという意味合いが強かったように思われる．

2) 岩屋保育園の概要
　フィールドとなる岩屋保育園は，以前から大変お世話になっている保育園である．そのため，保育士さんたちの中には私たち学生の扱いに慣れている方や，関与観察の考え方をよく理解している方もいたため，その配慮によって，きわめてスムーズに観察することができた．岩屋保育園の所在地は地下鉄東西線椥辻駅より徒歩15分ほどの，東山の中腹のところにある．保育園のまわりには自然が豊かにあり，静かで落ち着いた保育園であるとの印象を受けた．

3) 観察の状況
　観察日時は200X年◯月△日の金曜日であり，観察したのは午前10時から11時のおおよそ1時間であった．観察者は先生，院生2名，学部生4名の計7名であった．観察当日は学生それぞれが保育園の中で自由に子どもたちと関わることが許された．学生は子どもたちのしている遊びに加わるようなかたちで園児たちの輪の中に入り，観察を行った．事前に子どもたちに学生が紹介されることはなかった．

4) 保育園の雰囲気
　保育園自体は自然に囲まれていて閑静な場所にある．しかし当保育園は総じて賑やかな雰囲気があり，特に園庭では子どもたちのはしゃぐ姿が目に付いた．私たちが観察していたときは，園児たちが自由に遊ぶ時間帯であったようで，全員で何かをするというようなことはなく，何人か固まって保育士と一緒にお絵かきをしたり，一人で気ままにフラフラしたり，二，三人で走り回ったりと，比較的自由な行動をとっていた．子どもたちの雰囲気は総じて明るく，屈託のない感じがした．しかし，実にさまざまな子どもがいるなという感じが強かった．元気に騒いでいる子，一人何かに熱中している子，マイペースな子，等々．驚いたのは私たちに話しかけてくるときに，まったく平然と話しかけてくることであった．大人の世界でいえば初対面にあたるのに，まるでそんなものはないかのようであった．そのため，いつのまにかすんなりと園児たちの一員になれたような気がした．園児たちは気持ちの変化

もさまざまであり，今泣いていたかと思っていたら，今度は大声で笑い出したり，喧嘩をして怒っていたのに，いつのまにかそんなことなど忘れたかのように明るく騒いだりしていた．保育園の中で子どもたちは自分の感情，考え，行動を素直に表現している感じがあった．また保育士たちは子どもがそれらをうまく表現できるように助けてあげる存在のようだった．

5）各学生の観察内容

観察した内容はそのままにせず，各自それぞれに観察したことをエピソード記述のかたちにまとめ，実習ゼミでそれぞれに発表した．今回発表するのはそのうちの一人のものである．

(3) 初めての関与観察における観察者のあり方（文責 T. N.）

〈登場人物〉

Aちゃん：年齢は5歳．非常に活発な女の子．はじめからずっと私といて，「おんぶしろ！」といい続け，一番おんぶしてもらっていた．

Bくん　：年齢は5歳．Aちゃんに比べたらちょっとおとなしめの男の子．私がAちゃんばかりおんぶしているので，なかなかおんぶしてもらえなかった．

〈エピソード〉

　AちゃんとBくんが私の後ろで「おんぶしてー！　おんぶしてやー！」と叫んでいる．「はいはい，わかった，わかった」と私は二人に背を向け，膝をつくと，すぐさま二人に後ろから手をかけられた．しかし，どうやら後ろではどちらが先に乗るのかでもめているらしく，なかなか乗ってこない．二人の手が背中から離れたので，「どうしたのかな」と後ろを振り向くと，Aちゃんがお腹を押さえて地面に座り込んでいた．事情の飲み込めない私が「どうしたん？　大丈夫？」と聞くと，Aちゃんはお腹を押さえたまま，自分でもなんで痛くなったのかよく分からないような混乱した表情をして，「なんか……ここ……痛い」と言って，お腹をこちらに見せてくる．異変に気づいた周りの園児たちが集まってきたところで，Aちゃんに向かい合っている私の後ろでBくんが「おっちゃんの頭が当たったんや！」と声を張り上げる．自分の頭が当たったような感触がなかった私は戸惑ったが，Bくんは「おっちゃんの頭が当たったんや！」と繰り返している．そうするうちにT. A. の院生の人が来て，Aちゃんの容態を聞き，抱きかかえて先生の方に連れて行く……．「やばいな……本当に頭が当たったのかな……」とだんだん不安になってきた私の傍らで，Bくんが「おんぶ，おんぶ！」と私のTシャツを引っ張りながら叫んでいる．

　私はAちゃんのことが気になりながらも，Bくんや他の園児たちを抱きかかえ，中庭を走り回っていたが，一時たって，痛みが治まったらしくこちらに駆けてくるAちゃんが目に入った．Aちゃんは元気に「おっちゃん，おんぶしろ！」と言って，他の子どもを掻き分けて近づいてくる．「もう大丈夫そうやな」とほっとして見ていた私の前で，とんでもないことが起こった．なんとBくんがAちゃんのお腹を思い切り足で蹴ったのだ．驚いた私の頭には，次の瞬間，「もしかしたらさっきも……」という考えがよぎった．それはAちゃんも同じであったらしく，その場に倒

れたまま「うわぁぁんっっ……<u>また蹴ったぁぁ</u>」と泣き声を上げている．すぐさま「どうしたん」と若い男の先生が駆けつけてきて，Aちゃんと周りの子どもに事情を聞く．私も「ええ，いきなり彼が蹴って……」と説明する．先生はBくんに向かって「Aちゃんのこと蹴ったん？」とやや真剣な面持ちで問いただす．Bくんは無言のまま何も答えない．と，次の瞬間，今度は先生に向かって蹴りを二，三発連続で加える．先生はBくんの腕を摑み，Bくんに顔を近づけ，「蹴ったらあかんやろ！」と凄みを利かし，それでいて諭すように話しかける．間近でやりとりを見ていた私に，「こちらは僕がやります」とその先生に言われたので，私は広場を横切ったところにいる別の先生のところへAちゃんを抱きかかえていき，介抱を頼んだ．

そうしてさっきの場所に戻ってみると，先生が「分かった？　蹴ったらあかんよ」と言って，ちょうどBくんを解放したところだった．そのときBくんがちゃんと同意したのかどうか分からなかったが，ひとまずこれで叱るのは終わったらしい．そうして二，三人の子どもに囲まれていた私の傍らに，何かに耐えているような，むっつりした顔でBくんがやってきて「おんぶして……」と訴えかけるような感じで声を漏らした．しかし「いけないことをする子だ」と思っていた私は，思わず「蹴ったらだめだよ……」と言ってしまった．そう言った次の瞬間，みるみるBくんの眉が下がり，鼻孔は開き，わなわなと口が動き出した．「あっ，やばい，泣く……！」そう感じた私は，慌ててBくんを抱え上げようとしたが，ときすでに遅く，Bくんは崩れるようにその場へへたり込み，声を上げて泣き出してしまった．そのとき私は，Bくんが泣いたというより，何か自分のせいで泣かせてしまったというような，何とも表現しがたい「やってしまった感」を感じざるを得なかった．

〈第1次メタ観察〉
　私が初めての保育園訪問で感じたのは，AちゃんもBくんも，自分の感情を何と率直に表すのだろう，ということだった．初めて会う私に対して，「おっちゃん，おっちゃん，こっちにこいや！」と大声で言い放つAちゃん．Aちゃんの無邪気さや，本当に楽しそうな声のトーンに，おっちゃんと言われても落ち込むどころか，Aちゃん主導のおんぶ走りを何度も繰り返してしまっていた．また「おんぶ！　おんぶ！」と切実な叫びを上げるBくん．彼の一生懸命に訴えかけてくる姿を見ると，「ああ，ごめんよ，おんぶするからそんな顔をしてみないでよ」と言いたくなる．こうした二人の子どもらしい感情表現は本当に可愛らしく，子どももっていいなあと感じさせられた．

　しかし一方で，私があんまりおんぶしてあげたせいか，Aちゃんの私を独占しようとする気持ちはすさまじく，おんぶしてほしいと思っている他の子どものことはまったく眼中になかったし，Bくんは，私がAちゃんばかりをおんぶしてしまったために，Aちゃんばっかりずるいという気持ちを，Aちゃんを蹴るというダイレクトなかたちで表現する結果になってしまった．以上のように，今回の関与観察で私が感じたことは，良くも悪くも色々な意味で，二人の子どもたちの感情表現がダイレクトであること，それと私のような初めて関与観察に臨む者が子どもたちに与える影響の大きさであった．

〈第2次メタ観察〉

　私が感じた「やってしまった感」は，今述べたように，私の存在がAちゃんやBくんに大きな影響を与えたことから導かれたものに違いない．ここでは「やってしまった感」がどこからきたか探ってみたい．

　Bくんは，私がずっとAちゃんをおんぶしているあいだ，「楽しそう，ぼくもおんぶしてもらいたい」と思っていたはずだ．そんなBくんの思いにおっちゃんの私は気づかず，Aちゃんばかりおんぶして回っている．そしてAちゃんとおんぶの背中の取り合いになったとき，Bくんの中で「Aちゃんばっかり，ずるい，こんどはぼくの番だ」という感情が噴出し，思わずAちゃんを蹴ってしまったのだろう．その腹立たしい気持ちは私にも向かったから，「おっちゃんの頭がぶつかったんや」と私を非難することにも繋がったのだろう．そして簡単にはその気持ちが収まらず，再びAちゃんを蹴ることになったのだと思われる．その時点では，ずるをしたのはAちゃんだ，おっちゃんもいっしょだ，というように外を責めていたので，自分がいけないことをしたとは必ずしも思っていなかったのではないか．

　ところが，先生に諭されることによって，自分がいけないことをしたという思いがBくんの中に膨らんでくる．そのときのBくんの胸の中では「蹴ったらあかんことはない，じぶんばっかりおんぶしてもらって順番を守らないAちゃんが悪いんや，ボクは正しいんや！……でも，蹴ったことで先生は凄く怒ってはる……なんか不安になってきた，やっぱりよくないことをしたんかな……でもボクは正しいんや！」といった矛盾する感情が渦巻いていたに違いない．しかし，Bくんはそんな思いの中で何とか耐えていたのだ．そこに私の姿がBくんの目に映る．Bくんは揺れる自分の気持ちをどうしようもできないまま，私にすがる気持ちで「おんぶして……」と言ったのだ．

　そこで私がBくんをおんぶしてやっていたら，Bくんは気持ちを立て直すことができたかもしれない．しかし，そこで私は「蹴ったらだめだよ……」と言ってしまう．その一言で，Bくんの矛盾を抱えて耐えていた心が決壊し，一挙に自分は悪いことをしたという側に押しやられてしまう．その罪悪感や拠り所をなくしてしまったという気分が，崩れるようにへたり込んで泣き出してしまった理由だったに違いない．そのきっかけを作り，最後の一押しをしたのは，他ならぬ私の一言だったのだ．私の「やってしまった感」は，単に泣かせてしまったことからきたのではなく，どうしようもなく追い詰められていたBくんの気持ちに気づかずに，Bくんの切実な訴えを突っぱねてしまったところからきている．

　以上が「やってしまった感」についての考察である．初めて関与観察に臨む私が，保育の場に入ることによって子どもたちの心に与えた影響の大きさ，それが「やってしまった感」の出所である．

(4)関与観察の反省・問題点と今後の展開(文責 S. E.)

　最後に，今期の授業を概観し，「理論」，「現場」，「記述」という三点から反省と問題点を総括した上で，今後の展開について述べることにする．

1) 理論的観点からの反省

〈従来の科学が意味するところの客観・主観の議論の拘束力〉

第2章 フィールド体験と簡単なエピソード記述の試み　　　153

　この授業において我々がまず直面した問題は，従来の科学が意味するところの客観・主観というものからいかに脱却するかということであった．確かに，自然科学の学術研究においては，この二項対立はきわめて有効であっただろう．しかしながら，その考え方は必ずしも人間科学にそのまま適用できるとは限らない．なぜなら，研究対象が単なる物質や物理現象ではなく，あくまでも「人間」であり，現場においては研究する側もそうであって，結局は一人の人間が人間に対峙しなければならないからである．そして人間同士がそこで関わり合う中で，何らかの関係性を構築していくわけであるから，従来の客観・主観とは別のパラダイムが必要になる．しかし，我々が既存の価値観やパラダイムから脱却することはそう簡単にはいかず，いかに我々の認識が既存の枠組みに強固に束縛されているか，痛感させられた．
　〈間主観性の考えを導入することの困難〉
　その新たなパラダイムは，関与する人と関与対象との関係性の中から生成される「間主観性」という考えを導入することによって達成される．つまり，それによって，客観でも主観でもない，「関わり合い」そのものを描き出すことが可能になるのである．しかし，この第三の新しい視点を導入することは我々にとっても難しく，非常に苦労したところである．
　〈客観的とはいえない関与観察〉
　従来の考え方からなかなか脱却できない我々は，「観察者が現場に関わることで，観察対象やその環境を「攪乱」してしまうため，そこには学問が探求すべき「普遍的な姿」というものは顕現してこないのではないか」という疑問からなかなか解き放たれなかった．つまり，「関与観察における客観性をどうやって担保するのか」という疑問である．これについては，人間同士が関わり合う以上，純粋な客観というものは存在し得ないという反駁が可能である．さらに，既存の客観主義的な観察法においては，客観から主観を引き離してしまうために，現場を単に研究のための道具にしてしまいがちだという点を指摘することもできる．関与観察が目指すものはそうではなく，観察者自身を含めた関係性そのものを描き出し，観察者が現場に入ることの意味，ひいては現場全体がどういう意味をもっているのかということを明らかにすることが重要なのであり，この点において，関与観察は有意義であると主張することができる．

2) 現場での反省
　〈観察場面での自分の位置取り〉
　現場においては，単なる観察者でもなく，観察対象と同一化するのでもない，そのあいだに位置するということの難しさがあった．それは間主観的視点を保持するという難しさであり，観察者が対象にどう関わっていくかという姿勢そのものが問われることに通じる．今回取り上げた事例では，観察者としてうまく振る舞うことができず，子ども同士のぶつかり合いというトラブルに巻き込まれてしまった．しかし，これを単なる「失敗」と捉えるのは誤りであろう．むしろここでは「初めての現場で当惑する自分」というものをあえて提示し，そこから見えてくるものを記述することが重要であると考える．
　〈予断を排するということの是非〉
　後から描かれたエピソード記述は学問的立場から論じる必要があるが，少なくと

も現場に臨む際には素朴にあるがままを観察するため，学問的な理論などは一旦括弧に入れなければならない．しかし，本当に人間はそういった「予断」を完全に消去することが可能なのだろうか．これを追求するのは先の客観性の追求と同義である．つまり，純粋な客観というものが到達し得ない彼岸であるように，完全に予断を放逐することは不可能なのである．そうであるなら，現場において自分がどのような「予断」を抱いていたのか，そしてそれがどのように影響し，どのように変化していったのかを記述することが重要になってくるだろう．さらに，現場での体験に自ら引き付けられてしまうということは，実はこの予断，すなわち自らの内にある暗黙の理論というものが前提になっているからなのである．この暗黙の理論の両義性というものを十分に認識する必要がある．

3）記述における反省
〈体験を想起することの難しさ〉

後でエピソードを記述する際に，観察対象の表情や言葉が曖昧になり，ときには忘却してしまうことがあった．今回，現場には記録用機材を持ち込まなかったが，後の記述ということを考慮すれば，何らかの方法で記録しておく方が望ましい．

〈読み手に体験の生々しさを伝えること〉

体験をエピソードとして記述する際，客観的になりすぎれば体験の鮮明さが失われ，主観的になりすぎれば学術的な意味合いが薄れてしまう．そのどちらでもない中間の位置で記述しなければならない．その際には，文字面に囚われずに，その場の臨場感ができるだけ伝わるように注意する必要がある．例えば，「ごめんね」という子どもの言葉を記述するとすれば，それを単に文字通りに「ごめんね」とだけ書いてしまうのではなく，その言葉が出てくる背景や，そのときの周囲の状況，その言葉に対して自分がどのような感情を抱いたのかということも含めて読者に提示することで，生き生きとした体験を伝えることができると感じた．

〈自らの感情という問題〉

エピソードを記述する際には，自らの感情をどう記述するかという問題が生じる．実際に記述してみると，推敲を重ねるにつれて，それまでとは微妙に異なる感情が想起されてくるのである．そういった曖昧なものを文字にする（限定化する）ことは非常に難しい．このことは関与観察が自分の感情と現場の状況とのあいだで相互反復を繰り返し，終わりがないことを意味している．やはりここでも，現場と自分とが相互作用している枠組みそのものを示し，そこで自分がどのように試行錯誤したのかということまで記述しなければならないといえる．

4）今後の展開

我々が今期の授業でもっとも苦慮したのは何よりもエピソード記述であった．「質的」研究が意味するところのものは，客観—主観という二項対立の構図から脱却し，現場における自分自身の座というもの，そして現前する関係性そのものを捉えるということである．そのことを理解していても，実際に記述するとなると非常に難しい．エピソードを生き生きと伝え，なおかつ学問的な意義というものを同時に備えていなければならないからである．特に，第2次メタ観察における学術理論的側面からの考察については，まだまだ不十分と感じる部分が多かった．後期はこれらの問題点について，引き続き更なる考察を行い各自がそれぞれにフィールドを

第2章　フィールド体験と簡単なエピソード記述の試み　　　　　155

見出して，関与観察の問題を深めていきたい．

＊＊＊

　4回生でラカン派の精神分析を学ぼうとしているS. E. 君，バーテンの仕事に凝ってつい最近休学を決めたM. N. 君，他分野で今は麻雀に凝っているT. N. 君，そして唯一，発達心理学を学ぼうと決めているD. K. 君と，いずれも個性的な4人のグループで，さて，フィールド実習がうまくできるのかと，配属が決まった時点では少々不安に思ったものでしたが，蓋を開けてみると，4人とも結構まじめに取り組み，この期の最後の発表も3回生の授業の成果としては申し分ないものになったと思います．

　もちろん，学生君たちが何度も断っているように，最初のフィールドワークの経験だったので，未熟な面が多々あるのは否めませんし，授業をどこまで消化したかの部分についてもまだ不十分な点があるのは事実ですが，正直のところ，わずか半期の授業でここまできたことに，指導する立場としては彼ら4人のポテンシャルの高さを認めないわけにはいきません．修士課程から入ってきた院生の場合，こうした授業を潜っていないために，修士論文がおおよそ煮詰まってきた頃に，ようやくこの水準にたどり着くという場合が少なくありません．それを考えると，やはり金曜日の午前中一杯を使って半期のあいだ真剣にやれば，ここまではこられるということでしょうか．

　まず，この発表会での報告は半期の授業のまとめであって，一つのエピソードを取り上げてそれにメタ観察を付したものではないことを断っておかねばなりません．内容的には序章，第1章，そして本章のこれまでのところで述べたようなことを学んだ後，フィールドワークに出かけて，一つのエピソードを取り上げ，考察を加えるとともに，半期の反省を行ったというものです．不消化な部分や，何を言いたいのか若干分かりにくいところが散見されますが，学生君たちが4人だけでここまでまとめたことを尊重して，そのまま掲載してあります．

　本章の関心からしてエピソード記述の部分に注目すれば，このエピソードはいかにも学生君たちが初めて保育園を訪れたときの体験として，思わず微笑ましい気分になります．ここ数年，学生君たちとこの保育園を訪れていますが，特に男子学生諸君にとっては，この授業での保育園訪問はほとんど受難の日に

なります．夏も近い京都の午前中のこと，東山の中腹にある保育園といっても結構暑く，そこに学生君たちが入っていくと，たちまち子どもたちが群がり，「おんぶしろ！」「おんぶして走れ！」「抱っこして！」と関わりを求めてきます．普段は幼児と関わったこともない学生君たちが，戸惑いながら，それでも何とか応じようと懸命になり，そのうちに汗みずくになって，園庭を子どもたちと走り回っている様は，何とも微笑ましい風景です．そういう中で得られたのがここに発表されたT. N. 君のエピソードです．

エピソード記述の中身に少し立ち入ってみましょう．

まず目的ですが，ここでは関与観察とはどういうものか体験してみるということが強いていえば目的で，まだ保育のどういうところに興味や関心があるというところまで煮詰まっていません．そのことが，後のメタ観察にも影響してきています．

次に保育園の場の背景はM. N. 君が提示していますが，やはりAちゃんがどんな子で，Bくんがどんな子なのかの背景が十分ではありません．冒頭にAちゃんとBくんについての関与観察者なりの捉え方が示してありますが，それが粗いために（初回だったために当然ですが），その後の展開で，なぜ活発なはずのAちゃんがBくんの蹴りに直接反撥しなかったのか記述全体を通して理解できません．ここは初回の観察であったという制約が前面にでているところなのでしょう．また，子どもたちの要求に応じることにしか気が回らず，二人の子どもがお互いにどういう思いをもっているかに関与観察者の思いが届いていない感じがありますが，そういう自分についてメタ観察で言及する必要があるでしょう．

それにしても，Bくんに「おっちゃんのせいだ」と言われたときの戸惑い，保育士の先生が絡んできたときの所在のない様子，Bくんに一言かけてしまってから「やってしまった感」に囚われる様子など，初回の訪問に右往左往するナイーブなT. N. 君の様子が髣髴とする記述は，エピソード記述全体としてはともかく，エピソードの本体としてはなかなか好感のもてるものになっています．状況や人の動きがよく分かり，戸惑うところ，Bくんが崩れるところなども読み手によく伝わってきます．そして何より「やってしまった感」とまとめられる観察者自身の内面の動きは，最後の少々理屈っぽい第2次メタ観察は措くとしても，その場の生き生きした様子が伝わってくる点で，エピソード本体

が満たすべき要件をかなりよく満たしているといえると思います．

　ここで，範例として提示した大倉君のメタ観察と，このT. N. 君のエピソードのメタ観察を比較してみるとき，注目してほしいのは，メタ観察を行う主体がそのエピソード場面からどれほど距離をとっているかの距離感の違いです．やはり範例として示したエピソードのメタ観察においては，自分がその場にいて「うっ」となったことをメタ観察主体が冷静に見ている構図がかなりはっきり浮かんできます．そのことが，序章や第1章で，「脱自的な働き」と呼んだものに対応します．それに較べると，学生君のメタ観察はまだ「やってしまった感」に呑み込まれたままの感じがあります．「やってしまった感」をもった自分をその状況の中で捉え直してみるのがメタ観察なのです．ここではBくんを泣かせてしまったのをよくないことをしてしまったと思って一切説明しようとしているようですが，良い悪いではなく，Bくんの複雑な思い，つまり，蹴った自分はいけない自分だけど，どうしてもおんぶしてほしい自分もいた，そのときにいけない自分をT. N. 君に指摘されたことで，いけない自分を認めざるを得なくなったというBくんの複雑な思いに定位して見ていくことも必要だったはずです．それを自分の罪悪感に引き寄せて強引に説明しきろうとしてしまったのではないでしょうか．現場には分からないことは一杯あります．分かろうと努めることは重要ですが，分かってしまえばいいというものでもありません．分からないことを分からないこととして見つめつづけることも大事なのです．以上，指導する立場から，このエピソードにコメントしてみました．

　T. N. 君に限らず，他の3人のエピソードもそれなりに面白かったのですが，4人で話し合ってこのエピソードに決めた模様です．これから保育園に度々訪問して子どもたちの遊びの輪の中に入っていくと，なぜ大人を独占しようとするか，なぜ一旦崩れた状態からかくも早く立ち直ることができるか，等々，素朴な問いが立ち上がってきます．そして，今度はその問いを背景にもって子どもたちに関わっていくうちに，さまざまなエピソードが浮上してきて，さらにそれを繋ぎ合わせていくと，先の問いに対する答えがぼんやり見えてきて，いよいよメタ観察ができるようになってくるのです．そのことを思うと，やはりエピソード記述は場数を踏むことを必須の要件としていることがよく分かります．

第5節　本章のまとめ

　この第2章では，エピソード記述について多面的に考察するとともに，エピソード記述の範例を示し，また実際のフィールドに出て，そこでエピソードを拾う経験を紹介してきました．この最後の節では，全体をまとめ，いくつか補足をしておきたいと思います．

　(1) エピソード記述が満たすべき要件の再確認
　繰り返しになりますが，エピソード記述の満たすべき要件の中でもまず重点を置くべきものを整理してみると，
　①エピソード記述は何かの目的があって行われるものである以上，その目的との関連が示されなければならない．
　②エピソード記述は何よりもその場に生きる人を生き生きと甦らせる作業である．
　③だが，それには関わり手のその場への関与のありようが見えてくるのでなければならない．
　④そのためには，関わり手である自分からメタ観察主体である自分が若干の距離をとることができなければならない．
　⑤エピソード記述は関わり手が経験した事象にあくまでも忠実でなければならない．
　⑥エピソード記述は経験したことをすべて網羅するのが目的ではなく，全体から印象深かった出来事を切り取って提示する作業である．
　⑦その切り取られる部分は，エピソード記述の目的と深く結びついた観察者の暗黙の理論を「地＝背景」にして浮き出た「図」に対応するから，エピソードは常に「地」の上の「図」として捉え直されなければならない．
　⑧そこで生起した事象の重み（関与者がそこで得た感動）が読み手を説得する．
　⑨エピソード記述は，そこから多元的な意味を引き出すというメタ観察を付してはじめてエピソード記述になる．
　⑩そこでの人のありようの良し悪しを云々するのではなく，その事態がそのように動いていった意味を探ることがエピソード記述の目的である．

等々が指摘できます．第3節での範例的なエピソードや，第4節の「やってしまった感」のエピソードなどを振り返って，これらの諸点を再確認してほしいと思います．

(2) 補足1——当日の備忘録としての記録とエピソード記述

これまでの議論の中で指摘し足りなかった点に，この備忘録としての記録とエピソード記述との違いの問題があります[注29]．第4節で最後の反省の部分を担当したS. E. 君が指摘していたように，体験を呼び起こして記述することには困難がつきまといます．そのために，その体験がなされた時点にできるだけ近いところで記録が残されることが望ましいといえます．

私自身は，これまでのフィールドワークではたいていの場合ビデオが併用できましたから，論文の中にその静止画を挿入することによって，その場面や人物の様子を示すことができました．しかし，私の研究室の面々は，フィールドの事情もあって，そのほとんどがビデオを併用できず，「素手」で取り組んでいる実情があります．その場合，S. E. 君が指摘するように，そこでの様子や言動を後で思い起こそうとしても思い浮かばないということが起こってきます．そこで，研究室の院生諸君は，その日の関与観察が終わると同時に近くの喫茶店に飛び込んで，忘れてはならないポイントのところをメモし，それから帰宅後にその日の流れを描くという手法をとっているようです．

そこまでの手続きを私は「備忘録的な記録」と呼んでいます．つまり，それがエピソード記述なのではなく，それは自分の体験が薄れていくのに備えるまさに「備忘録」なのです．そして，そういう備忘録的な記録の積み重ねの中から，例えば範例に示されたようなエピソード記述が生まれてくるということです．ですから，その「備忘録的な記録」が詳細であればあるほど，それはそのときの体験を甦らせるのに十分だということになるでしょうし，それがぞんざいな内容なら，それをもとに後にエピソード記述をまとめようと思うときに，その記録からその場面を思い出せず，そのエピソードの記述を断念しなければならないことも起こってきてしまいます．

備忘録的な記録はそのすべてをビデオや録音に代替できるものではありません．前に指摘したように，そのライブの場面で関与観察者が感じ取ったものは，ビデオを見直したときにもう一度感じ取れるとは限らないからです．やはり，

その日の場面で「これは」と思った場面や「これだ」と感じたものについては，できるだけその日のうちの備忘録に書き込んでおくことが大事です．

そこから翻って考えれば，エピソード記述というのは，その備忘録をもとに，今度は読者を意識して，つまり，自分がその場面を知らない一人の読者になったと想定して，その読者に分かるように，その場面を描き直すものだということになります．そこに，歪みが生まれないかどうか，「あるがまま」を逸脱しないかどうか，そこを厳しく吟味する目，つまり脱自的な目が必要になってくるのです．

(3) 補足2──関与している自分を見る目＝第三の目

序章や第1章では，「客観的に描く」ことを担保するものとして，「脱自的主体」なるものを考えました．つまり，「その場に関わっている自分を見るもう一人の自分」という意味です．この「脱自的主体」は，関与観察に必要であると同時に，エピソードのメタ観察を行うときにも必要だということが本章の整理の中でも指摘されてきました．

ところで，保育の場に出かけるとき，関わり手である自分がここからそこを見るときの目，つまり「大人の目」ばかりでなく，子どもに自分を重ね，子どもの側から物を見ようとするときに，「子どもの目」になることがしばしばあります．そしてさらに，自分が今「大人の目」で事態を見ていること，あるいは「子どもの目」になって事態を見ていることを意識するもう一人の自分がいます．これも「脱自的主体」なのですが，この表現は保育の世界では少し仰々しいので，私はこれまでこれを「第三の目」と呼んできました[注30]．脱自的主体と呼ぶか，「第三の目」と呼ぶかはともかく，関与観察とエピソード記述という私の考える方法論にとって，これが重要な鍵概念になることを再度確認しておきたいと思います．

この「第三の目」がしっかり機能しはじめることが，関与観察やエピソード記述が洗練されていくときの一つのメルクマールになります．次章で取り上げることを先取りすることになりますが，分かりにくいエピソードの問題の一つは，関与主体の立ち位置が見えないエピソードです．第1章で取り上げた高校教師のエピソードがその典型例です．これは，たいていは今みた「第三の目」が十分に働いていない場合に起こることも指摘しておく必要があるでしょう．

(4) 補足3——エピソードは一つの出会いである

　エピソードはフィールドに出て拾おうと思っても拾えるわけではありません．実験や調査であれば，そこから確実にデータが上がってきます．しかし，関与観察では，自分の意図どおりにエピソードが拾えるわけではありません．本当は面白い事象は起こっているのに，自分の興味・関心が煮詰まっていないために，「これだ」というエピソードが浮かんでこないだけかもしれません．あるいは，今日はこちらの身体がだるく，何も感受するものがないせいかもしれません．そして，実際に何も起こらなかった，空振りだったということも必ずあります．

　その意味では，エピソードは常に一つの出会いです．出会おうと思っていたわけではないのに，あるとき，ふとエピソードが浮上してきます．浮上してきた結果からみれば，こういう関心があったから浮上したのだとはいえても，関心があれば必ず浮上したのかといわれれば必ずそうだともいえません．ここには，エピソードを拾おう，出会いたいという関与観察者の構えが強く意識されることなく自然に背景化され，そこに関与観察者が日頃暖めていた興味・関心がうまく重なって，「地」の上の「図」となったとしかいいようのない，まさに出会いとしてエピソードが浮上する事情があります．私たちにできるのは，出会いが起こるように，その条件を整えておくことです．つまり，「あれっ」という自分の気持ちを素直に認めることを出発点にし，自分の理論的な背景を豊かにし，煮詰めるという作業をしておくことです．

　出会いという言い方をすると，一つのエピソードが大仰に見えてしまうかもしれません．凄いエピソードとの出会いはまさに出会いでも，実は学生君がやったような地道なエピソードを掘り起こす作業も本当は重要で，軽く記録し，簡単にメタ観察を付していたエピソードが，他のエピソードとの繋がりの中で急浮上し，そこで真の出会いになる場合があり得ます．その点からすると，エピソード記述の方法論は，とにかく「地道に，粘り強く，根性をもって」を合い言葉にするべきなのかもしれません．

(5) 補足4——読み手を説得するのは事象の「重み」である

　繰り返し述べてきたように，エピソード記述は，書き手がいかに一人で悦に入っていてもほとんど意味がなく，多くの読み手が「なるほど」と理解してく

れてこそ意義あるものになるのですから，エピソード記述は読み手への説得性がその価値を左右するといわねばなりません．その説得性は，本章でみてきたエピソードの満たすべき要件と深く繋がっていますが，その要件はあくまでも必要要件であり，どのエピソードもそれを満たしている必要があるという一般的な意味での要件であって，それを満たせばそれだけで説得性をもつかといわれれば，そうではありません．やはり，「なるほど」と読み手を深く考えさせるのは，そのエピソードの「重み」です．その「重み」は，エピソードそのものがもっている場合もありますが，それが突きつける問題の重みである場合もあります．第4章では，そうした「重み」のあるエピソードを紹介し，そこで読み手がいかに多くのことを考えさせられるか，そこにそのエピソードの説得性があることを示していく予定ですが，ここではエピソードを提示する人が，そのエピソードにどれほど深く感じ入っているかが，読み手への説得性と結びついていることを指摘するにとどめたいと思います．

　序章で述べた「母親が祖母に子守唄を歌う」エピソードのように，書き手の感じていたものと，読み手が受け取るものの違いがあるという場合がないわけではありません．しかし，大半の説得力のあるエピソードは，エピソードを経験している人自身がそこで何かを感じることが，まず必要です．その感動や気づきが，人を説得しようという熱意を生み，そのエピソード記述を説得的に組み立てるように自分を促すのです．

　書き手が読み手に伝えたいと思わないところに，よいエピソードが生まれるはずはありません．書き方が悪いから伝わらないということもあるかもしれませんが，伝えよう，伝えなければという思いが強ければ，こういう書き方で伝わるだろうかという吟味の姿勢が自然に生まれ，そこから何度も書き直すことになったとしても，最終的には読み手に伝わるような描き方ができるようになるものです．伝えるべきものがないのに，ただ書き方の巧さでだけで書かれたエピソードというものは，おそらく多くの読み手の心を打つには至らないでしょう．ですから，私はこれまで，エピソードの説得性は書き手がその事象にどれだけ感動したかで決まるといってきたのです．これについても第4章でいくつかの例を挙げて説明したいと思います．

(6)補足5——新たな問いの立ち上がり

　いま，関与観察者を捉える感動や深い気づきに触れましたが，多くの場合，それはそれまでの日常生活を振り返るきっかけを与えたり，そこから新たな問いが立ち上がったりすることに繋がるものです．先ほどの学生君の「やってしまった感」のエピソードで，関与観察者はそれをひどく気にしていました．確かに，あのメタ観察を読む限りでは，そこまで考えなくてもと思われ，いかにも理屈先行の大学生のメタ観察だと思われる面もありました．しかし，よく考えてみると，人が進むべきか退くべきか迷っているときに，自分の不用意な一言が，その人の背中を押してしまうという経験，そしてそれが取り返しのつかないかたちでそれ以後のその人との関係を難しくしてしまうということはあり得ることです．そうしたことを視野に入れれば，この「やってしまった感」のエピソードも，そこから「人が人に関与するとは一体どういうことなのか」「人が人に影響を及ぼすとはどのような事態なのか」という大きな問いが立ち上がる契機になり得るということになります．しかしまた，どうして「やってしまった」と思ったかをしっかり考察することも，同じ理由で重要なことです．

　軽く「やっちゃった」で済むのか，そこから大きな問いが立ち上がるか，それはおそらく，それを経験したとき，あるいはそれを振り返ってメタ観察を繰り返し遂行していたときに，自分の気持ちがどれほど強く揺さぶられたかにかかってくるのではないでしょうか．

　そうした感動や深い気づき，あるいは驚きや強い情動の動きはまた，序章で述べたように日常に裂け目を作り出し，そこから日常を支えている不可視の地盤を目に見えるものにしてくれる役目を果たすこともあります．私たちがあまりにも当然のこととして考えてもみないことが，一つのエピソードによって深く抉られ，そこからそれを当然のこととしている地盤が垣間見えるというような経験は，まさにエピソード記述ならではのものでしょう．そういう事実をエピソード記述を通して提出するところに，エピソード記述の方法論の価値があると序章でも述べましたが，これについても，第4章で具体的なエピソードを通して説明し直してみたいと思います．

(7)補足6——説明しようとすることと，説明しきれないこと

　メタ観察の役割は，そのエピソードを「地」の上の「図」として捉え直すと

ころにあります．ところが若い人たちは，なぜそうなったかを説明することだと考えやすいようです．先ほどの学生君のエピソードの場合も幾分そのきらいがあったようです．しかし，日常が裂けて，その裂け目から不可視の地盤が見えてくる思いがするとき，「なぜ？」と問い，それに説明を与えようとするよりも，端的に「驚き」としかいいようのない場合がしばしばあります．確かに学知のあり方としては，「そうなったのは，こうだったからだ」と説明し尽くしたいところ，人の心の動きを読み解きたいところがあります．しかし，人の生き様に直接触れていると，その裂け目を説明し尽くそうとする前に，まず深く感動し，そこで立ち止まることも大切ではないかと思われてきます．序章で紹介した「一回余分に洗濯すれば」というエピソードなどはそういうものの典型だったと思います．

(8) 補足7──相手を主体として受け止める

　最後に，第1章で，関与観察は「観察する」ことであると同時に「関与する」ことであると述べました．そして関与観察は単なる観察法の一種なのではないとも述べて，「関与する」ことの重要性を強調してきました．そのときに行き着くのが，関与観察者も一個の主体であり，関与対象も一個の主体であるということです．ですから，「関与する」とは，一個の主体である関与観察者が関与対象を一個の主体として受け止めながら，自分も一人の主体としてその場にいるという意味でなければならないことになります．ここには，相手の思いを受け止めつつ返すという営みが双方において生まれています．私はそれを「相互主体的な関係」として考えようとしています．それによって，その関係の中から喜怒哀楽の感情が生まれる事情，正負の思いが相互に喚起される事情が摑めると考えるからです．そしてそれが人が人と共に生きる基本だとも考えています．この間の詳しい説明は私の書いた他の著書に委ねるほかはありませんが，そのような相互主体的な関係を鍵概念に，さらに関与観察の問題を精緻に突き詰めていく作業がまだ残されているように感じています．

第Ⅱ部・エピソード記述の練成に向けて

第3章 エピソードが描けないという悩みの出所

　質的アプローチを目指す若手の研究者たちは，フィールドに赴いた後に，「エピソードが思うように描けない」と悩みを訴えることがしばしばあります．また，現場でエピソード記述を試みる人も，「思うようにエピソードが描けない」と悩むことが多いようです．そのことに鑑み，本章ではその悩みがどこから来るかを中心に議論したいと思います．前章でエピソード記述が満たすべき要件の数々を取り上げましたが，「思うように描けない」という悩みは，要するにそれらの要件を満たすのが難しいということに尽きます．ですから，本章での議論は，前章での議論を裏側から見るかたちで繰り返すことになる面があることをあらかじめ断っておかねばなりません．

第1節　エピソードが描けないという以前の悩み

　エピソードが描けないという前に，そもそも関与の場に入ることが難しい，場になじめない，現場に足を向けるのが苦しい，そして「エピソードを拾えない」等々，エピソードを描くことの悩みの手前にも，数々の難しさがあるようです．これは，関与観察が「観察する」と「関与する」との二重の営みを必要としているところからくる，その基盤のところでの悩みとでもいうべきもので，ある意味では，本章の枠を超えた問題であるかもしれません．博士課程以上の研究者，あるいは経験の豊富な現場担当者にとっては，このような悩みはすでに乗り越えて，いまや無縁になっているかもしれません．しかし，学部学生や修士課程の院生たちの中には，このような悩みを抱えて行き詰まってしまう人もいます．本節では，この悩みの出所を考えてみましょう．

(1)フィールドになじめない

　いつからか分かりませんが，私の研究室では「院生はまずフィールドに出て，そこで問題を考え，そこからエピソードを拾ってきて，質的研究に繋げていく」ということが不文律のようになっているようです(私がそう決めたつもりはないのですが，そのような共同主観性がいつのまにか私のゼミの院生たちには共有されているようです)．そのためか，他大学から来て修士課程から私の研究室に所属するようになった院生で，それまでフィールド経験のない人は，まずどこのフィールドに出かけるかを大急ぎで決めなければならないと考え，ともかくフィールドに出ることを目指そうとします．私の著書を何冊か読んだ程度で，私の研究姿勢を十分に理解できていないまま，ただフィールドに出なければと思って出るというところに，そもそも無理があるのでしょう．その場合に，本当に自分の研究したいこととフィールドに出ることとのあいだに不協和音が生まれ，そこからフィールドになじめなかったり，フィールドに足を運ぶにもかかわらず「エピソードが拾えない」という事態に立ち至ったりすることになるようです．

　フィールドを決める際，そこに本当に興味や関心があったからというよりも，学生の頃にボランティアで行ったことがあるからというような理由で，障碍児の通園施設に出かけたり，老人施設に出かけたりした場合，そのフィールドになかなかなじめないというのはある意味で当然でしょう．特に，そのフィールドが「重い」場であるとき，つまり，通園施設や児童養護施設や老人介護施設など，そのフィールドが抱える問題が重く，それをしっかり受け止めるだけの気構え(社会福祉の精神)がもてない場合，その場に対して圧迫感を感じるようになり，次第にフィールドに足を向けること自体が苦しくなってしまうようです．フィールドに「足が向かない」状況では，エピソードが拾えないのは当然でしょう．こうした状況は，少なくとも私の研究室に関しては，当該院生の研究志向と私の研究室の研究志向とのミスマッチの不幸な例だといわねばなりません．

(2)フィールドとの板ばさみになっている

　もう一つは，フィールドに出かけ，そこに入り込んでその場になじんでいくうちに，その場のもつ価値観と，自分の価値観の相違が次第に露わになってき

第3章　エピソードが描けないという悩みの出所　　　　　　　169

て，フィールドに入り込むことと自分の価値観との板ばさみになって次第に辛くなり，エピソードが拾えなくなってしまうというパターンです．特に，障碍児の療育を巡っては，立場の違いによって理論的，感情的な対立が生まれてしまいがちです．そのような場合，せっかくフィールドに入らせてもらっているのだから，フィールドにも恩義がある，しかし，そこの指導方針は自分の価値観とは合わない，そのようなとき，そこで自分がどのような関与のあり方をしたらよいか悩んでしまう，というかたちで板ばさみの状況に陥りやすく，何を描くかの前に，フィールドが重く感じられるようになってくるようなのです．そのことがいわば婉曲的な「エピソードが拾えない」という表現になっている場合があります．

　それとは少し違いますが，元々，フィールドの一員としてその場に関わっていた人が，研究の立場に身を置くようになって，そのフィールドを外部から眺めるようになったときにも，似たような板ばさみに苦しむことがあります．つまり，その場の問題を取り上げようとするときに，かつて職員だったときの立場といま研究者である立場が両立しない感じが起こったり，自分がいま研究者の立場から現場を見ることに何かしら後ろめたさを感じてしまったりといった状況が生まれ，息苦しくなるという場合です．

　ともあれ，(1)や(2)を考えると，これまでの議論の背後には，関与観察者が気持ちよくそのフィールドに足を運べて，そこでの営みの中に楽な気持ちで入り込めるかどうかが，エピソード記述の方法論に従って研究を進めていくことができるかどうかの鍵を握っていることが改めて分かります．その前提が崩れていて，フィールドから足が遠のくようでは，まずフィールドワークはできず，エピソードを拾うことは難しいといわねばなりません．こういう事態に立ち至らないためには，フィールドを決めるまでのところでいくつものフィールドを訪れ，そこが自分になじみやすいところかどうか，その現場で仕事をしている人たちを信頼できるかどうか，しっかり見定める必要があるでしょう．

(3) 関与することで精一杯である

　関与観察はフィールドに関与することが大前提です．その場になじみ，そこにいる人たちと共に過ごすことができるようになるためには，院生や若い研究者はその場の正規職員の振る舞いを見よう見まねで取り込み，そこに生きる子

どもや患者や高齢者たちと自然に関わることができるように意を尽くさねばなりません。経験がほとんどなくてもそれが自然にできる人もいますが，大学院からフィールドに入る人の大半は，最初のうち，そこに生きる人たちと接すること自体が難しく，周囲の人とどう関わったらよいかということばかりが頭にあって，そこに大きなエネルギーを割くことになり，とてもエピソードを拾うどころでないという余裕のない状態に陥るようです．しかし，この場合はたいてい時間が問題を解決してくれます．足繁くフィールドに通っているうちに，次第にフィールドの中が見えてくるようになり，また楽にそこの人たちと共に過ごすことができるようになって，エピソードが拾えるようになってきます．ですから，「その場に関与することに精一杯で，とてもエピソードを拾えない」というのは，関与観察をはじめた初期には誰にも起こることと考え，慣れないあいだは，焦らずにいまは場になじむことが先決と考えておくべきでしょう．

　(1)から(3)で述べたことは，一見瑣末な問題に見えるかもしれません．しかし，関与観察とエピソード記述は，あくまでもフィールドでの人の生き様に触れてなされるものです．ですから，研究者が関与者としてどのようにフィールドに入り，どのようにそこになじみ，そこに生きる人とどのように共にあるか，そこの部分は，実はとても大きいのだということを改めて考えてみる必要があります．ところが，フィールドに一旦入れば，とにかく協力者のためになることをしなければならない，よい人だと思ってもらわなければならないという考えに陥りやすく，精一杯そのように振る舞おうとします．その「精一杯」はある意味では必要なのですが，それは部外者であるからこその発想でもあり，本当に目指すべきは，「いつもそこに自然に共にいることができる」とお互いに思えるようになることです．場になじむとはそういうことでしょう．それはこちらがなじむようになったというだけでなく，相手がそのように受け止めてくれるようになったということでもあり，相手がこちらになじむようになったということでもあります．それがこれまで「相互主体的な関係」という言葉で語ってきたことでした．

　こうしてみてくれば，「エピソードが拾えない」という悩みは，実はフィールドになじめない，フィールドと合わない，関与することに余裕がないということを，別のかたちで言い表しているにすぎない場合が多いことが分かるはず

第3章　エピソードが描けないという悩みの出所　　　　　　　　　　171

です．

(4) 何が問題なのかが見えない

　場にもなじみ，関与することにも慣れてきて，少し余裕ももてるようになってきたけれども，なぜか現場で起こっていることがごちゃごちゃしていて，何をどう考えればよいのか分からない，何が問題なのかが見えてこない，そのためにエピソードが拾えないというのも，若い研究者や実践者がしばしば抱える悩みの一つです．ほとんどの場合，それは関与観察に臨む人がどういう価値観に立ってその場に臨めばよいかが分からないところからきているようです．例えば，その場の中に関与の方針を巡って複数の価値観があるとき，若い研究者や実践者は，その価値観の対立は何に由来しているのか，まずそこが分からないし，またその価値観のいずれに自分が与するべきかも分かりません．そのために，その場の動きがなかなか摑めないまま，右往左往しなければならず，それが悩みの出所になるのです．これは一見したところ，(2)でみた板ばさみに似た状況ですが，ここでは関与主体がどの価値観に立つべきか，その立ち位置が自分にまだ分からないということが混乱の大きな理由になっています（これは第4節でも触れます）．しかし，これはもう少し踏み込んでみてみると，単に自分が一つの価値観をもてないというよりも，人と接するときの今の自分の気持ちを下敷きにして，そこでの周囲の人たちの生き様を見て考えるという，ごく当たり前のことを当たり前にすることが分からない，要するに，自分で自分を認めることができない，つまり今の自分に自信がないということに行き着くということのようなのです．

　これは障碍児療育や障碍児保育の場に入った若い研究者や実践者が一度は潜らなければならない関門のようです．最初のうちは，板ばさみの状態にもならないまま，ただ色々な考え方があるのだということが分かるだけで，ひたすら周囲の人に合わせようとするしかありません．しかしながら，周囲の人たちの中に複数の価値観があり，お互いに反目しているような場合，自分はどう動けばよいのか分からないのは当然でしょう．自分が自分であって自分でないような，何か頭の中が混乱するばかりという状態です．これは単純に時間をかければ解決できる問題ではないかもしれません．現場のもつ難しさとでもいえばよいでしょうか．

この混乱状態は，自分の立ち位置が見えないことに拠っていますから，何とか自分の感覚を頼りに，ともかく人に接し，自分の身体の感じるところに従って，その場に生きる人たちに関わり，そこでの手応えを導きの糸としていくしかありません．ここでも焦らず，色々な人と関わり，自分にとって信頼できる人をその場に見出すというような，人間関係をつくる営みの中から，また色々な立場の理論を学び，自分の感じる手応えと重ね合わせることを通して，次第に自分の立ち位置が定まっていくはずです．

(5) 面白いエピソードを拾おうという構えが強すぎる

これは若い研究者に往々にしてみられるものですが，人をあっと驚かせるような，すごいエピソードと出会えば，人から評価される論文が書けるというような思いに駆られ，すごいエピソード，誰もが注目するようなエピソードを追い求めて，そういうエピソードに出会えないから「エピソードが描けない」と嘆く場合があります．そのように功名心に駆られて嘆く人の言い草は，実は自分の理論的な研鑽が不十分だったり，場への関与の度合いが浅かったり，相手の思いを間主観的に摑むところが不十分だったりするというように，これまで関与観察やエピソード記述の要件として述べてきたことがまだ十分に満たされていないことの裏返しの表現であることがほとんどです．人の生き様を素直に描くという至極平凡な当たり前のことが，その気負いのためにできなくなっているといってもよいかもしれません．

これまでも何度も述べてきたように，エピソードを拾う作業はきわめて地味な営みで，謙虚さと忍耐と根気が必要になります．そのような地味なエピソードを集積していく中で，当初は注目していなかったエピソードが急に面白いエピソードに転換するところが，関与観察研究のある意味での醍醐味かもしれません．これから関与観察を目指そうという人は，ですから，面白いエピソードばかり拾おうと思うのではなく，ちょっと気になった，ちょっと引っかかったというようなエピソードを取り上げて，丁寧にメタ観察を付す努力をしてほしいものです．

第2節 捨てられない悩み

　エピソードは関与観察者の興味・関心を背景に浮き出た「図」であると繰り返し述べてきましたが，それはさらにそのエピソードが生まれた近傍でのさまざまな出来事を背景に浮き出た「図」でもあります．つまり，ここには二重の「背景」ないしは「地」があるわけです．この第2節では近傍での出来事の中からそのエピソードが「浮き出る」ためには，その近傍の他の出来事を積極的に捨てないと，そこが「図」にならないという点を議論してみたいと思います．

(1) ビデオテープや録音テープの功罪

　ビデオや録音テープが関与観察に使える場合，当然，それを繰り返し見る，繰り返し聞くということが可能になり，その場面の関与対象の発言や自分の発言を逐語的に取り込むことができるようになりますが，その分，記録が膨大なものになってきます．第1章で紹介した「機関車トーマス」のエピソードなど，読者に詳しくその内容を紹介しようとしたために，わずか5分間の出来事が，本文で3頁にまたがる分量になってしまいました．ですから，2時間のビデオテープを丸ごとテープ起こしするとなると，その逐語的な分量は膨大なものになることはいうまでもありません．また録音テープに関しても同様で，インタビューの結果など，逐語録にすると膨大な分量になって，それを前に「どうしよう」と途方に暮れることになってしまいます．

　ビデオや録音を取れない，いわば「素手」で関与観察に臨まねばならない人からみれば，そうした出来事のコピーに相当するものがあれば，記憶を確かめることができるし，いつでも自分の経験を再現できるし，これほど好都合のものはないと思われるところです．このように「素手」で臨む人の場合，当日の出来事の簡単な「備忘録」的な記録を基に，いわば「素手」で描いたエピソードが元々先にあることになります．そこにもしもビデオがあれば，そのエピソードの細部を補強することができる，人の話を正確に拾い上げることができる，あるいは場面の記憶間違いを正すことができるというのが，「好都合」ということの主旨のはずです．そして，そのような流れの中でビデオを見返しているうちに，体験の中では浮かび上がらなかった別の場面が浮上してきて「図」に

なり，そこからその体験を再度呼び起こして，それをエピソードとして取り上げるということも起こり得るでしょう．ビデオテープや録音テープは本来そのように活用されるべきです．

ところが，そのような活用の仕方でなく，むしろ最初からビデオテープ起こしや録音テープの逐語起こしを行って，そこからどこを切り取ろうかというやり方で研究しようとする人がいます．最初，その場に関与することに夢中で，記録が取れない，エピソードを書くどころではないと思っている人たちにとっては，ビデオテープは一種の「記録をとる」作業の代替になり，それゆえ，後にそのビデオを見ればよいということになるのでしょう．

そのように器機に記録されたものに全面的に依存し，自分のその日の体験をベースにした記録に基づかなくなると，かえってそのために「図」が全体から浮かび上がってこなくなり，エピソードを拾うということができなくなってきます．特に逐語録ふうに人の言葉を拾い上げていった場合，どの発言も重要にみえて，どれも捨てられないというように思われてきます．そして，それらの言葉を削除することが，起こった出来事を「あるがままに」捉えるという主旨に反するようにさえ思われてきて，ますます削除することが難しくなり，結局は言葉の洪水に巻き込まれて「エピソードが書けない，拾えない」という悩みになってしまうのです．

(2) Hさんの第1回目のゼミ資料から

ここで，私の研究室の院生の一人（Hさん）がエピソード記述に向けてどのように格闘したか，それを紹介してみたいと思います．Hさんは助産学を研究する社会人院生で，私の研究室にはエピソード記述の方法論を学びたいということでやって来ていました．Hさんは，助産院出産が妊婦の心の健康や母になる心構えの形成にとって重要であること，その際，出産前後における経験豊かな助産師の役割が大きいことを強調する理論的立場を背景にもっていました．すでに助産の場数も多数踏み，経験豊かな年輩の助産師の言動に感服していて，その助産師が妊婦に面接する場面のビデオテープも手にしていました．

そのHさんが最初に私のゼミでエピソードを発表したときのゼミ資料には，「初回妊婦健診時の助産師のケアの質の分析」というテーマが掲げられ，この間の研究の成果をまとめる主旨が述べられて，次に克明なビデオ起こしをした

表　Hさんのビデオ起こし資料

3）Mさん（34歳）17W　4回目の妊娠　　第1回受診（初診）
　　第1子は病院で，第2，第3子は助産院で出産
　　O助産婦への年賀状で4人目の妊娠報告をしていた．産む決意はしているものの，まだどこかに迷いもあり，今回の健診時のO助産婦とのやりとりで産む決意が明確になった事例

時間	行　動	O助産師の言動・表情	妊婦の言動・表情
0:00		*妊娠の受け止め* まあいいじゃない，少子化って言って，子どもを産め産め言うてるんだから． *子育て中の母親へのいたわり* お姉ちゃんは学校に行くようになった？　学校に行くようになると楽になる？	もう，Y先生の所に行って来て，血液検査の結果ももらいました． （笑いながら聞いている） うーん，楽になってほしい．
0:30	tel　0:58	（TELが入る） （手帳に書き込みながら，相づちをうちながら，笑顔で聞いている） ああそう，ふーん．	（娘と遊びながら） *4人目の妊娠に対する夫の反応* 主人はあまし…すぐにウンと言ってくれない．「どうしよう」と言うだけで…私が決められなかったら僕が決めるって言って，その答えが「もう3人でいいや」って…．毎日しゃべっているうちに，「またつくりたくなったら，つくったらいいや」って．それにすごく腹が立って…「そんならこの子はどうなるの」って…そしたら「僕がんばるわ」って…「ますますすねが細くなるで」って….「ええわ」って．
2:06	家族歴聴取	*ありのままを受け止める* まあできたらできたようになるのよ，子どもなんていうのはね． *妊娠継続への必要な情報* あなたのお父さんお母さんは元気？　お母さんまだ子守りできるぐらい元気？ ああ，ほんま． 兄弟は何人？ 3人？　弟さん？ ご主人さんのお父さんお母さんは元気？ 兄弟は？ ああそう！ 家誰がとっているの？ ご主人はお元気ですか？　アレルギーなんかない？ ああそう！　そばはきついらしいねえ．	そうですね，昨日で66歳に． 私？　3人． 兄と姉と…． 父は元気だけど，母は亡くなっている． 3人で長男，下，男2人． はい． 三男が． 主人はそばアレルギーを持っています．ひどい目に遭いました．（笑いながら） はい．こけし型のビスケットを「これおいしいで」って口に入れただけ

資料が添付されていました．その資料の1頁目が前頁の表です．

　これは従来の行動観察記録に準じた記録方式に従って書かれていて，一番左側には時間経過が分秒単位で示され，左側の欄に助産師さんの言葉が，右側の欄に妊婦さんの言葉が逐語的に並べられ，そのあいだに関与観察者であるHさん自身による場面の要約的な「解釈」が書き込まれているという体裁になっています．明らかに客観性を意識した記録の仕方であり，逐語的にすべてを網羅するという姿勢がうかがえます．

　これを読むと，その状況がどのようであり，誰が何を言ったかは分かるものの，この記録から関与観察者が何を言いたいかはまったく分かりません．発表当日のHさんの発言によれば，「この中には私の言いたいことが含まれているのですが，それをどう取り出していいか分かりません．何とかこれをエピソード記述にもっていきたいのですが……」ということでした．

　これをみると，これまでの客観主義の枠組みの強さ，エピソードを書くということが事象の逐語記録とほぼ同義に受け止められている様子，等々のことが分かります．当然，ゼミでは他の院生から手厳しい発言が相次ぎ，Hさんは「これではいけないことは分かっているのですが，どうすればいいのかが分からないのです」と返すにとどまっていました．それから1年，Hさんはゼミで他の発表者のエピソード記述をいくつも読みましたが，しかし，なかなか自分がエピソード記述の壁を越えられないと悩んでいました．

(3) それから1年後のゼミ資料から

　1年後のゼミ発表時のHさんのレジュメを次に紹介します．長年，医療の枠組みで研究を重ねてきたHさんにとって，私のエピソード記述の方法はなかなか手にあまるもののようで，発表時にも，これではダメなのですが，という前置きがありました．

〈エピソード記述ができない私〉
　今回の発表事例は，これまでに報告してきた事例である．代わり映えがしなくて恐縮であるが，ここをクリアしなくては先に進めないと思っている．
　なぜ，エピソード記述ができないのか．当初，助産院における妊婦健診の場面はVTRに収録しているし，助産師と妊婦のあいだで交わされた会話はすべて逐語録に書き出してある．後はこれらを使ってうまく書き表せばよい．そのための方法論さえ修得すれば……と思っていたふしがあった．しかし，そうではなくて，もっと

第3章　エピソードが描けないという悩みの出所　　　　　　　　　177

事象に寄り添い，かつ，それを少し離れた角度から見直すことが必要なのであろうと頭では分かってきた。そして，そのように事例を見直し書き直す。でも，そこでテープ起こしされた会話の内容に縛られ，単なる状況説明や交わされた言葉の解釈になってしまう。その状況をありのままに描き出すということがなかなかできず，やはり書けない，書けない……の堂々巡り。

そこで，最初に感じた，なぜ，助産師は妊婦の「いいのかな？」という問いかけに自然に応えることができたのか，まずはそこを見つめ直すためのエピソード記述を試みることにした。

テーマ：女性が妊娠を引き受けるということ（助産院における初回妊婦健診での
　　　　妊婦―助産師関係）
〈背景〉
Mさん(34歳)は3人きょうだい(兄と姉)の末っ子として育ち，すでに3児の母である。第1子は病院で出産し，第2子，第3子は今回と同じ助産院で出産している。第3子出産から3年が経過して，4回目の妊娠をした。今回の妊娠報告はすでに年賀状で助産師のもとには知らせてあったが，それから1ヶ月以上たった妊娠17週のこの日が助産院での初回の妊婦健診となった。

診察室に入るとすぐのところに助産師が記録に使用する机と椅子がある。机の周りには，カルテ類や専門雑誌等助産師に必要な書類が所狭しと並べられている。助産師が椅子に座ると，助産師の横顔を見るような位置に妊婦のための椅子があり，助産師が椅子に座ったまま後ろを向くと診察のためのベッドがあり，その周りには胎児心音計や血圧計，乳児用の体重計とともにぬいぐるみなどもあり，ベッドの上には家庭用のカラフルなタオルケットが置かれている。診察ベッドの足元の方の空間に手洗い台や尿検査等の医療用物品があるが，必要最低限のそれらはあまり目立たない。壁には妊婦や赤ちゃんのポスターが貼ってある。この診察室は窓は大きくとってあるが，診察のための十分な広さというよりも，やや狭い感じの空間である。雑然さを少し残したこの狭い空間がなぜかほっとするような場でもある。迎え入れる助産師の服装は白衣でなく，ニットのセーターにスカート。その上にエプロンをかけており，専門職の先生というより普通のおばちゃんといった風情である。

〈エピソード〉
3歳になる末娘と訪れたMさんは，いつもの慣れ親しんだ場所という感じで，笑顔で診察室に入ってきた。

今回，ここに来る前に産婦人科に行き，血液検査結果をもらってきたと明るくゆっくり話すMさんの感じから，私は妊娠継続を受け止めていると思った。そして助産師も「まあ，いいじゃない，少子化で，子どもを産め産めと言っているんだから」と笑顔でつぶやくようにいい，診察に必要な情報を尋ねはじめる。するとMさんは今回の妊娠に対する夫との意見の食い違いがあったことを声のトーンを徐々に上げながら，「主人はあまし……すぐにウンと言ってくれない。『どうしよう？』と言うだけで……」とまるで実母に「こんなことがあったよ，聞いて！」と告げるかのようなしゃべり方で助産師に話しはじめる。それに対して助産師は最初，笑いな

がら「ふーん」とか「ああそう」と相槌を打ち，カルテに記録しながら聞いていたが，「『もう3人でいいや』『またつくりたくなったらつくったらいいや』と夫が言ったので腹が立った」とMさんの憤慨した発言に，「(夫は)そんなことを言ったの！」といわんばかりの表情で聞き入っていた．でも，妊婦の話が一段落すると，「まあ，できたらできたようになるのよ，子どもなんていうのはね」と穏やかに応えている．助産師はMさんの夫の反応に対する怒りも分かるし，夫側の反応も理解できる．でも産まれたら産まれたでそれから先は何とかなるよといった感じのさり気ない対応に，先輩女性としての優しさが伝わってくる．

　Mさんは腹部の診察のための診察ベッドへ上がりながら，「4人目を産んだ人，みーんなに聞きまくった」とやや強調するような口調で友人たちの話をはじめた．助産師は腹部の触診や計測をしながら「みんなどう言うてた？　可愛いわぁ，言うてやろ！」と子どもへの愛着を呼び起こすような優しい問いかけを笑顔ですると，Mさんは少し照れ笑いのような感じで「Hさんはいらんかったから，『無理にサッカーしたりしてた』って……言うた．『堕す勇気はないから自然に流れて……』『あっそうか』って」とMさん自身，どこかで4人目を妊娠してしまった者のとる行動としての共感があったのか，4回目の妊娠継続をためらう行動をとったというHさんの例を先に出した．助産師はすかさず，「でも産まれたら？」と聞く．少し間をおいて「あのぉ，うーん」と考えてから，「『よかった』って言うてはる」と，小さめな声で答えていた．が，助産師の勢いに応えるかのようにすぐに続けて「Kさんは子どもが好きで産んだから」とはっきり言うと，助産師もその人のことを思い浮かべて「それでやっと女の子で……有頂天になっていた！」「そうそう！」と，もう一人の4人目出産者の反応を互いに確認しあうかのように笑いあった．助産師のここでの反応からも，妊娠したら産むのは自然なことと受け止める助産師の姿勢がうかがえる．一方，Mさんの返事の仕方から，Mさんはそのような助産師の姿勢を受けてというだけでなく，Kさんの例をすぐに出すことによりHさんのとった行動にこれ以上触れたくないといった意志が働いているようにも感じられた．

　その後，Mさんの見た変な夢の話や，現在の妊娠で嗜好の変化が起き，困っていることを表出すると，助産師はそれはあなたのせいではなく，妊娠によるものであること，今後のその変化の見通し，対処方法等について具体的に説明した．助産師からの言葉を，Mさんは言われるまま納得するというのではなく，その時そのときに自分の状況を伝えた上で納得するというような反応を返していた．

　診察が一通り終わった頃，うつむきながら小さな声で，Mさんが「いいのかな？」と独り言のようにポツリと言うと，助産師は軽く「うん？」と言い，Mさんはまた「いいのかな？」とポツリと言った．これまでの会話の内容と何の脈絡もないMさんの問いのように思われたので，私は一瞬「えっ，何のこと？」という感じだったのだが，助産師は「いいよ」と迷いもなく静かに，はっきりと返事をした．そして「やっぱ，中子のほうがいい」と続ける．「子どもにとっても……，長男と一番下では……，油断すると育て方でね．やっぱり長男はおっとりしているとか，最初の子で，親も慣れてないままだし，下の子になると甘やかしたりなんかするしね．あかんたれになりやすい．だから，できるだけ，中子を多くしろって言ってね．やっぱり2人はアカンって言うねん．上と下だからね．3人4人いたら，しっかり

第3章　エピソードが描けないという悩みの出所　　　179

> したのが2人はできる」とMさんの目を見ながらしっかり話している．「ああそう
> か，中子か」とMさんは中子というきょうだいの中の子どもの位置づけ方に，何か
> しっくりしたものを感じたのか，この日一番の華やいだ顔をみせた．「まあそれと，
> 赤ちゃんは産んでいくほど可愛くなってくるからね．産まれたらそんなに苦しいこ
> とはない」と言い切るような口調である．「そうですね」とすでに3人の子育てを
> 体験した者として納得したといわんばかりの反応を示す．助産師の話はさらに続く
> ……．

　この2回目のゼミ発表資料の冒頭のHさんの苦悩は，本当によく分かる感じがします．多くの人が辿る道だと突き放した言い方は簡単にできますが，壁を越えなければ先に進めないというHさんの思いは，多分，他の院生も共感するところがあったでしょう．1年前の記録の提示の仕方に比べると，まず最初に〈背景〉を提示して，読み手に状況への導入を図っています．またエピソードの本体も，確かに少しエピソード記述の体裁に近づいてきているようにみえます．間主観的に感じた部分を挿入してその場のアクチュアリティを高めようとしているところもうかがえます．そこには確かに1年間の苦労の跡をみることができます．

　しかしながら，まだビデオを見ながら描くという手続きから抜け出せないために，「すべてを描く」姿勢から解放されておらず，それゆえ，書き手の「図」にしたい部分がどこなのかが明らかではありません．それに，一つのエピソードとして長すぎる感じが否めません．〈背景〉の部分も，診察室を克明に描写する必要があるわけではなく，あるとすれば，「雑然さを少し残したこの狭い空間がなぜかほっとするような場でもある」というところが浮き立つように描けば，細部は省略してもよいはずです．そして，ここではエピソードの紹介をここまでに止めましたが，発表資料ではまだまだ続くのです．また，メタ観察の部分はここでは示していませんが，助産院出産の方が好ましいのだという主義主張に強く引き寄せた考察が多く，事象に密着したメタ観察にはなりきれていませんでした．そういうわけで，Hさんの苦しみはまだ続くのですが，しかし，それからおよそ半年後のゼミ発表では，少し変化が現れてきました．そこで，以下にそれを示します．

　今回は前回とほぼ同じ内容を3つのエピソードに分けて提示しています．が，紙数の関係もあり，ここではエピソード1とエピソード3の本体部分と第1次メタ観察部分だけを紹介することにします．

(4) さらにその半年後のゼミ資料から

〈Mさんの事例の背景〉
　Mさん（34歳）は3人きょうだい（兄と姉）の末っ子として育ち，すでに3児の母である．第1子は病院で出産し，第2子，第3子は今回と同じ助産院で出産している．第3子出産から3年が経過して，4回目の妊娠をした．今回の妊娠報告はすでに年賀状で助産師のもとには知らせてあったが，それから1ヶ月以上たった，妊娠17週のこの日が助産院での初回の妊婦健診となった．

〈エピソード1：「主人は……ウンと言ってくれない」〉
　3歳になる末娘を連れたMさんは，「もうY先生のところへ行って検査結果をもらってきました」と血液検査や超音波検査の結果と母子手帳を渡しながら明るくゆっくりと話すと，助産師も「まあ，いいじゃない，少子化で，子どもを産め産めといってるんだから」と笑いながら返し，妊娠の経過診断に必要な情報を尋ねはじめる．するとMさんは声のトーンを徐々に上げながら，「主人はあまし……すぐにウンと言ってくれない．『どうしよう？』と言うだけで……」と助産師に話しはじめる．それに対して助産師は最初，笑いながら「ふーん」とか「ああそう」と相槌を打ち，カルテに記録しながら聞いていたが，「『もう3人でいいや』『またつくりたくなったらつくったらいいや』と夫が言ったので腹が立った」と柔らかながらもはっきりした口調のMさんの発言に，記録の手を止めてMさんの目を見ながら聞き入った．でも，妊婦の話が一段落すると，「まぁ，できたらできたようになるのよ，子どもなんていうものはね」と穏やかに応えている．

〈第1次メタ観察〉
　あまり広くない診察室は，入るとすぐ左手に助産師が記録に使用する机と椅子があり，助産師が椅子に座ると，助産師の横顔を見るような位置に妊婦のための椅子がおいてある．この日は久々の助産師との再会で，もっと賑やかな再会風景かと思っていたが，娘がふらりと実家に帰ってきたような自然な対面から診察は始まった．挨拶代わりの会話が進むと助産師は家族の健康状態やこれまでのお産情報などの問診をする．そんな中でMさんはこれまでに夫と交わした会話内容をまるで実母に告げるかのように話す．Mさんの話し振りに夫が今回の妊娠を素直に喜んでくれなかったという不満が感じられる．助産師はMさんの発言中に口を挟むことはないが，「（夫は）そんなこと言ったの？」といわんばかりの表情で聞き入る様子は，Mさんの気持ちを表しているように感じられた．しかし，Mさんの話が一通り済むと，穏やかに「できたらできたようになるのよ，子どもなんていうものはね」と応える助産師の口調から，Mさんが夫に憤慨する気持ちも分かるし，経済的な心配をしたであろう夫の反応も理解できるけど，産まれたあとは何とかなるといったさりげない助産師の思いが周囲に伝わってくる．

〈エピソード3：「いいのかな？」〉
　診察が一通り終わった頃，小さな声でうつむきながら，「いいのかな？」とMさんは独り言のようにポツリと言う．助産師が軽く「うん？」と聞き返すと，Mさん

はまた「いいのかな?」とポツリと言った.助産師は実にさりげなく「いいよ」と静かに返すと,すぐに「やっぱ,中子のほうがいい」と話し始める.「子どもにとっても……,長男と一番下では……,油断すると育て方でね,やっぱり長男はおっとりしているとか,最初の子で,親も慣れてないままだし…….下の子になると甘やかしたりなんかするしね.あかんたれになりやすい.だから,できるだけ,中子を多くつくれって言ってね.やっぱり2人はアカンって言うねん.上と下だからね.3人4人いたら,しっかりしたのが2人はできる」とMさんの目を見ながらジェスチャーを交えながらゆっくりと,同時にしっかり話している.「ああそうか,中子か!」とMさんは何かしっくりしたものを感じたのか,この日一番の華やいだ顔をみせた.助産師が「まあそれと,赤ちゃんは産んでいくほど可愛くなってくるからね.産まれたらそんなに苦しいことはない」と言い切るようにいうと,「そうですね!」と納得したといわんばかりの反応を示す.

〈第1次メタ観察〉
　診察が一通り終わった頃に,うつむき加減に発せられた「いいのかな?」は,私には唐突な問いに思えたが,助産師はすぐに,しかもじつにさりげなく「いいよ」と静かに返している.助産師のこの絶妙のタイミングに驚いたが,この後すぐに「中子」という表現を使った複数の子どもの子育てについての話が始まった.3人の子どもの子育て中であるMさんは,助産師の「中子」というきょうだいの中の子どもの位置づけ方に大変納得している.子育て体験のある助産師の話し振りは母親の立場をいたわるような話し方で,Mさんは自分にとって第1子時の子育ての大変さや,今現在子育て真っ只中の自分の立場を助産師は分かってくれているという思いを抱いているようにうかがえた.

　さて,今回は,前回分を3つのエピソードに区切り,しかも,それぞれのエピソードの本体部分によって出来事の流れを示した後に,さらに「それを見ている私」の立場からのコメントを第1次メタ観察として付しています.これによって,前回の長すぎるエピソードを読む辛さが減り,しかもエピソードに表題がつくことによって,書き手が何を「図」にしたいかがおおよそみえてきました.この2つのエピソードは本当は一回の診察場面を3つに分割したものの2つですから,完全に独立のエピソードではありません.しかし,そのようにテーマがつくことによって,読み手は読む方向が定まる感じがあります.また,エピソード本体と第1次メタ観察を分割することによって,関与観察者の立ち位置が見える感じもでてきました.この事例では,Hさん自身が助産師として関わっているのではなく,助産師と妊婦の対話を傍らで見ている立場だったので,なおさらこの分割戦略は功を奏しているように思われます.
　ここまで来るのに,おおよそ1年半かかったことになりますが,これ以後,

Hさんは観察場面を連続するエピソードで描いていくという手法をマスターして、一人の女性の大変感動的な出産風景をこれまでにはなかったかたちで描き出すことができました。その一端は、後の第4章に示すことにします。

(5)何を「図」にするかがやはりポイントである

Hさんの場合を少々長く説明してきましたが、これを振り返ってみると、やはり逐語記録から出発したところに問題があったように思います。最初の表をみると、どの言葉も大事に思えて「捨てられない」という思いになってしまったことが分かります。第3バージョンでもまだ若干逐語記録の影響が残っているところが散見され、随分改善されたものの、まだ克明な「実況中継」の感じが残っています。自分がどこにもっとも感じ入ったのか、どこを取り上げたいのかがまだ全体の中から浮き立ってきません。

ゼミでの話によれば、Hさんがこれらのエピソードの中でも最終的に「図」として取り上げたかったのは、この助産師さんの「懐の深さ」とでもいうべきものだったようです。つまり、妊婦さんが安心して身をまかせられるような、助産師さんの大きくて暖かくて、すべてを抱擁する感じ、安心感を醸し出す雰囲気、といったものです。それが「いいのかな？」に対する「いいよ」という静かな返しに現れている、それがHさんの捉え方のポイントだったのです。

ここの捉え方は、エピソード記述に向かう第一歩としては大事なところです。つまり、妊婦さんの発した「いいのかな？」という言葉に、Hさんは「ん？」と思い、そこのところで助産師さんの返した「いいよ」という言葉がとても厚みのある奥深いものだと感じられました。Hさんにはそこが「図」になり、そこを描きたいのですが、どう描いていいか分からないということのようでした。しかし、そのときの助産師さんの気持ちを素直に摑もうという方向に向かえば、もう少しその「厚みや奥深さ」に踏み込めたのではないでしょうか。例えば、その前後の助産師さんの様子からは、「産んでいいよ、少しくらいの迷いをもったっていいよ、子どもは元気に育っているし、夫婦で意見の違う今の状態だって、これから何とかいい方向にいくよ、4人の子育てもいいものよ」といった助産師さんの大らかな思いが伝わってきます。それが「いいよ」の一言の裏側に折り畳まれているのです。そこに踏み込めなかったのはなぜかは難しい問題ですが、私見では、助産師さんはすごい力のある人だという先入見のために、

その助産師さんの思いを脱自的に，つまり「第三の目」で見られなかったことが大きな理由だったのではないでしょうか．

ともあれ，そこが「図」になる，あるいはそこを「図」として捉えると，そこからこのエピソード全体が再体制化され，どこが重要でどこが枝葉かが分かってきます．そのように「図」を中心に再体制化するためには，一旦ビデオから離れて，その「図」の場面を中心にその場面を想起し，それに基づいてエピソードを描き直せば，もっとポイントのはっきりしたエピソードが描けるようになったはずです．しかし，従来の「客観的な記録」という縛りは私が想像していた以上に硬いもののようで，それから解き放たれるのはHさんにとってはとても難しいことのようでした．

こうした枝葉が切り捨てられないために「図」が「図」にならず，エピソードが書けないという悩みに繋がっているケースは，インタビューを録音してそれのテープ起こしから研究に臨もうとしている人にもそのまま当てはまります．また，一人の対象児を決めて関与観察に臨んでいる障碍児保育や障碍児教育の現場では，ほぼ毎日の記録がある分，その膨大な記録の中から何を取り上げればよいのか分からなくて悩むという場合もあるようです．この場合も，記録を客観的につけようとするあまり，事実の羅列に終始して，自分にとってどこが面白かったか，どこで引っかかったか，どんなふうに子どもの思いが摑めたか，というところがポイントとして描かれていないことが多く，そのために，もう一度記録を読み返しても，そこから印象深かったことが何も浮かび上がってこないし，思い出せないということになって，エピソードを描き出すにも描き出せないということになっているようです．

そうしてみると，日々の記録のとり方にも一工夫必要だということになります．その日の関わりを丁寧に記録していく中でも，自分にとってもっとも印象深かったことはこれだというコメントが書き加えられていれば，きっと後で記録を整理して「図」を取り上げる際に，役立つところがあるに違いありません．

第3節　「客観的に記述する」ことへのこだわり

エピソードを描くとき，たいていの人はひとまず「客観的に描かなければ」という意識をもつようです．そのことが事実の羅列，つまり誰が何をし，何を

言ったかの事実を羅列することへと書き手を誘うのでしょう．確かに，その出来事はこのようであったという，「誰が見てもそのように」という水準の客観性は，これまでも繰り返して指摘してきたように，エピソード記述の骨格としては重要なものです．しかし，そこにこだわって，それに終始することは，客観主義の立場と違わないものになってしまいます．

そこにこだわる裏には，主観的に感じたことや，間主観的に感じ取ったことを盛り込むことへの躊躇があるようです．それがエピソードを描くのが難しいというふうに表現されるのでしょう．これをいくつかの具体例で考えてみます．

(1) 主観的，間主観的に感じ取ったものを記述に含めることへの躊躇

第2章でエピソード記述の範例として示した大倉得史君の「デイケア・エピソード」を振り返ってみてください．そこには二つのバージョンがあり，前者は「誰が書いてもこのように」という水準のもの，後者は自分の主観に捉えられたものを交えた水準のものと区別されていました．いま問題にしたいのは，前者がいわば客観的な記述であり，後者は主観の入った記述であるとした上で，後者は主観が入っているから認められず，できるだけ前者のように描かねばならないと思っている人が，研究者にも現場にも多いことです．

そうなったのは，研究者の場合には，学部教育や大学院教育において，客観性重視を叩き込まれてきたために，また現場の実践者の場合には，現場に入る前の養成校などで，客観的に書かねばならないことを厳しく指導され，後者のバージョンのような書き方が禁じられてきた経緯があったことによってだと思います．これは看護のプロセス・レコード[注31]の書き方にも言えることです．しかし，私の考えるエピソード記述の方法論からすれば，前者のバージョンは骨格にすぎません．そこに関与者が感じたこと，相手がこう思っていると分かったことなど，主観的，間主観的に摑んだ部分を入れ込んでこそ，「あるがまま」によりいっそう迫ることができます．ですから後者のバージョンが私の考える「客観的な」エピソード記述なのです．

確かに，主観的，間主観的に摑んだものをどのように入れるか，どの程度入れるかは，なかなか難しいところがあって，たくさん入れれば入れるほどアクチュアリティが増すかといえばそうではありません．「デイケア」の2つのバージョンを読んで，最初の「誰が見ても」のバージョンでも，そこで起こった

出来事のおおよその流れは分かります．しかし，後者の大倉君の目を通して描かれたバージョンの方が，少なくとも一人の人間のここから見ている場面としてはむしろ「あるがまま」に近いのです．その意味でそれが客観的なのだというのが，序章からの議論でした．前者のバージョンは客観主義の前提に立てばまさにそれが「客観的」なのでしょうが，実際には何かぎこちなく，「あるがまま」からむしろ離れていると感じられます．ですから，書き手が主観的，間主観的に感じたものを混ぜることが，本当に客観的であることを邪魔しているのかどうか，そこの吟味が肝心になります．

　大倉君の描いた後者のバージョンは，エピソード場面を描いたものとしてはとても分かりやすいものですから，エピソード記述の範例として取り上げたのですが，しかし私の立場から読むと，すべての点で満足できるというわけではありません．確かに，主観的に捉えたものを混ぜることによって，より事象が生き生きと捉えられ，その方が客観的にみえるといま言いましたが，私の視点からすれば，もう少し間主観的に捉えた部分が入ってもよいのではないかと感じるところがあるのです．例えば，トモキさんがなぜ「未来に向かって羽ばたこう」では済まないと思ったのか，なぜそこにこだわっているのか，そのときのトモキさんの思いを大倉君はどう摑んでいたのか，あるいはなぜ児玉さんはトモキさんの態度を森さんのようには受け止められなかったのか，そのときの児玉さんの思いを大倉君はどのように受け止めていたのか，あるいは「うっ」という大倉君の思いはどこからくるのか，等々，要するに大倉君自身が間主観的に摑めたことを，摑めなかったことも含めて描くことによって，そこでの対人関係の機微はもっとアクチュアルに描き出せたのではないかと思うのです．もっとも，ここでは学部学生に「エピソードとはこういうもの」と例示するところに主眼があったので，実際に大倉君が自分の研究の中で事象に迫る際には，きっとそこまでやったに違いありません．

　もちろん，間主観的に摑んだ部分を差し挟むとはいっても，それも程度問題で，あまりに「こうではないか？」が入りすぎると，読み手は書き手の主観的，間主観的に摑んだ部分が鼻につくというところもあります．その意味ではここには難しいバランス感覚が必要で，そこが難しいというのはよく分かります．これは私自身も苦労するところです．

　ちなみに，先ほどのHさんの事例の第2バージョンは，書き手の主観的，間

主観的に摑んだものが少し入りすぎている感じがあります．しかし，Hさんが登場人物の思いをどのように受け止めたかはとてもよく分かります．ですから，それが入ることによって，その場面がよりアクチュアルに理解できるかどうかを判断基準にして，とにかく書いて，読んで，削って，足してという作業がエピソード記述には必要になるのです．
　あるとき，私の大学院のゼミで，先のHさんが思わず「どうすればエピソードが書けるようになるのでしょうか，大倉さん？」と大倉君に尋ねたことがありました．他の院生も一瞬固唾を飲んで彼の答えを待ち受けました．すると彼は「うーん」と唸って，しばらく考えた挙句，一転して軽い調子で「根性ですね」と一言笑顔で答えました．周囲からは一瞬戸惑ったような，またほっとしたような，何とも不思議な笑いが湧き起こりました．私も思わず「根性ねぇ」と言ってしまいました．確かに大倉君のいう「根性」には，何度も何度も，「こう書いていいのか，これでそこで起こっていた事象に忠実か」と問い続け，書いては読み，読んでは書き直してという作業の繰り返しが含まれているに違いありません．しかし，そこだけを「根性」という言葉で受け止めてもらっては困ります．やはりその作業の中身が問題です．「あれっ？」という自分の思いがまずあって，その違和感や気づきを背景に，その事態の展開を捉え，当事者Aの思いを摑み，当事者Bの思いを摑み，次にAとBの思いがどうなって，どうずれて，その結果，二人はどう受け止め合っていったのか，そのとき自分はどう思ったのか，そこを丁寧に見つめ，その事態を描くこと，しかもその際，「これでいいのか？　こう描いていいのか？」と問いつづけ，やり直し続けること，これが「根性」の中身でなければなりません．
　つまり，「あるがまま」に近づくための「根性」です．この試行錯誤をすることなく，起こった出来事なのだから，紀行文のようにさらっと書けると思ってしまうと，やはり足元を掬われる結果になるでしょう．ですから，主観的，間主観的に摑んだものを客観的な出来事の流れに入れることが躊躇されると思うのは，実はそれを入れて描いたときのバランスが難しかったり，それで本当に自分の体験により近づけたと思えなかったりすることによるのではないかと思うのです．

(2) 事実を羅列し，それを捉えている自分を黒衣に追いやることで，客観性が担保されると錯覚すること

　私の院ゼミには，癌患者へのインタビューを試みて，その人の生き様に迫ろうとしている博士後期課程のAさんがいます．以下にAさんのゼミ発表資料を紹介してみたいと思います．Aさんは，一見したところの「質的研究」の多くが，実際には客観主義に媚びるかのように，インタビュアーの合いの手や頷きを消去して，もっぱらインタビュイーの語りの部分を繋ぎ，「客観的な語り」を提示した上で，その羅列された語りの背後にある語り手の主観の部分をあれこれ推論することで，語り手の主観に迫ろうとする研究姿勢を批判し，インタビュアーの主観を問題にすることがほとんどないのは不思議だとして，ゼミ発表では次のような自家インタビュー事例を掲げ，考察を加えています．

〈事例の背景〉
　Nさん(男性，62歳)．1996年に全周性S字結腸癌を患う．現在，転移状況を調べるために血液検査を年数回，エコー検査を年1回行い，投薬治療中である．
　Nさんは大学時代に心理学の講義をとったこともあることから，インタビューという手法を用いたこの調査に関心を示してくれていた．家族の一人(妻)が癌を患ったということについて質問をするつもりでいた私は，患者さん本人に話を聞くよりも楽な気持ちでいた．ところが，Nさんは，どういう話をすればよいのかといった内容についての話ではなく，手法についてあれこれ話をするばかりで，なかなか本題に入ろうとせず，どことなく内容に入って語りはじめるのを躊躇しているような感じを受けた．話を聞きにくいな，というのが私の第一印象であったが，Nさんの語りは突然の自分自身の癌告白から始まった．

〈語り：負い目〉
　N：どうだったろうかな？　うん，
　①私：うん
　N：大腸癌ってことは……やっぱりあの，癌っていうものに対しては，やっぱり，なんかこうあるんですよね，
　②私：うん
　N：気持ちのなんていうのかなー，いずれ人って必ず死にますよね，
　③私：うん
　N：ただ癌で苦しみながら死ぬだとか，癌を患っていることに対するなんというか言葉に言い表せないような負い目のようなものがあるっていうのかなー，
　④私：負い目？
　N：うーん(深く考え込むように)，
　⑤私：うーん

N：負い目っていうか，確かに3割ぐらい，死亡者の3割ぐらいは癌ですよね，それから脳血管障害が17％か20％ぐらい，それから心臓の方が十何％ってことになりますよね，それで，多いんだからいいんだろうと思うんだけど，他の人と意思疎通があんまりないというか，そんなこと，あんまり重い癌だとかなんだとか話さないですよ．
⑥私：うん，うん．
N：だからね，結局相手は，周りのみんなはね，言葉はおかしいけれども健常者ではないかって，健常者っていったらおかしいけれども，なんも病気をもっていないんでないかっていうような，それに対する負い目のようなものがね，
⑦私：うーん．
N：感ずるんですよ．
⑧私：うーん．
N：僕の場合はだよ．

　この事例は修士論文に載せた事例の一部であり，私がもっともこだわりをもっている事例でもある．その理由の一つとしては，これまでインタビューしてきた中で，自分がインタビュイーにもっとも近づけたと思う瞬間があったからである．この近づけたという感覚が分かるということと深い繋がりをもつと思われるが，まずは，この事例をどう記述するかで考えてみたい．
　逐語録を見てもらうと，私の発言のほとんどが，「うん」「うん，うん」「うーん」という相槌である．まずは協力者に語ってもらうということを第一に考えているインタビューの多くはおそらくこういうかたちで進められているのであろう（おそらくと書いたのは，他の質的研究では，きっかけとなる質問は提示されていても，文章に書き起こされるのは協力者の語りの部分だけが大半で，確かめようがないからである）．試しに，私の返答を抜いてこの事例を書き表してみよう．

〈癌に対するNさんの思い〉
N：大腸癌ってことは……やっぱりあの，癌っていうものに対しては，やっぱり，なんかこうあるんですよね．気持ちのなんていうのかなー，いずれ人って必ず死にますよね．
　　ただ癌で苦しみながら死ぬだとか，癌を患っていることに対するなんというか言葉に言い表せないような負い目のようなものがあるっていうのかなー．
　　うーん（深く考え込むように）
　　負い目っていうか，確かに3割ぐらい，死亡者の3割ぐらいは癌ですよね，それから脳血管障害が17％か20％ぐらい，それから心臓の方が十何％ってことになりますよね，それで，多いんだからいいんだろうと思うんだけど，他の人と意思疎通があんまりないというか，そんなこと，あんまり重い癌だとかなんだとか話さないですよ．
　　だからね，結局相手は，周りのみんなはね，言葉はおかしいけれども健常者ではないかって，健常者っていったらおかしいけれども，なんも病気をもっていないんでないかっていうような，それに対する負い目のようなものがね，感

ずるんですよ．僕の場合はだよ．
＊＊＊
　先に挙げた私の相槌を消去してもNさんの語りは成立している．しかし，提示の仕方によって，そこから読み取れるものは大きく変わってくる．後に示した方法で事例を読み解くとどうなるだろうか（おそらくこれが物語研究での提示の仕方である）．

〈考察1〉
　Nさんは大腸癌に罹った当時のことを思い出しながら回想録的に癌に対する思いを語った．癌に対する一般論を持ち出し，自分が癌を患ったことに関して納得しようとするが今一つ納得がいかない．発病して7年，年に数回の検査を受けてはいるものの，外見上は発病前と変わらないこともあり，何とか自分の中で納得しようとはしているものの，納得できないでいる．癌という病は，まだNさんの中でうまく位置づけがなされていないものとしてあるようである．

　この考察を読んでどのように思われるだろうか．Nさんの語った内容を順を追っていけばおそらくこの考察は私以外の人でも到達することができるだろうし，ほとんどの人は私の結論に対して異論はないだろう．Nさんの思いと題しているものの，Nさんの思いなどどこにもでてこない．Nさんが癌という病をどのように考えているのかについてはこの提示方法でも読み解くことはできる．それではNさんの思いを読み解く，つまり語られた言葉に込められたNさんの思いを読み解くにはどうしたらいいだろうか．これを最初に示した事例記録に基づいて考察してみよう．

〈考察2〉
　先の逐語録を見ても分かるように，私がほとんどNさんの言葉に相槌を打つかたちで話が進んでいる．「うん」という言葉は，ここでは私にとって一番使いやすい言葉であった．インタビューの1回目ということ，Nさんから自分の癌の話を聞けるとは思っていなかったこと，聞いてしまうことへの後ろめたさなど，さまざまな思いがあって，Nさんとのインタビューにはまだまだ向き合えていなかった．Nさんは自分の告白を皮切りにどんどん言葉を繋げていった．話がどう展開されていったのか，私の返答を順に追ってみよう．まず①の「うん」は，Nさんが話をどう組み立てていこうか，整理する意味であり，自分の思いを語るということへの勢いづけの意味で出されたNさんの「うん」に乗せられるように言った「うん」である．そして②の「うん」は，Nさんの癌に対して何かあるという言葉を受けて，その後どう話が展開するのか読めない，「何か」ってなんだろう？　おそらく癌という病のイメージからくる負の感情の語りが続くのかな？　などと思いながら，どう言葉を繋いだらよいのか迷いながらの「うん」であったため，勢いがない．そして③の「うん」はNさんが自分の気持ちを語ってくれるということが分かり，話の方向性がみえたこともあったが，「いずれ人って死にますよね」という言葉に引っ張られたかたちで思わず言ってしまった「うん」である．Nさんと私は座卓を挟んで真向かいに座っていたこと，Nさんが長年教育関係の仕事をしていたこともあってか，

しっかり私を見ながらのインタビューであったので，Nさんは私がどのように受け止めているのかを見て，言葉を繋げているようであった．④の「負い目？」という問い返しには，Nさん自身の中でも未消化な感じがしたこと，そして何よりも私の中で「分からない感」を強く感じ，思わず出た言葉であった．その後すぐの⑤の「うーん」は，「負い目」という言葉が一体どういうことを指すのか，私がもっている「負い目」という言葉とNさんから伝わってくるものに大きな開きがあるように思われ，この宙に浮いた――Nさんから出された言葉ではあるが，Nさんの内にも帰らないし，私の内にも沁み込まない，両者のあいだで出た言葉ではあるがどこにも回収されないという意味で――言葉をどう嚙み砕くかを深く考え込んでなされたものである．そして，おそらくこの瞬間に，語りが大きく変化したのであろう．私の中のこの「分からない感」がNさんをもっと分かりたいと私の身体を開かせ，自分の口から出てきた言葉でありながら，自分の内面を表していないためにどこか違和感を覚えたNさん自身，この未消化の気持ち悪さを解消したい気持ちが重なって，語りに更なる勢いをもたせ，両者のあいだを一気に近づけた（少なくとも私にはそう感じられた）．⑥の「うん，うん」には納得の意味が込められている．そしてこの私の「そうですよね，分かる」という思いを感じ取ったNさんの語りは力強いものになり，さまざまな言葉を繋ぎながら，最終的に「負い目」という言葉に戻ってきた．そして少しは分かりはじめた感じがしたNさんの思いが，やはり分からない，正確に言えば言語化されていない部分は何となく分かるのだけれど，語られた言葉が分からないという妙な感覚を覚える．そんな私を受けて，Nさんは「僕の場合はだよ」と言葉を繋いだのである．

＊＊＊

　Nさんが大腸癌を患ったのは7年前のことである．医師からも命に別状がないことはすでに告げられている．しかし，癌という病のもつNさんなりのイメージがあり，今もそのイメージと格闘しているNさんは自分の思いを語りはじめた．
　癌患者の語りや手記を読んだことのある私は，「どうして自分だけが」という癌になった理由探しの場面が癌患者の語りに多くみられることから，そのような展開を思い浮かべていたのだが，Nさんの「負い目」という意外な言葉に改めてNさんとの距離を感じていた．「負い目」という言葉が何を意味するのか，癌という病とうまく繋がらないでいた私と同じように，「負い目」という言葉で表したものの，その言葉をもう一度自分の内に返したときに，自分の気持ちを今一つ表していない違和感のようなものを感じたNさん自身が自分の表した言葉の意味を追いかけることになり，私もそれに付き合うことになった．このときの私は何とかNさんに近づきたいと思うのと同時に，自らの経験に重ね合わせてNさんの言葉を分かろうとしていた．
　Nさんの語りは，常に自分と他者の明確な区別によってなされていて，他者とは違う自分，少なくとも周りが思っている自分ではない自分という，他者の目からの自分の違いに迷いを感じているようであった．おそらくそれは，語りの冒頭の癌という病のイメージ，実際に大病を患ったことで対峙することとなった自らの現実味を帯びた死への思いをも孕んだ複雑に絡み合った思いである．他者との関わり合いの中でNさんが感じている思いというのは，例えば癌の話をすべて語ったとしても

解消されるものではないだろう．例えばそれは私でもなく，妻でもなく，誰でもなく，Nさんという人が癌を患ったという他でもない「私」のうちに起こったこと，決して他者に代わってもらうことのできないという意味においての孤独性を孕んだものである．そしてこのNさんの思いは，先に挙げた癌患者の心理としてすでに明らかにされている「なぜ私が」という問いと深く結びついているのである．

〈考察2〉においては，Nさんと私のやりとりがどのように行われたのかを私の返答を中心にみてみた．同じ「うん」という相槌でも，そこにはそれぞれ違った意味が含まれている．そしてその私の相槌は，現前しているNさんとのあいだでなされたものでありながら，私の内で考えていたことも繋がっている．

この相手とのあいだで感じるということ，受け取るということが非常に大切である．そのときに「○○」と受け取った自分の聞き方を考えていたり，後に記述を読みながら「○○」と感じていたけれど，別の感じ方がでてきたりするということで，その事象と相手を多面的にみることができ，事象への理解が深まっていくのである．

　さて，ほんのちょっとしたインタビュー時のやりとりであるにもかかわらず，聞き手と語り手のあいだの微妙な心の揺れが感じられる最初のバージョンと，一人の語りにまとめられたバージョンがこれほど違ったニュアンスを醸し出すのかと驚くばかりです．そして，いかにも誰がやってもテープを起こせばこうなるという後のバージョンが，現実に起こったことから実際に離れていることも明らかです．

　しかしながら，これまでは後者の描き方を是とし，そこに関与者を登場させないことで客観性を担保しようとしてきたのでした．ここにこだわって，前者のバージョンに踏み切れない人が多数います．それほど従来の客観主義の枠組みは頑強だということでしょうが，そこを脱却しないと，真の意味での質的研究に繋がらないのではないでしょうか．残念ながら，質的研究と称する事例研究においてさえ，Aさんが試みにやってみせた後者のバージョンでしか語りを提示しないパターンが圧倒的に多いのは，やはり関与している自分をそこに登場させることに抵抗があるのでしょう．しかし，本来，聞き手である研究者は，そこで疑問を感じたり，納得したり，協力者の思いを受け止めながら聞いているはずなのです．そこを描き出せないようでは，エピソード記述にならないことはいうまでもありません．その点からすれば，このパターンでの「エピソードが書けない」は，自分をなぜかエピソードの中に登場させられない，客観主義の枠組みから脱却できないということに帰着することになりそうです．

　ところで，Aさんはここで自分の発した「うん」の意味を解き明かしていま

すが，カウンセリングなどの面接技法の観点からすると，相槌の打ち方はそれなりに難しいといわねばなりません．つまり，聞き手が自分の「ここ」で納得するときや，語り手の「そこ」に自分を重ねて相手の思いを確認するときなど，相槌も(共感のパターンといってもよいかもしれませんが)色々あり得ます．「うん」をニュアンスを違えて相手に届けることができればそれでもよいのかもしれませんが，「うん」「ええ」「ああ」「そうですね」「黙ってうなずく」等々，相槌の打ち方はきわめて多様です．そしてそれだけに，その相槌における自分の位置がきわめて多様になりうるのです．「近づけた」というのが自分一人の納得ではなく，Nさんにとってはどうだったのか，「負い目」という言葉を巡るNさんの語りは，Nさん自身の中で腑に落ちなかったからだけではなく，Aさんの応接の在り方に話しにくさを感じた部分があったからではなかったのか，等々，ここでも脱自的な「第三の目」をもっと働かせてほしいところがあります．しかも，インタビューは待ったなしで動いていくものですから，そこでの応接のあり方はほとんどカウンセリング場面に近いものだといわねばなりません．インタビュー研究がインタビュアーを黒衣にする背景には，この自分の応接の部分が見えることへの都合の悪さも一役買っているのに違いありません．そこを批判する以上は，応接の際の自分の内面の動きに今やった以上のメタ観察を加えていかねばならないと思います．

(3) 書き手が超越的な立場に自分を置こうとしすぎる場合

これは(1)や(2)とほとんど同じ悩みを少し違った角度から言い換えたものにすぎませんが，特に従来の自然科学の枠組みで論文を書くことに慣れると，実験レポートの報告のように超越的な立場に立ち続けることになって，なかなか関与する立場との接点が生まれてきません．関与しながらそこから抜け出し，脱自的に事象や自分の関与を吟味したかと思うと，また再び関与することに舞い戻るというように，本来の現場の関与観察はきわめて動的なものです．それがすっかり超越的な立場に自分を置いてしまうと，客観主義は貫けてもその場の生動性(アクチュアリティ)はまず汲み取れないことになってしまいます．

次に示すのは，第4章で実に印象的なエピソードを示してくれる社会人院生のS.K.さんが，私の研究室にやってきて最初のゼミ発表の折に示した自分の既発表論文の冒頭と末尾の部分です．超越的な立場に立って，やっていること

第3章　エピソードが描けないという悩みの出所　　　193

だけを描くという態度に終始するとどうなるかを示す意味で，これを掲げてみました．S. K. さん自身の第4章に掲げたエピソードと比較してみると，同じ人の論文とはとても思えない感じがすると思います．しかし，人間に直接関わる療育や保育あるいは教育の場の人々の書く研究発表資料や報告書は，こういう超越的な立場に立って描かれたものが実に多いのです．私の主張するエピソード記述の方法論がいかに従来の枠組みをはみ出るものであるか，それと対比してみる上でも，この記述のスタイルは参考になると思います．

>論文題目：両側小耳症・外耳道閉鎖症児1例の0～2歳代の言語発達と母子指導の経緯
>
>〈はじめに〉
>　伝音性難聴児においては，早期より補聴器を適切に装用し指導を開始すれば一般に言語発達は良好であるとされる．しかし0歳代より指導を開始した伝音性難聴児の，乳幼児期の聴能発達と言語獲得の過程を指導方法との関連から継時的に検討した報告はこれまでほとんどない．（中略）
>　今回私たちは重複障害のない伝音奇形難聴児の言語発達について生後2ケ月より34ケ月まで継時的に観察記録する機会を得た．そこで指導方法との関連より，患児の乳幼児期の聴能発達と言語発達の過程を特に語彙と構文の発達については健聴児との比較を行いながら検討し考察を加えた．
>
>〈症例〉（省略）
>
>〈指導の概要〉
>　1．聴覚・言語学習（ホームトレーニング実践）指導
>　まずわれわれが患児への直接指導場面で，難聴児への関わり方を母親にモデル提示し，その後，母親の観察学習を通しての発見点を引き出し，理解を図り，日常生活でホームトレーニング実践が可能となるように指導した．またその際母子の情緒的愛着を基盤としたコミュニケーションの成立を目標とした．
>　具体的手法として母親には，まず音声言語を十分に子どもに聞かせ，子どもを刺激に注目させ，さらに音声と動作によることば掛けをして子どもの反応を引き出してから実際の行為をさせた．また，母子のやりとり関係の形成と子どもの発する音声，動作サイン使用の巧緻化，拡大化を目的に，子どもの発した音声・動作に必ず応じ，積極的にそれらを模倣強化させた．さらに子どもに関わる際には「ここ・いま」の原則に則り，眼前の事態で子どもが知りたがっていることについて音声・動作でリズミカルに繰り返し表現させた．また母親からの働きかけがことば掛けのみに終始しないよう，子どもには可能な限り身体を使った行動経験を積む機会を与えさせた．（省略）

ほんの一部しか紹介できませんが，これまでのエピソード中心のアプローチとの違い，特に超越的な立場で一切を描き通す姿勢と私たちの関与的な姿勢との違いに気づいてもらえれば十分です．聴覚に障碍のある子どもの療育に関していえば，指導者が子どもや母親に「させる」というまさに「医療モデル」に立って関わるのか，関与観察の立場のように相互主体的な枠組みのもとに関わるのかは，同じ人間が関わることなのですが，実際に描き出してみると，大きな違いになってきます．特に〈指導の概要〉のあたりは，私たちのアプローチとは大きく異なるところでしょう．

　それはともかく，観察の枠組みがこうも違うとき，このタイプの論文の書き方に慣れた人にとって，エピソード記述がなかなかできないということになってしまうのは，ある意味で理解できます．実際，S. K. さんもHさんと同じように，最初のうちはなかなかこの科学論文調の書き方から脱却できなかったために，エピソード記述では随分苦労しました．しかし，元々，その種の「させる」療育に疑問を感じていたからでしょうか，比較的早く関与観察の枠組みを自分のものにして，修士論文では素晴らしいエピソードを描き出してくれました．これも第4章で紹介することにします．

第4節　問題の背景の理論的検討が浅いためにメタ観察ができないという悩み

　院生や若い研究者がともかくフィールドに出かけ足繁く通えば，そして日々実践の立場で関わっている人にはいうまでもないことですが，何らかの興味や関心を引くエピソード，あるいは気がかりなエピソードというものは，いずれは拾えるようになるものです．しかしながら，書き溜めておいたエピソードを整理して本格的なエピソード記述にまとめようというときに，エピソードの流れはこうであったという事実経過は比較的容易に描けるけれども，またそこで自分が感じたり間主観的に摑んだりしたことを交えることはできるけれども，その先のメタ観察がどうも書けないという悩みが，おそらくエピソードが描けない悩みのもっとも大きなものだと思います．この節ではそれを具体的に考えてみます．

第3章 エピソードが描けないという悩みの出所

(1) せっかく良いエピソードに出会っているのに……
　院生諸君がゼミで発表するエピソードの中には，序章で取り上げた「母親が祖母に子守唄を歌ってあげる」エピソードのように，これから磨き上げていけばきっと光る原石にすでに行き着いているのだけれども，いかんせん，理論的背景の蓄積や経験の厚みの不足によって，そのエピソードのメタ意味を掘り起こせないでそのままになっているという残念なエピソードが多数あります．そのメタ観察のところが難しいし，そこが書けない，という悩みは，まずほとんどの院生がもつもののようです．そしてこのことは，感性的に研ぎ澄まされて数々の気づきを得ている現場の実践者にも当てはまるようで，やはりそのエピソードの意味の全幅をその理論的背景を地にして掘り起こすことは難しいことのようです．
　その典型例を一つ示してみましょう．以下のエピソードは，Y.A.さんの修士論文に収録された興味深いエピソードの中の一つですが，その背景にある問題が大きすぎたせいか，十分にメタ観察が届かなかった残念なエピソードです．

〈背景〉　Y.A.さんが書いた背景は少々長いので，ここは私が要約しておきます．
　長期入院を必要とする幼児にとって，病院内での生活が長引く中，絶対安静の状態を抜け出すと，ただベッドに寝ていることなど到底できません．もちろん，医療的関与が行われる際は，医療側の治療の枠組みの中で生きざるを得ませんが，それ以外のところでは，ベッドの周辺，あるいは廊下など，動ける範囲のところを子どもは動き，そこで何らかの遊びをしようとします．長期入院を余儀なくされている子どもにとっても遊びは必要であるという認識は，ある意味では当然のものですが，この認識に沿って，諸外国では「院内保育」が実施され，そのための専門職が配置されるようになってきました．
　Y.A.さんは元幼稚園教師だったこともあり，幼稚園教員資格を生かして研究を進めたい希望もあって，総合病院の許可を得て小児の長期入院病棟に入らせてもらい，また付き添いの保護者からも許可を得て，入院中の病児と一緒に遊ぶことを計画しました．そのことが病院という子どもの今の「生活世界」を少しでも豊かにすると考えたからです．
　エピソードに登場するＳくんはある病気の治療のために某総合病院に入院中

の5歳の男の子です．1月に手術を受け，現在は快方に向かいつつある状態で，家族も本人も少しほっとした状態にあります．Y.A.さんは子どもに風邪などの病気が移らないように，手の消毒とマスクをすることを保護者から言われていて，それを実行していました．Sくんには状態がよいときに，週に1回，約1時間程度一緒に遊ぶことにして，およそ半年関わってきていました．以下のエピソードはそういう状況下で得られた一連のエピソードの内の一つです．

〈エピソード：マスク取ったらいいやん〉
　Sくんはベッドの上に置かれていた綾取りの本を私に見せながら，Sくんの父親がその本をもってきてくれたことや，"二人綾取り"のやり方を教えてもらったことを話してくれる．私も"二人綾取り"のやり方は覚えていたため，一緒にやろうと提案し，しばらく"二人綾取り"をして楽しんでいた．
　しばらくそれで遊んだ後，私はSくんから綾取りの紐を貸してもらい，"一人綾取り"を少々自慢げにやってみせる．Sくんは驚いたような表情で，私が"一人綾取り"するのを見ている．そして，綾取りの本を広げ，「"大きな茶碗"がいいな，"大きな茶碗"」と甘えたような声で言いながら，"大きな茶碗"の作り方の載っているページを私に見せる．「僕，"大きな茶碗"作ってな，これ（"富士山"）が作りたい」と"富士山"の作り方が描かれているページを指差しながら言う（"富士山"は"大きな茶碗"を作った後に，口で綾取りの紐を咥え，変形させて作るようになっている）．私が「作ったことあるの？」と尋ねると，Sくんは「ない」と即答する．そして「やってー，頼んだぞー」と，後は任せたといった口調で私に言い，Sくんは腕組みをしながら"大きな茶碗"ができるのを待っている．私は，Sくんが「作りたい」と言ったため，折り紙で遊んでいるときのように，Sくんが自分で"大きな茶碗"を作り，私も一緒に作るか，作り方を説明するようなかたちになるのだろうと思っていた．もう何年も綾取りをしたことがなかったし，本を見て作るという経験はほとんどなかったため，「頼んだぞー」の言葉に，ちゃんと作ることができるだろうかとちょっと焦りを感じながら，本を見ながら必死に作りはじめる．
　そんな私とは対照的に，Sくんは向かいのベッドに入院している子の母親に，「何月生まれ？」と話しかける．「9月」とその母親から返事が返ってくると，今度は生まれた年を聞き，「平成15年？　去年やん」と呑気に話をしている．私は何だか放っておかれたような気分になりながら，任された手前，真剣に作り続ける．Sくんは再び，「"大きな茶碗"ができたらな，今度な，口で咥えて，あれ（"富士山"）作ってや」と言い，そして「なんでマスクしてんの？」と不思議そうに尋ねる．私も確かにマスクをしたままでは口で咥えて"富士山"を作ることができないと思い，「ん？　あ，（マスクを）一回取るね」と答えると，Sくんは「取ったらいいやん，ガウンじゃないから」と言い，私のマスクを引っ張り，マスクを顎の方にずらす．そして再びSくんは「もうガウンないから」と言う．私は，Sくんの母親からもう化学療法は終わったということは聞いており，今もガウン中ではないことを知っていたのだが，「もうない？」と確認するように聞くと，Sくんはあっさり

第 3 章 エピソードが描けないという悩みの出所

と「うん」と答える．
　Ｓくんがせっかく私のマスクをずらしてくれたのだが，"大きな茶碗"ができると，やはりＳくん自身が"富士山"を作りたいような感じであったため，"大きな茶碗"が潰れないよう，私の指からＳくんの指に綾取りの紐を移し，最終的にはＳくんが口で紐を咥えて"富士山"を作り，Ｓくんは嬉しそうにしている．Ｓくんは"富士山"を作ったままの状態で，「次のページ行って」と綾取りの本をめくるように私に言い，「どこ？　もっと？」と尋ねる私に「もっと，もっと，"4つのダイヤモンド"のところまで来たら」とさらに指示する．私がやっと"4つのダイヤモンド"のページにたどり着くと，「これ（"4つのダイヤモンド"）作って，"東京タワー"作りたいのー」と，またも甘えたような，懇願するような声で言い，今度は"4つのダイヤモンド"を私が作ることになる．そして"4つのダイヤモンド"を私が作ると，Ｓくんの指に"4つのダイヤモンド"を移し，そこから変形させてＳくんが"東京タワー"を作った．

〈第 1 次メタ観察〉
　私は普段，Ｓくんの病室に入るとき，手を消毒し，マスクを付けて入っている．顔合わせのときに，Ｓくんの母親から入室前に手を消毒液で消毒し，マスクを付けてほしいと言われていたこともあり，ガウンのときでなくても念のためにマスクをするようにしていた．
　ガウンのときは，感染予防のためにマスクをしなければいけないのであるが，普段，子どもと関わるときに限らず，マスクをして話す機会などないため，話しにくさを感じてもいた．それと同時に，マスクをすることによって，私の表情が隠れてしまうため，私がＳくんの表情を見ることができても，Ｓくんにとって私はどのように見えているのだろうかと思っていた．
　"富士山"を作るために，マスクを取ることになったのだが，話にくさを感じていた私にとっては，どこか開放感のようなものがあり，Ｓくんが「取ったらいいやん」と言ってマスクを取ってくれたことに驚きと嬉しさを感じていたように思う．このエピソードは，10 回目の訪問の際の出来事であり，マスクをすることが，Ｓくんの病室を訪問するときには「日常的」なことになっていた私にとって，マスクを取るということは，ある意味「非日常的」なことでもあった．
　Ｓくんは「もうガウンないから」と言っているが，化学療法が終わり，「ガウン」と言われる状態ではないことをＳくん自身ももちろん知っていた．それと同時に，後 1 週間ほどで退院できるであろうことをＳくん自身も知っていたため，そのような発言があったのではないかとも感じている．

(2) 私はこのエピソードをどのように読んだか
　一人の入院中の子どもが大学院生の女性と綾取り遊びをしているという，一見何でもないエピソードにみえます．しかし，よく考えてみると，大多数の子どもが保育の場で走り回って遊んでいるときに，このＳくんはそれがかなわないま

せん．かろうじてオセロや絵本，ゲームといった体に負担のかからない遊びができるだけです．しかしそんなSくんも，一個の主体として生きています．幼い子どもなりに，自分の置かれている状況を理解し，そこに適応して生きていく強さのようなものも感じさせる一方，甘えが許される状況の読みも手伝って，甘える姿も見られます．そういうSくんの人となりを垣間見せるこのエピソードを，どのように考察したらいいのでしょうか．Y. A. さんはそのように問い，それに手応えのある答えを見出せないまま，修士論文を終えることになってしまいました．

　他にもSくんとの関わりの中で拾ったエピソードがあり，Y. A. さんは「幼児にとって遊びは必須のもの」という一般テーゼと，病院という非日常性がSくんにとっては日常なのだから，院内保育を日常―非日常というカテゴリーで分割することはできないという自分なりの理解を基礎に，何とか一連のエピソードを意味づけようとしました．しかし，それぞれのエピソードのメタ意味にまで踏み込むことはできなかったようです．

　一つは，理論的背景の厚みに問題があって，このエピソードのメタ観察を幅広い問題性の中に位置づけて行うだけの準備ができなかったことです．これがこの節で議論したいことですが，その前に，その理論的背景の厚みがないことばかりでなく，子どもとの関わりの歴史の浅さによって，子どもの内面を間主観的に摑むことが難しく，それゆえに子どもとの関わりに厚みが生まれなかったことも，メタ観察を難しくした理由になっていました．

　しかし，エピソードそのものは，ほんの些細なエピソードであるにもかかわらず，読み方によっては豊穣な意味の宝庫になる可能性があります．

　例えば，「マスク取ったら？」というSくんの言葉は，文字通りには，「マスクしていたら"富士山"ができないよ，できなかったら僕困る，だからマスク取ったら？」というようなきわめて道具的な意味にすぎないかもしれません．しかし，この言葉の背後には，SくんとY. A. さんが病院のその場に共にいることができるようになったこと，つまり，SくんからみてY. A. さんは，外部からやってきて一時遊んでくれる知らないお姉さんという意味づけから，次第に，この場に共にある人，甘えを許容してくれる人，一緒にいて楽しい人，要するにコミュニケーションの相手であるという意味づけへと変化しつつあることが折り畳まれているようにみえます．

子どもは遊ぶ存在，それゆえ院内保育は必要，それゆえ保育の専門家が必要という筋書きが諸外国の動向にみられ，Y. A. さんもどうやらその流れの中で長期入院の子どもたちの問題を考えようとしたようです．しかし，実はこの「マスク取ったら？」というSくんの言葉は，そうした筋書きを越えて，もっと多元的なメタ観察を促してくれるようにみえます．少なくとも，私には次のようなことは検討されてよいことではないかと思われました．

①長期入院という立場に置かれた子どもたちの遊びの希求性の背後には，親密なコミュニケーションへの希求性があるのではないか．このSくんとY. A. さんの「遊び」の本質はむしろそこにある可能性はないか．つまり，遊びは，「気持ちを通い合わせてそこに共にいる」「他の人と共にいることによって，自分が自分になれる，自分が自分でおれる」という，人のもっとも根源的な希求性を満たしてくれるからこそ，それが必要だと子どもに思われるのではないか．

②Sくんは自分の置かれている状況（病気の好転）を自分なりに理解しており，それを踏まえて今の状態をY. A. さんとの遊びに繋げていこうとしている．そういうSくんの状況を読む力に言及する必要がある．そして長期入院中の子どもは，単にかわいそうな子どもという観点だけでなく，その環境に適応していく，ある意味でのしたたかさを持ち合わせているところに，むしろ感動したり，考えさせられたりする面があるのではないか．

③このエピソードでのSくんは自分の身体を自分で動かせなかったり，自分の好きな活動ができなかったりと，主体としての活動を制約されている．そこで，自分の思いで他者を動かすことによって，自分が主体であることを確かめている部分があるのではないか，それがY. A. さんへの要求や命令になっているところはないか．つまり単なるわがままや甘えではないことを吟味してみる必要はないか．

④院内保育は，単に遊びを保障するという意味ではないはずである．病児が健常児のようには自分らしく自己発揮できないことに配慮しつつも，その配慮が常に大人の側の過保護や過剰な配慮，過剰な同情にならないようにするにはどうしたらよいか，これを考える中で院内保育の必要を議論してみてはどうだろうか．

さて，このように考えてくると，子どもにとって遊びとは何かという，扱いの難しい大きな問題に結局は行き着くことになります．子どもの遊びには実に

多様な面があります．外界を操作する楽しみや喜び，自分の体を思いきり動かすことの楽しみや喜び，他の子どもたちと一緒に活動することの楽しみや喜び，等々，保育の場の子どもたちのさまざまな遊びを見ていると，ただちに浮上してくる遊びの意味があります．入院中の子どもの場合，そのような遊びのエネルギッシュな局面のほとんどは奪われていますが，それでも，そこには上に見た①から④が絡んできて，そこでの遊びの意味を考えさせてくれます．その際，何をして子どもと遊ぶかよりも，子どもがどのように遊ぼうとしているか，その子どもの思いを丁寧に考察してこそ，「院内保育」の意味を考えることができるのではないでしょうか．

　遊びの保障，院内保育の保障，保育の専門家の配置といった，病院施策を考える戦略にとっては，「子どもはこんなふうに遊びを求めている」という事実を提示した方がよいのでしょうが，少なくとも私は，このＳくんの言葉の前後を考えていて，このようなことを考え，またその視点から，Y.A.さんの取り上げた一連のエピソードを読み解いていくことが可能だと思われました．

　私がこのエピソードをこのように考察する背景には，私自身，原初的コミュニケーションの研究を通して，人と人が繋がる，繋がらないということの問題を考え，またそこから間主観性や相互主体性の概念を切り出し，あるいは人間存在が自己充実欲求と繋合希求性という両立の難しい欲望を抱えた両義的存在であるという人間観を提示してきたことと無縁ではありません．またいくつもの保育園や幼稚園で子どもたちの遊ぶ様を観察してきたこととも無縁ではないでしょう．こういう理論的，経験的なものが溜まって一つの池になっているところに，いまのＳくんの言葉が投げ入れられるとき，そこから波紋が広がっていきます．その波紋を言葉に置き直すのがメタ観察なのです．

　もちろん，今の私のメタ観察が絶対に正しいメタ観察だなどといっているのではありません．「絶対に正しい」というような枠組みは，本書でこれまで論じてきたことからも分かるように，エピソード記述の方法論とは相容れません．ここに示したのは，一つの可能性の提示であり，それが同時に一つの問いを新たに立ち上げることに繋がるのです．

　おそらく，Y.A.さんもＳくんのこの「マスク取ったら？」には何か感じるところがあったはずです．だからこのエピソードが「図」になったのだと思います．しかし，それを先ほど示したY.A.さんなりの筋書きに沿って読もうと

したために，なかなかそのメタ意味を掘り下げることができませんでした．従来の研究との接続はもちろん大事な研究の作業なのですが，その枠組みに引きずられると，事象の意味が一面的にしか見えなくなります．そのような意味づけを一つの意味づけと相対化し，それ以外に他の読み方はないのかと問い続けること，これがエピソード記述の方法論にとって大事な視点であることを繰り返し述べてきましたが，その実行はやはり難しいということなのでしょうか．

(3) 事象と向き合う姿勢の問題

　理論的，経験的な背景を豊かにする必要について述べてきました．もちろん，そのためにはあれこれの「お勉強」も必要です．研究者を目指す人であれば，諸外国の動向を知り，また文献を読破することも欠かせません．しかし，「豊かな背景」は学知的な背景であるとは限りません．むしろ事象と向き合う姿勢，人が人と共にあるという，自分自身の人との付き合い方こそ，その「豊かな背景」をなすものだと私は考えています．ですから，単に加齢とともに経験が豊かになればエピソードやメタ観察が書けるようになるというほど単純ではありません．どれほど諸外国の学問的動向に通じていても，どれほど多数の文献を読破していても，そのような静的な学知の積み重ねだけでは，人に関わり，人と共にあることはできません．若い人でも，人と丁寧に付き合う構えをもち，相手を主体として尊重しつつ，しかし自分も一人の主体であるということを相手に伝えていくようにしている人は，おそらくさまざまな人と関わる中で，いろいろな気づきを得，それを「豊かな背景」に溜め込んでいけるでしょう．実践の立場の中にはそのような人が多数います．そしてそのような人がエピソードを描けば，やはりなるほどと人に思わせるものが描けるのです．

　その点からすれば，ふだんの人との接し方，付き合い方が，この方法論の理解にとっては大きな意味をもつと改めていえるだろうと思います．「メタ観察ができない」という嘆きに対して「こうすれば」という直接的な解答を与えられないのは，この方法論を提唱する立場の者としては忸怩たるものがありますが，致し方ありません．しかし，多くの院生は，そして多くの現場の人は，事象としっかり向き合う中で，何とかその壁を越えていくのも事実です．いまその壁にぶつかっている人は，エピソード記述の方法論にはその壁を越えようとする「根性」，つまり事象としっかり向き合う「根性」が必要なのだとわきま

えて，格闘を続けてほしいと思います．

第5節　自分の立ち位置が定まらないからエピソードが書けない

本章第1節でも少し触れたように，現場には色々な価値観，子ども観，教育観，保育観，そしておそらく看護観や介護観があります．その中には対立・反目する立場も同居しているでしょう．現場は人と人が共にあるところとはいいながら，そこに伏在する多様な価値観によって，そこに生きる人たちが振り回されているのも事実です．そしてそのような現場でエピソードを描こうというときに（というよりも，エピソードを描こうとする際の土台となる日々の実践の進め方においてというべきでしょうが），実践者であって関与観察者である人がそれら複数の価値観に巻き込まれてしまうと，自分の立ち位置が定まらなくなって，あれも試みる，これもしてみるということになりがちです．そうなると，自分の関わりを自己評価する観点も揺らぎ，結局自分が何をしようとしているかが分からない，あるいはそこに混乱があることさえ自覚されないといったことが起こってきます．その場合，そこから描かれるエピソードは，何を志向しているのか分からない，書き手が何を伝えたいのか分からないという事態に立ち至ります．この節では，一つの具体例を取り上げて，この問題に言及してみます．

(1) 教師を貫くさまざまな価値観

私はこれまでの自分の人生経験の中で，保育や教育の営みに近いところにいたせいか，保育や教育の営みは本当に難しいとつくづく思います．おそらくそれは人を相手にする看護や介護，その他の福祉職一般に該当することなのだと思います．その難しさは，相手を主体として受け止めながら共にそこにいる，共にその場を生きるという面と，それだけでなく，その日の生活の流れや課題をこなしていく上で「させる」「求める」という構えをもってしまう面との二面が常にあって，しかもこの二面が「あちら立てればこちら立たず」の関係にあるからです．これは教育職や援助職一般に付きまとう構造的な難しさですが，その中で人は関与し，共にあり，共に生きようとしているのです．

中でも教育の仕事は，目標を立て，その目標の実現に向かって努力する（教

師が努力する，子どもに努力させる)という大きな枠組みがあり，一人の教師はこの枠組みからはずれることはまずできません．他方で教師は，「子どものありのままを受け止め」，子どもと共にそこにある(being with)ことを求められます．しかも，その大きな教育の枠組みの内部には，やり方に関してあれこれの立場があります．また，後者の「共にそこにある」ことに関しても，どのように「共にそこにある」のかに関してあれこれの立場があります．その複雑な渦の中に巻き込まれ，その中で自分なりの動きをしたくてもできない面と，それでも自分が一個の主体として動きたい部分とがあって，それも自分の内部でせめぎあいます．

　おそらく，そのような実践環境があるからこそ，多くの教師はマニュアルを求め，自分のすべきことを外側から決めてもらうことを求める動きを強めているのでしょう(たとえ自分の主体性を半ば犠牲にしても)．ですから，善意の教師であっても，一つの職場の中ですっきりした気持ちで日々の教育実践に携わることのできる人は，ほとんどいないといってもよい残念な状況にあるのだと思います．

　前置きが長くなりましたが，以下に示すのは，そういう教育の場において，実践に取り組む一人の教師の描いたエピソードです．この先生(T先生)は，日頃「よいエピソードを描きたい」「子どもをもっとよく分かりたい」「自分の実践にもっと自信をもちたい」と言っていました．そしてある日，以下のような記録が私のもとに送られてきました．そしてこのエピソードにコメントをほしいというのです．しかし，どう読んでみても，なかなかコメントができません．というのも，このエピソードからはT先生が何を考えているのか，また登場するKくんがどういう思いで世界を生きているのか，さっぱり伝わってこないからです．なぜ伝わってこないのか，それを読者にも考えてほしくて，ここに提示してみました．それを考えることがエピソードをどのように描くかに通じていると思うからです．

(2) 一人の教師の描いたエピソード

　送られてきたものには，Kくんの状態像についての大まかな説明が含まれていましたが，本書においてこれまで示してきたエピソードの〈背景〉に比べるときわめて貧弱で，Kくんについてイメージを組み立てることのできるもので

はありませんでした．それをあえて整理して示すと次のようになります．

〈Kくんの様子〉　Kくんは重度・重複障碍に加えて，やっかいな睡眠障害をもつ小学校4年生の男児です．2, 3日起き続け，2, 3日眠り続けるというリズムで，睡眠中に食事が摂れないので体重も減少し，褥創がひどく，医療的加護が必要で入院を繰り返すなど，健康面に大きな問題を抱えていました．当然，保護者は学校での健康面への配慮を気にしていて，Kくんが家で不安定なのは学校での健康面への配慮が不十分だからではないかと思っているようでした．

残念ながら，Kくんの様子についての記載はその程度で，Kくんがどんなかたちでコミュニケーションが取れる子どもなのか，学習の枠組みで対応可能な子どもなのかといった，一人の子どもを理解する上に必要な最低限の資料も添付されていませんでした．ですから，背景情報がほとんどないままにエピソードを読まざるを得ませんでした．エピソードもどうやらT先生がKくんに関わった日の日誌風のものだったようです．

〈○月△日〉
　今学期初めての「ことば」の授業．今日はしっかり起きているが筋緊張はやや強めの感じがある．「ことばの部屋に行こう」と声をかけて抱き上げると，目を大きく見開いて緊張が強くなった．「ことば」の部屋に入ったときは久しぶりだったせいか，目をキョロキョロさせて不安そうな様子だった．「勉強の始まりの合図の音を出してみようね」とハンドベルをそっと鳴らしてみると，目の動きを止めて音に聞き入っているようで，表情が柔らかくなった．私はベルを鳴らしただけでKくんには握らせなかった．「バーチャイムはどうかな？」とバーチャイムの音を聞かせると，音が強すぎたのか，険しい表情になってしまった．
　今日の学習については，「Kくんの好きなことを見つけて，それを基にコミュニケーションを深めたい」と考えていたので，この日はKくんの大好きなお菓子の絵本を読むことにした．Kくんを抱きながらKくんに見えるように本を開き，読み始めた．クッキー作りのことが絵入りで描かれている本である（Kくんは音には敏感だが，どれくらい見えているかは不明）．読み始めてみると，Kくんは目をキョロキョロ動かして落ち着かない．よく耳を澄ましてみると，隣室の視聴覚室から音楽が小さく聞こえてくるのが分かった．一度，そっちに気持ちが向かうと集中できなくなるKくんなので，私の本の読み方にも内容を伝えたいという気持ちが籠らなくなってしまった．そんな雑な読み方だったが，最後の「クッキーができた！」のところでは，よく分かるように大げさに読んでみた．Kくんは食べることが好きなので，そのページのところでは口がモグモグ動き，表情も明るくなった．しかし，クッキーが食べられるわけではないので，「クッキーはないんだよ，でもすぐ給食だ

からね」と言うと，Kくんは訴えるように泣き出した．「もう教室に戻りたいの？」「給食を食べたいの？」と訊くと，ますます泣き方が激しくなったので，少し早めに教室に戻り，給食用の椅子に座らせると泣き止んだ．

　Kくんはお菓子が好きということでクッキーの本を選んだが，食べられないことが分かって，いらいらさせてしまったのは本選びの失敗だったかもしれない．また，Kくんのように視覚より聴覚優位の子どもの場合，小さな音でも音楽が聞こえてくると気持ちが逸らされて集中できなくなるので，今後気をつけなければならないと思った．

〈考察〉
　お休みがかなりあり，久しぶりの個別の授業だった．個別教育計画の中の「ことば」の短期目標は「落ち着いた気持ちで人と関わり，その中で，自分から表現し，やりとりする喜びを感じる」としたが，Kくんとの付き合いの中で決めた目標ではないので，今後，関わりながら検討し直していきたい．

　Kくんが抱かれるのを好むということは，そこを突破口に一対一の関係がつくれるのではないかと思う．抱き上げたとき，明らかに表情が穏やかになるのが分かり嬉しかったし，いい気持ちでこちらも活動を持続することができた．褥創がひどく，座位での学習は今のところ行っていないが，抱いた姿勢はKくんの気持ちが安定するので，これからも個別の学習時間には取り入れていきたい．

　本読みについては，これまで教室で「お菓子」を話題にしたときに良い表情をみせたので，クッキーの本を読んでも喜んでくれるのではないかと思ったが，予想していたより反応が乏しかった．Kくんの場合，食べ物の話はすぐに食べることに結びついてしまい，食べられないことが分かったところで，読むことには興味をなくしたのではないだろうか．泣いてしまったところで，もっとコミュニケーションを図ればよかったと思う．Kくんの「食べたいのにどうして？」という思いが勝って状況を変えられなかった．

　音や音楽が好きなので，もっとそっちの方向からKくんの好きなことを探っていきたい．そうすればKくんがもっと充実した時間を過ごせるのではないかと思う．

　今回は「Kくんのことをもっと分からないといけない」「Kくんに気持ちを表出させるにはどんな課題がよいだろうか」と構えてしまって，関わり自体を楽しめたという感じがもてなかった．保護者との関係がいま一つうまくいっていないことも心に引っかかっていた．これからもっとKくんとのコミュニケーションを考えていきたいと思っている．

(3) コメントが難しいのはなぜか

　重度・重複障碍の子どもの学校での指導場面です．T先生との一対一対応の場面で，エピソード（というよりその日の記録）を読むと，Kくんが全面介助の必要な，おそらく最重度の子どもであるらしいことが予想されます．そういうKくんにT先生はクッキーの絵本を読んでやるという関わりをもちますが，しか

し，視覚がどの程度使えているかも分からない，そして周囲の言葉をどの程度理解しているかも分からないところで，なぜクッキーの絵本だったのか，またコミュニケーションをといいながら，「クッキーができた！」のところで，Kくんが口をもぐもぐさせているのに，なぜ「クッキーはないんだよ，でももうすぐ給食だよ」とT先生は言ったのか，またなぜ泣き出したときに「もう教室に戻りたいの？」「給食を食べたいの？」という言葉掛けになったのか，私にはそこら辺りのことがさっぱり分からなくて立ち往生してしまいます．

というのも，今，私が疑問を呈したところは，まさにT先生がKくんの気持ちをどのように摑んでいたのか，もっとも丁寧に描かねばならないところだからです．例えば，口をもぐもぐさせたところで，Kくんのクッキーが食べたいという気持ちが摑めていたら，「クッキー，美味しいね，食べたいね」という表現になっていたに違いありません．また食べられないことが分かって泣き出したときも，食べたいのに食べられないというKくんの気持ちが分かれば，「食べたいのに，クッキーがなくてごめんね」とか，もっと他の表現が生まれてきたと思うのですが，どうだったのでしょう[注32]．泣き出して困った状況になったとき，それをT先生が「教室に戻りたいから泣いている」「給食を食べたくて泣いている」と受け止めたとはとても思われません．それらの言葉はおそらくT先生の困った状況を埋め合わせるための言葉にすぎなかったのだろうと思います．そしてとっさのその場面で実際にそういう言葉しかでてこなかったのは仕方ないかもしれません．しかし，そこが後に十分に考察できないというのはどういうことなのでしょう．それでは次の授業にも繋がっていきません．エピソードを描き，それを読み直し，どこが問題だったかを反省して初めてエピソード記述なのであって，その反省の作業のないエピソードは，エピソード記述ではないのです．

授業の構成に関しても，その展開に関しても，またKくんの思いを受け止めて対応していくことに関しても，私には流れがまったく理解できず，このエピソードに対してコメントするのは大変に苦しいものになりました．そこでなぜこのような教育実践になってしまうかについて，少し考えてみたいと思います．

今の養護学校には，個別教育計画をKくんとの関わりの中から描くよりも先に，短期目標としてまず描いてしまっていることがあり，さらに個別の対応が久しぶりになるような教育体制が敷かれていることもあり，しかも，短期目標

に沿って何かを「させる」という学校の枠組みがあります．これらがまずもってT先生に重くのしかかってきています．しかも，それでありながら個別のコミュニケーションを重視したいというT先生の個人的な関心があります．これらが整合しないままに先生方の頭の中で渦巻いているのではないでしょうか．しかし，例えば，隣室の音楽にKくんの気持ちが向かっていて，本に気持ちが向かっていないことが分かるとき，「Kくんの好きなことを見つけて，それを基にコミュニケーションを深めたい」という目標を先生がもっていたのなら，そこでその音楽に合わせてからだを揺すったり，歌を歌ったりということに方向を変えるのは，授業計画からはずれることなのでしょうか．歌うことも立派に言葉の授業のはずです．学校の枠組みの中でも何とかKくんの思いに添うことはできるのではないかと思うのです．

とはいえ，これはおそらく障碍児教育に携わっている先生方が多かれ少なかれ置かれている難しい状況なのでしょう．そのようなとき，一つの事象はさまざまな価値観の坩堝に投げ込まれ，一つの立ち位置からエピソードを描き出すことが不可能に近くなってしまいます．おそらくT先生が混乱しているというより，いま特別支援教育の新しい枠組みで動きはじめた養護学校の状況が，一人の教師にとっては一つの立ち位置を定められない難しい状態を作り出しているのに違いありません．

(4) 読み手を意識してエピソードを描こうと努める

こうした混乱を免れることは確かに現場では難しいことだと思います．しかし，エピソードの書き方にその混乱が直接顔を出すのを防ぐことはできるはずです．その点から先のT先生のエピソードを振り返ってみると，ほとんど独白に近い，自分の実践日記のような書き方になっていて，読み手に読んでもらうという姿勢がうかがわれないことに気づきます．エピソード記述としてはそこが一番の問題だというべきかもしれません．つまり，これだけは伝えたいというものが書き手に煮詰まっていない，こう書けば読み手はどう読むだろうかという読み手の視点がないことが，裏返せば，そこでの自分の立ち位置がはっきりしないことに通じているのです．これまでも繰り返して述べてきたように，当日の記録とエピソード記述とは違います．エピソード記述は，読み手に読んでもらおうとして，そのエピソードが生まれた日の記録を描き直すことで出来

上がってくるものです．描き直すには一つの視点が必要です．つまり，自分の実践を評価する視点，自分の関与を吟味する視点です．その視点をもつことが一つの立ち位置をもつことに繋がるといっているのです．

このように述べてくれば，一つの立ち位置に立ってエピソードを描くということが，これまでエピソード記述の要件として述べてきたこと，そしてエピソード記述の評価の観点として述べてきたことと全部重なってくることが分かります．そして事象に密着するというのもその意味だということが分かるはずです．

第6節　その他の理由

これまでエピソードを描けない理由を大きく3つの点から述べてきました．院生や現場の人を見ていると，描ける人はさらさらっと描くのに，描けない人は難渋して前に進まないという印象を受けます．確かに大掛かりなメタ観察は常には難しいかもしれませんが，人の生の断面を描いて，そこで現場の問題を一緒に考えていきましょうというごく素朴な姿勢があれば，そして現場での実践を気持ちよく進めていくことができていれば，エピソードは描けるものなのに，というのが私の率直な感想です．

以下に，これまで触れてこなかった書き手の悩みを列挙して，本章を締めくくりたいと思います．

(1) なじんだ関係が構築されていない場合

いうまでもなく，わずか一回だけのセッションからエピソードを記述することはきわめて困難です．私の考えるエピソード記述はフィールドに足を運ぶ回数が増える中で生まれてくるものです．これについては「関係の歴史」が大事というかたちですでに議論してきました．関係の歴史の中で，自分がその場で自分らしく存在できるようになり，そして周囲の人をそのまま受け止めて共にあることができるようになるとき，つまりは自分も周囲の人もその場でお互いの生き様を肯定できるようになるとき，そこであるエピソード場面が浮き立ったり，間主観的な把握が可能になったりするばかりでなく，メタ観察も厚みをもってくるのです．言い換えれば，それぞれに自分史を抱えた関与観察者と関

与対象が一つの「場」で関わり合う中で,「分かる」「分からない」が生まれ,そこからエピソードが切り出され,その考察が深まるのであって,なじんでいないと「分かる」が立ち上がってきませんから,エピソードが立ち上がってこないのです.

(2) フィールドに出かけていれば,理論的な学びはなくてもよいという錯覚

人と接する上での素朴さは必要ですが,素朴なだけではエピソードやメタ観察は立ち上がってきません.特に院生や研究者の立場の場合,既存の理論とどのように切り結ぶのかは,自分が研究をエピソード記述によって進めるのかどうかを左右する重要な意味をもちます.例えば,ある事象の中で出会った人の生き様が自分にとってきわめて印象深いものであるとき,そしてそれを既存の理論ではうまく掬い取れないことが分かったとき,その生き様をエピソードに描き出し,その意味を考え,実践に繋げていこうという志向性が芽生えます.エピソード記述に向かう動機はそこにあり,その鍵を握るのは,既存の理論では掬い取れない,エピソード記述でしかその事象に迫れないという切迫した思いです.客観主義の枠組みでも研究できると思っているならば,何もエピソード記述の方法論に準拠して論文を書くには及びません.それではできないということをどの程度既存の理論を学ぶ中で自分の中で煮詰めているか,既存理論への単なる不満でなく,学問のパラダイムそのものを考え直すだけの既存の理論との対決の姿勢がなければ,「マスク取ったら?」のエピソードのように,せっかく豊穣な意味の一歩手前まで来ていながら,その先に進めない,結局は旧い枠組みの中に舞い戻ることになってしまいます.

近年は質的研究を巡っても諸説があり,それらと自分が今やろうとしていることはどのように繋がるのか,あるいは繋がらないのか,それを見極めることは,エピソードの描き方に直接関わってきます.そのような理論的な学びが手薄になると,メタ観察が一面的になることも肝に銘じておかねばなりません.

(3) フィールドへの疑問を煮詰めることの必要性

フィールドは,研究者にとっては確かに関与観察のために入らせてもらう場です.ところが,その場の実践内容が研究者の価値観に合わない場合,本章の第1節でも述べたように,研究者側は次第にその場に足を運びにくくなり,そ

の場から撤退することを余儀なくされる場合もでてきます．しかし，そこで研究者がその現場の人たちと対等な立場で話し合って，そこに生きる人にとって何が大切か，どういう実践のあり方が可能か，それを一緒に考えていくことは可能なはずです．現場は何よりも人々が生活する場ですから，そこに生きる人たちがみな気持ちよく過ごせるようにお互いが配慮しあうことが必要なはずです．その上で，より充実した生活が送れるように，その場が日常的に抱えている問題を，内部の人間，外部の人間がそれぞれの立場から煮詰め直していく作業ができれば，問題点も整理され，その場を共に過ごすことに前向きの気持ちになれるでしょう．そのことがきっとエピソード記述にも反映されてくるはずなのです．

第4章 • エピソードが立ち上がるとき

　この第4章では，私の研究室の面々が出会ったエピソードを紹介しながら，それらのエピソードが立ち上がるときの感動，極端にいえば，それまでの日常に裂け目ができる瞬間がどのようなものであり，そこからどのような意味が紡ぎだされてくるかを例示します．また，そこからどのような新たな問いが立ち上がるかも，できれば展望してみたいと思います．そして，エピソードを描くということが，これまでの諸章で議論してきたことをすべて包含する多元的，多層的な総合的作業であることを示すことができればと思います．

第1節 「先生！ うぐいすの声が聴こえたんです！」

　この節では，人工内耳手術後の患者がリハビリの過程でその聴こえの世界の変化を語ったものを通して，人間にとって自然の音，つまり鳥の声や波の音が聴こえることがどれほど「生活の質」を高めることに繋がっているかを明らかにした，社会人大学院生 S. K. さんの修士論文の一部を紹介します．
　S. K. さんは言語聴覚士の養成校の教員を務める傍ら，某大学病院の人工内耳手術後のリハビリテーションに言語聴覚士として関与し，病院の先生たちと術後のリハビリに関する論文を共同執筆するというキャリアをもって，私の研究室の門を叩いた人です．その論文の一端は第3章に掲げました．その論文のトーンから分かるように，これまでは医学系の人たちと一緒に仕事をしてきただけに，客観主義に徹した表現で，ゼミ発表でも「では〇〇の事例を報告させていただきます」という調子で，学会発表さながら，淡々と事実経過を述べるという態度でした．その S. K. さんは当然ながらエピソード記述の方法には慣れておらず，2回目の発表も同じトーンでしたが，およそ半年経過して3回目

の発表のときに紹介したのが以下の(1)のエピソードです．そしてそれを含め，二つの事例を中心に修士論文をまとめることになりましたが，その内容は実に立派で，わずか2年でよくここまでエピソード記述の精神を理解したものだと感心したほどでした．以下に述べるのは修士論文からの抜粋ですから，一つひとつのエピソード記述として完結した書き方にはなっていません．そのことをお断りしておきます．

(1) Kさんからの1枚のファックスが物語るもの──人工内耳により甦った「うぐいす」の歌声と四季の世界

〈背景〉
　Kさんは現在46歳の専業主婦．10代後半より聴こえにくくなり，30歳前に完全失聴の状態に陥る．N医大で昨年人工内耳の手術を受け，現在リハビリ中．私は言語聴覚士養成の某学院で教員を務める傍ら，言語聴覚士としてN医大のリハビリの臨床を担当している．

〈エピソード〉
　4月の快晴のある朝，学院棟で仕事中の私のデスクに1枚のファックスが届いた．発信者名に目を遣ると，めずらしくKさんからのものであった．手術から1年4ヶ月が経過し，合同リハビリテーション(同じリハビリ中の患者のNさんと合同で行ったリハビリのことを指す)からは約3週間ほどが経った頃のことであった．そのファックスには，B5サイズの用紙いっぱいに，まさに踊るような文字で，次のように記されていた(原文のまま)．

　　おはようございます．突然FAXしてごめんなさい．
　　けど，すごくうれしい事があったのでお伝えしたくて……
　　三十年ぶりくらいに『ホーホケキョ』を聞きました．犬の散歩中に……．
　　長〜く鳴いていたのでず〜っと聞いていました．
　　近所の人がいたので『さっき，うぐいす鳴いていましたよね』って聞いてしまいました．
　　今年はじめて聞いたそうで，やっぱりそうだーって，じーんときてしまいました．
　　H先生やK先生，皆さんのおかげです．ありがとうございます．
　　5月のリハビリまで待てなくておさわがせしちゃいました．
　　　　　　　　　　　　　　　　　　　　　　　　　　　　K. M.

　ファックス用紙の一文字一文字がKさんの抑えきれない嬉しさを運んでくるようで，一息に書き上げたであろう文面から，その気持ちがこちらにもしっかり伝わってきて，私の内面にもほのほのとした喜びが静かに大きく広がっていった．

第4章　エピソードが立ち上がるとき

次のリハビリテーションの予約まではざっと1ヶ月ほどの間があったが，それが待ちきれないでファックスしてくるKさんの嬉しさを想像すると，過去の真剣に思い悩む辛い日々の経験を知るようになった私には，それがどれほどの経験であったのかが少し分かるような気がした．

普段，例えばリハビリテーションの予約の変更や装置のトラブル・故障のような緊急の用事がない場合に，わざわざ患者さんから私たちにファックスが送られてくるようなことは決してない．

この1枚のファックスは人工内耳装用の意義や聴覚の意味合い，そして「装用者のQOL(quality of life＝生活の質)の向上」の問題を考える上で，私たちが通常議論している「語音聴取能」や「発話明瞭度」等に限定した評価のあり方が，装用者自身の感じる意味合いとはどうやら相当ずれているらしいことを私に気づかせ，また当初はそうした枠組みの延長でしか人工内耳装用を巡る問題を考えていなかった私にとっては，新たな問題提起となるものであった．

「うぐいすの声」という，私の想念にはほとんどなかった水準の聴覚経験が，これほどまでに装用者の「QOLの向上」に大きく貢献し得るのだということに目が開かれる思いがし，私は再度自分自身の足場への再考を促されることになった．

つまり，私たちが平素問題にする「語音の聴取成績」や「情報の採取」という点とはまったく無関係な，そうした枠組みを超えた，ずっと多義・多層的な，シェイファー(R. M. Schafer)いうところの「生命の躍動感」を感じさせるような音の世界，おそらく「芸術性」や「情緒性」にも繋がっていく水準で，またきわめて日本文化的な経験の水準で「聴覚」が有している力，そして人間存在にとっての「聴覚的経験」の意味合いの深さを改めて私に認識させてくれる経験であったともいえる．

(2) 聴覚的経験の回復過程の質的相違に見る社会文化的経験世界の差異
    ——KさんとNさん

〈背景〉
以下のエピソードに登場するNさんはKさんと同じように人工内耳の手術をして術後のリハビリテーション中の人で，28歳の社会人．5歳の頃から徐々に聴こえが悪くなり，10代後半で完全失聴したという．(1)のエピソードの後，Kさん，Nさんの両者にとって，人工内耳の手術をしてから2回目の秋になる11月初旬に，私を交えた3人による合同リハビリテーションが行われた．そこではKさん，Nさんの両者にとって，回復する聴覚的経験世界の様相が随分違いはじめていることが端的に語られていた．その一部を紹介する．

〈エピソード：合同リハビリでのやりとりから〉
私：調子はどうですか？
K：あのね〜，なんていったらいいか分からないけど，（人工内耳を)「ものにしてきた」というか．

私：本当？　うん，自分の一部になってきたような．
K：あ，そう，そうですね．あの〜，なんかだんだん自分に添ってきた……うん，添ってきたような．何ていったらいいかな〜，合ってきたというか，慣れてきたというか．フィットしてきた感じがします．
私：ああ，そうですか．（Nさんに）どうですか？　Kさんは，ちょうど2年目ですよね，2年目なんです．で，ちょっと，「自分のもの」になってきたかな〜っていう印象があるようなんですが，Nさんはいかがですか？　1年半ちょっと過ぎぐらいですよね．
N：1年半ちょっとですね．何というか，人工内耳にもう本当に慣れてしまったというか，これ無しではやれない．もう補聴器の時の生活を思い出せなくなってしまいました．
私：そうですか．
N：それで，今でも少しずつながら日々「良く聴こえるな」と思う音が増えてきて，もう少しばかり，大きくではありませんけれど，変化しそうな気がします．
私：ああ，なるほど．Kさんも，今まで，聴こえてくる音がだんだん増えるような発見がありますか？
K：そうですね．意識してないときにね．あの，見えていないところで娘たちが話していることが聴こえてきたり，で，それにこっちから（自分が）ぽっと答えたりしているときに，「ああ，聴こえているな〜」とか思うんですけどね，なんか「ここは大事な場所だから，聴かなくちゃ，聴かなくちゃ」と思っていると結構聴こえなかったり（笑い），そういうこともあるんですね．
私：そうですか．何気なくしているときに聴こえることがある……．
K：そう，でもね，最近は，さっきドクターにもお話したんですけどね，今まではね，虫なら「虫の声」って同じように聴こえたんですけどね，今年はね〜「コオロギだなー，これは」とか「いや鈴虫だなー」とかね，分かるようになってきて……．あの〜マツムシはなんか分からないんです，なんか鈴虫みたいに聞こえるような，鈴虫はそれだけ聴いても鈴虫だな〜って分かるんですけどね，マツムシははっきり分からないんですけど．セミも去年まではみな同じように聴こえていたんですけど……．
N：（途中で遮って）私は，虫の声自体よく分かりません．
私：ああ……
N：「セミの声」だけは分かるんですけど，鈴虫もマツムシも今でも分かりません．
K：そうやね．マツムシって「どんな声で鳴いていたかな？」って思い出すことも出来ないもんで，「どういうふう？」って（家族に）聞くと，「チンチロチンチロチンチロリンでしょう」って言われる，「う〜ん？」って．「そうやったか〜？」って．なんか鈴虫と同じように聴こえるんやね．コオロギなんかは良く分かるんですよ．「ガサガサガサ」ってこういうね，「羽を擦っているな」っていう音がするんですね，ちょっと違うんですね．セミなんかでも，去年同じように聴こえてたんですけどね，「ジージージー」っていうのとね，ちょっと高い音で「キーキーキー」っていうのとね，あの〜，（今は）違いが分かる，特にツクツクボウシは絶対に違いますけどね．

私：(驚いて)すごいですね．
K：なんかそういうふうに，(虫とかセミとか)ちょっと大雑把だったのが枝分かれしてきた感じがして．
私：じゃあ，その「微妙な違いも分かる」っていう感じなんですね，なるほど……．(Nさんは)どうでしょうね？
N：私はもう，そもそも虫の声っていうものをほとんど聴いたことがないといいますか……．うーん，人工内耳の手術を受けてからほとんど仕事をしているか，旅行に行っているか，ちょっと実家で休んでいるかで，ほとんど自然に触れていないということもあるのかもしれないです．ただ，会社の駐車場から会社までの道のりの途中にちょっと草むらみたいなところがあって，そこではなんか夏になると「セミが鳴いているな」っていうのは分かったみたいです．
私：ああ，そうですか．
N：ただ，それが「何の音？」ってすぐ聞ける人が周りにいないので，それが本当にセミなのかどうかはちょっと分かりません．
私：「セミの声かなー？」って思うような音がずっとしていたんですよね．
N：そうなんです．だから，そういうときに「この『ジーッ』って音はセミの音？」って聞いてみれば分かるのかもしれないんですけど，そういうふうにすぐに聞ける人が傍にいないっていうのもあるかもしれないです．

(中略)

私：あの，以前，Kさんに「うぐいす」の話をうかがったと思うんですが，なんか人工内耳っていうのは，どうしてもこの，「人の話ことばを聞く」とか「コミュニケーションを改善する」っていうか，そういう狙いとか意味ばっかりを思っているところが私にあったんですけれど，そうではなくって，ちょっと散歩のときに「うぐいすの声が聴こえる，それで春を知る」……そういう日本人の文化の復権みたいなこと？ そういうことも(とても大事なこととして)あるんだなっていうことが分かって，すごく印象的だったんですね．
K：あの，それまでは四季の移り変わりって，目か(あるいは)体温の暑いとか寒いとかでしか分からなかった．
N：そう，見るか触るかどちらかで．
K：それが，やっぱり聴こえるようになって，「ああ～耳からも四季の移り変わりが分かるんやなー」って，はじめて．それまで「うぐいすは鶯餅の色」だったイメージが，あ～「うぐいすはホーホケキョ」だったんだーって，音の方にも結びつくようになったから．やっぱりね，心の栄養になるしね．四季の移り変わりが耳から入ってくるっていうことはねー(感慨深そうに)，思います．
私：おそらくあの，KさんやNさんの毎日の「生活の質」がちょっと違ってきたんじゃないかと思うんです．
K：そうです．
私：(分かりにくそうな顔でこちらを見ているNさんに，ことばを補って)生活の質，豊かさっていうか．
N：あ～，明らかに違います．
私：どんなところでそういうことを感じます？

N：私は平日会社に行っているときは，パソコン，パソコン，仕事，仕事って，帰ってくる時間はものすごく遅いし，朝は早く出るし．本当に仕事しかしていないんで，ほとんど変わらないんですが，休日は，私は旅行に趣味であっちこっち飛び回っているんですけれども，そういうときに，なんか，何ていうのかな，海に行けば「波の音を聴きながら寝ることができる」し，そして山に行けば「鳥が飛んできた」というのが分かるし，そういう感覚がもてたっていうのがすごく嬉しいです．

(中略：生活場面での音楽の聴取についてのやりとりの後)

K：(Nさんに)生(なま)で(音楽を)聴くのとCDで聴くのと全然違うでしょ？　全然違うよ．この前ね，娘の中学に邦楽，お琴とか，琵琶とか，あの〜三味線とかね，京都から楽団が来てね，それで私，聴いてみようかな〜って思って行ったらね，もう〜，感動してさむぼろ(鳥肌)．生で聴く音と，スピーカーで聴く音と全然違うんですね．

私：どういうところが違いましたか？

K：スピーカーを通してだと音が割れちゃってね，一つひとつの音の聴き分けがあんまりできないんですね，でも生演奏を聴いていると，これはお琴の音色だな，あれは琵琶だな，これは縦笛だなって，くっきり分かって．

私：なるほど，楽器一つひとつの音がはっきり分かるから，アンサンブルがちゃんとアンサンブルで聴こえるっていう？

K：ああ，そうですね．

私：ちゃんと重なり合って聴こえたんですね？

K：そうです．昔はせいぜい，和太鼓．打楽器の音は聴こえるけれど，それ以外の音は聴こえなかったんですけどね．(Nさんに)生(なま)がお勧めです．

N：生(なま)は，(補聴器で)民族音楽の演奏とか昔聴いただけだけど，う〜ん(考え込む)．

私：Nさん，(Nさんの好きな)ドリカムや今井美樹は補聴器のときも聴いていた？

N：聴いていました．私はむしろ補聴器のときの方が楽しめました．人工内耳ではちょっとはっきりしすぎているのかな〜．

〈考察〉
ここでは術後2年を経過してもなお，依然としてKさんの生きる音の世界がますます豊かに変化している様子が分かる．また術後1年8ヶ月のNさんにおいても，同様に音の発見は継続し，「海の波の音」や「セミの鳴き声」に気づくように日常生活場面での聴取経験が次第に増え，そうした自然界の音聴取をはじめとした多層的な聴取経験の回復が，一般に私たちが注目しやすい利便性と結びついた生活音の聴取(例えば電話のベル音や玄関のチャイムの音)とは別の水準で，両者のQOL改善に特に大きく貢献し，心と生活の「豊かさ」に結びついている様子が語られている．

より詳細に眺めた場合，Kさんがただ単に聴こえてくる自然界の音が細分化し枝分かれしていったということのみならず，「うぐいすの声で春を感じ，音で知る四季の訪れ」が甦り，それを「心の栄養と感じる」と表現したような，非常に日本的

第4章　エピソードが立ち上がるとき　　　217

で社会・文化的ともいえる自分の経験を語り始めたのに対して，Nさんにおいては
Kさんが語ったような聴覚的世界の広がりは認められず，Kさんが生きている聴覚
的な世界とはまた少し違う世界を生きているらしいことが分かる．
　それについては，合同リハビリテーションの終盤に，両者に当日の感想を語って
もらったときの，次の各々の表現にもよく表れている．

N：なんというか同じくらいの期間，人工内耳を使っているのに，私はあまり日本
　　の文化とか自然とかそういうものに触れていく機会がなくて，なんだかKさんが
　　そういうのを生活に生かしているのを聞いて「うらやましい」と思うし，ちょっ
　　と自分が恥ずかしくなってしまいました．
私：ああ，虫の声とか鳥の声ですか？
K：いやー，私も去年は全然だったもん．去年は「あ～，虫が鳴いているな」って．
　　虫はみんな一緒の声．ACE(コード化法)に変えたからかな？
私：いや～，分からない．
N：そういうのを意識して聴いているっていうのが，なんか私にはなかったことな
　　ので．なんかそういうところは私は全然考えてなかったな～っていうところで
　　「はっ」とさせられました．
K：長く使っていると，(そのマップの聴こえ方に)慣れていくみたいな．あんまり
　　ぱっぱっと(マップを)変えていくよりも，ある程度一つの同じマップをずっと使
　　った方がだんだん慣れてくるっていうか，合ってくるというか．
私：(同じマップでという点では)もうお二人ともかなり長く安定して使ってもらっ
　　ていますもんね．(そうした違いの原因は)多分，一つはNさんが難聴を発症され
　　た時期とKさんが難聴を発症された時期が違うから．
N：Kさんは，ある程度大きくなってからですよね．
私：そうそう．
N：私は5歳くらいなんです．
K：え～と，Nさんの方が私より聴こえなかった時期は短い？
私：(Kさんに向かって)う～ん，だんだんだんだん(聴力が落ちていったから)．
N：5歳からだんだん悪くなっていった．
K：私もだんだん，だんだん悪くなっていった．
N：一番最初に難聴を発症してからは約22年くらいあると思います．
K：あ，じゃあそんなに変わらないですよね．
私：う～ん，そうかもしれないけれど，(聴こえにくかった)長さだけはあんまり変
　　わらないかもしれないけれど，ただKさんは多分，高校生くらいのときに発症さ
　　れていると思うから，ある程度大きくなってから発症されていると思うんですよ．
　　だから(Nさんとは)それまでの経験がちょっと違うと思うんですよ．もしかし
　　たらNさんが小さいときに聴こえにくさをもちながら大きくなるプロセスで「う
　　ぐいすの声」を，それこそ「あ～春だわ」って聴くとか，そういう経験をどれだ
　　けされていたかっていうのは(お二人で)多分違うと思うんですよ．
K：特に小さいときって，あんまりそういうことを意識しないですもんね．
私：(頷いて)それはあるかもしれない．(Nさんに)どうでしょう？　小学校とか中

学校のときにうぐいすの声に気づいた？
N：それはもう全く分からない．うぐいすの笛の声だったら，なんか「うぐいすの声がするらしい」っていう水笛の音なら分かるけど，やっぱり本物のうぐいすって，「こういうふうに鳴くの？」って言われると，偽者の笛だから分からない．
K：うぐいすが少なくなってきましたもんね．
N：私の実家は山奥ですから（うぐいすはいると思います）．
私：うん，（Nさんの）身近にもうぐいすはいるかもしれない．
N：それには，もう家の中に引きこもらずに，もっと外に出たいな〜と．
K：うぐいすは3月くらいですよね
私：そうですね，3月，4月．
N：うぐいすって，春なんですか？
私：春ですね．Kさんからファックスもらったのが4月3日ですから．
N：じゃあ，桜の季節ですね，まったく．
私：うん，Kさんが「すごくうれしかった」と言って．
K：感動しちゃってね，犬を放しそうになっちゃった．犬の散歩していてね．「あれっ！　この声はどっかテレビ（から聴こえてくるの）？　違う，これは生の声だ」って．木が（周りに）いっぱいあるから，こうして耳を凝らしていたらね，葉っぱがぽちょぽちょぽちょって動いたからね，「いるー！」って思ってね，もう鳥肌がたってきて，髪の毛がこう〜（逆立つような）ふうになっちゃった感じで感動しちゃってね．
N：そこまで，感動しちゃったんだ（感心したように）．
K：分かります？
私：分かりますよ．ファックスを見たときのそのすごい感動が伝わってきて，「あ〜」と思って，すごくきっと嬉しかったんだろうな〜っていうのが分かって，私たちにもそれはすごくインパクトがあったんです．
K：それからあのね，今年ね，身内の甥と姪が子どもを産んで，姉の初めての孫なんですけどね，赤ちゃんの泣き声っていうのをね（聴いたんです），「おんぎゃ〜，おんぎゃ〜」っていうの．あの，自分の子どもの産声は聴こえなかったのね．それで，（自分が）若い小さい頃に聴く赤ちゃんの泣き声って，（前は）すごく耳障りに聴こえたんだけど，なんかその赤ちゃんの泣き声がすご〜く「可愛く」感じるんです．「赤ちゃんて，こんな可愛い声しとるんだな〜」って思ってね．なんかすっごく自分の子どもの泣き声ね，それは（聴けなかったんだけれど）聴きたかったです．
私：う〜ん，それは素晴らしいですよね……．

　この合同リハビリテーションの後，Kさんは手術から3度目の春を経験した．そこではうぐいすの声のみならず，カラスの声もスズメの声も聴取可能なまでに変化してきたことが語られた．そしてKさんにとっては「うぐいすの声」は「スズメともカラスとも違っていて」，「心が洗われる」，「春を感じる」，まさに失われた記憶を呼び覚ます特別な声であることが語られた．
　一方，Nさんにとっては，そもそも「うぐいす＝春」のイメージそのものが希薄

第4章 エピソードが立ち上がるとき　　219

であると語られたように，うぐいすの声のもつ意味合いが，Kさんのそれとは相当に違ったものである様子がうかがわれた．
　かなり長期に及ぶ時間経過の中でも両者の聴取経験はなお広がっていっていることが実感できる一方で，両者の聴取経験の内容の違いが次第に明瞭になってもきていて，そこに難聴発症以前の聴取経験の差異，つまり難聴発症時の両者のライフステージの差異が影響している様子が強く感じられ始めた．

(3) 私からのコメント

　かなりの分量の修士論文からほんの一部を抜粋しただけで，全体を紹介できないのは残念です．修士論文ではこの後，Nさんの聴こえの変化とともに，難聴者であるというセルフイメージがいかに変化していったかが述べられています．さらにKさん，Nさんにとって，聴こえるようになったことで広がった世界がすべて好ましいものではなく，例えば聞きたくないものまで聞こえてきたり，聴こえることによってストレスが増えたり，いやな思いをするなど，単に聴こえることが良いこと尽くめでないこと等々，幅広い観点から考察されています．
　ところで，修士課程の1年目が終わる頃に，最初に(1)のエピソードをゼミ発表で紹介したとき，S. K. さんはこのエピソードが自分のこれからにとって，そして大げさにいえば言語聴覚士の未来にとって，どれほど大きな意味をもつのかに関して，十分に意識していたようには見えませんでした．確かにこの修士論文の(1)考察のところでは，これが自分のこれまでの臨床の枠組みを大きく変えるものだという点に少し言及しています．しかし，ゼミ発表の折は，合同リハビリの後のセルフイメージの変化がKさんとNさんとで違うというところに力点を置いて説明し，その中に，こんなファックスが届いて嬉しくなりましたというようなかたちで(1)のエピソードがその議論の中に埋め込まれていたにすぎませんでした．実際，S. K. さんたち言語聴覚士のこれまでの仕事においては，人工内耳の手術や補聴器装用で聴こえが何デシベル改善された，語音の聴取がこれだけ正確になった，コミュニケーションがこれだけできるようになったといった，能力面の改善の有無を査定することが，術後や補聴器装用後の臨床の中心でした．ですから，聴こえることの意味，つまり，その人の生活にとって聴こえることがどういう意味をもつのかに目が向かうことはほとんどなかったのです．

しかし，私を含め，このうぐいすのエピソードを聴いた院生たちは，このエピソード(1)のKさんのファックスに感動し，それをそれぞれにその場で言葉にしました．その周囲のさまざまな反応が，S. K. さんのこれまで蓄積してきた経験を大きく揺さぶり，一挙に彼女の臨床の世界を大きく変えるインパクトをもったように思われました．一挙に視界が開けたといえばいいのでしょうか．これをきっかけに，S. K. さんはゼミ発表のスタイルも内容も一変しました．「生活の質」の向上という新しい視点に立つ研究論文をまとめ，医学系の専門誌に投稿したところ(そこにはうぐいすのエピソードも含まれていました)，そのような視点をもたない医学系の人にも高く評価され，「今後の言語聴覚士の世界を変える」とまで言われたほどでした．

　言語聴覚士のこれまでの仕事の中では，記号的な意味のやりとりのコミュニケーションが関心の中心だったために，「人にとって音が聴こえるとはどういう経験なのか」というような問いは，あまりに抽象的な問いだったのでしょう．しかし，S. K. さんがこのエピソードから切り開いたのは，まさにその問いでした．私自身は，このエピソードを聴いたときに，ただちにその問いが念頭に浮かび，少々大げさですが，「これは〈聴こえることの現象学〉にまで行き着くことになるな」という直感があったくらいです．たった1枚のファックスが，一人の研究者はもちろん，言語聴覚士の世界まで大きく変えるだけのインパクトをもちうること，そしてそのような経験に出会えたり，立ち会えたりできること，そこにエピソード記述を中心にした研究の一つの進むべき道があるように思います．

　KさんとNさんの対比も興味深いものがあります．同じような聴取経験であっても，それが自分の世界に取り込まれるか取り込まれないかに違いがあり，その違いが生活の質の違いに繋がっています．そして，その違いの根にはおそらく幼少からの経験の違いがあるらしいというあたりは，広義の言語発達という観点からしても興味深いところです．また最後のところでKさんは姉の孫の泣き声を聴いて，自分の子どもの泣き声を聴きたかったと述べていますが，これなどは，聴覚を失った中で子育てをしてきたKさんの大変な生活を自ずと想像させるものになっています．「何デシベル」の欠損と医学的に査定される聴取能力の問題と，生活の中で自分の赤ちゃんの声が聴こえないということのあいだに，大きな落差があることを改めて感じさせられるとともに，健聴な世界

で当たり前になっている，その当たり前さが奪われていくところに，障碍の辛さがあるのだということも改めて感じさせられました．

　私たちの平凡な日常を支えているものは，そのような「当たり前のもの」の数々です．その「当たり前のもの」はまさに「当たり前」であるがゆえに，大切なものとしては意識されません．日常生活の中では背景になっているものです．しかし，それらが背景にあって「当たり前のこと」として機能しているからこそ，日常性が成り立っているわけでしょう．その「当たり前であること」の意義や重要性は，その「当たり前」が壊れたり，崩れたりしたときに，目に見えるものになります．私はこれが，現象学でいうところの「現象学的還元」に近い意味をもつとして，「生きられる還元」と名づけ，私たち人間科学の目的は，このような日常性の基底や背景を構成しているものを，他者の経験に触れる中で抉り出すことにあると主張してきました[注33]．フィールドに出かけ，人に出会い，共に生きることを通して，他者の経験と自分の経験が触れ合う中で，ある日常性が裂ける瞬間に立ち会い，その日常性が何であるかを見つめる……そこに人間科学の進むべき道があり，またフィールドに出かける意義があると私は考えてきました．

　ですから，ほんのちょっとしたこと，些細なことでも，それによって，私たちの日常性を支えているさまざまな背景や基底がみえてくる思いがするときは，本当にこのような仕事をしていてよかったと思えるときでもあります．S. K. さんも自分の言語聴覚士としての仕事がどういう意味をもつのか(もちうるのか)に，こうした対話を通して気づき，何か大きなものを摑んだ感じがしています．

第2節　出産場面を描く試み

　本節に紹介するのは，前章でエピソード記述に難渋したHさんがその後のゼミ発表時に示した資料です．これは原さん(仮名)という一人の女性が助産院で初めての出産を迎える際に，Hさんが立ち会ったときの一連のエピソードから抜粋したものです．実際にはエピソード1からエピソード9まであるのですが，ここでは紙数の関係で，後半のエピソード5からエピソード9を紹介するにとどめます．

(1) 出産場面を描いたエピソード

〈背景〉
　原さんは34歳で，これまで妊娠歴なく，専業主婦である．夫は47歳で会社員．助産院で妊娠判定を受け，その後出産までに15回の妊婦健診を当助産院で受けている．分娩当日，原さんは夫と実母と実父に付き添われて助産院に到着した．陣痛開始から子宮口全開大まで12時間15分，おおよそ平均的な経過をたどった．そして児娩出までの所要時間は4時間20分で，平均のおよそ2倍を要した．

　1）〈エピソード5：「ダメですねぇ」〉
　昼食後，分娩室に入る学生と私の後ろから，夫が続けて入ってきた．ベッドの上で四つんばいになって陣痛発作を逃がしていた原さんだったが，夫が入室してきたので，私たちは夫にベッドの端に座ってもらい，原さんには「ご主人の背中に上半身を預けるような姿勢をとると楽よ」と勧めた．原さんは四つんばいから一旦体を起こし，おばあさん座りでぺたんと座り一息つく．私たちの提案にどうしようと迷っているあいだに，陣痛が来た．最初夫の肩に手をかけているだけだったが，徐々に強くなる発作に，自分の頭を夫の首元に押し付け，上半身を夫の背中に預け，手は夫の両腰のあたりにだらんと下げていた．「ア〜ア〜イタ〜イ，イタ〜イ，イタ〜イ」と大きな声が響く．夫は足をしっかり踏ん張り，全身でもたれかかる妻を支え，両腰のあたりにある妻の手を握ると，原さんも自分の指を夫の指のあいだに入れ，互いに手を組み握り返している．
　最初は躊躇がみられた原さんであったが，次からは安定感のある夫の背中に安心して上体を預けている．やがて陣痛の波がおさまり，「フ〜」と一息ついた夫に，「お父さんになる感じはどうですか？」と尋ねると，真剣な顔で「ダメですねぇ」とほそりと答え，「外では辛い」とも応えた（それまでは分娩室の外で待機していた）．陣痛が来るたびに夫は背中につかまる妻をしっかり支えながら「大丈夫，大丈夫！」と妻に，そして自分にも言い聞かせるように静かに言っている．上体を起こしている方が陣痛はさらに強くなるため，陣痛の間隔は3〜4分となり，自然な努責がかかりはじめ，夫につかまりながら「ウ〜ン」といきんでしまう．しばらくしての間歇時，BGMが静かに聴こえはじめる中，原さんは腹部をいたわるように優しく撫でながら，胎児に向かって静かに「赤ちゃ〜ん」と一声かけるが，陣痛が始まるとまた大きな呼吸をし，陣痛の波に声を出して乗り越えようとして，弱音は吐かない．夫は「男にはできませんねぇ」と神妙な顔つきでしみじみと言う．

〈考察1〉
　原さんは「夫は血を見るのがイヤだといっているし，自分もイヤがっている夫に無理して立ち会ってもらうのはよいと思わない」と夫立ち会いの希望はしていなかった．でも私たちの後からすーっと夫が入ってきたので，私たちがいないあいだに原さんの気持ちが変わり，夫の入室を希望したのだと私は理解した．そこでせっかく入室した夫に役割をとってもらった方がよいと判断し，夫が妻を支える役割をいくつか示すと，夫は助産師の誘導の通りに行動してくれた．最初，原さんにちょっ

と躊躇する様子がうかがえたが，陣痛が強くなりはじめると夫に自分の身体を預けはじめた．何回かすると夫に安心しきって身体を預けるようになった．夫は夫で，分娩室の外にまで聞こえてくる妻の声にいたたまれなかったようで，「だめですねぇ」というのは，外で妻の声だけを聞いているのは中に入ってそばで見ているよりももっと辛いということであった．発作の波とともに必死でしがみついてくる妻の力を背中越しに受け止める夫は，陣痛の強さに圧倒され，そしてそれに耐えている妻の強さに圧倒されているように感じられる．と同時に，妻に対するいとおしさを感じているようでもあり，だからこそ自分が何とか支えなければという思いが，足の踏ん張り，妻の手を握り返す夫の行動，「大丈夫！」という声のトーンの中に読み取れる．

　陣痛の合間に原さんは思わず「赤ちゃ〜ん」と声をかけたが，それは，「もうそろそろ出てこない？　出てきてほしいな！」という感じであった．病院にいると「何時に生まれるんですか？　まだですか？」と詰め寄るような悲鳴のような質問を産婦や家族から受けることがよくある．それは「こんなに辛い陣痛に耐えているのに，いつまで耐えたらいいの？　もう耐えられない！　何とかならないんですか！」ということである．

　どちらもいつまで続くか分からない陣痛に早く出てきて欲しいという産婦の思いでもあるが，原さんの場合は，「お母さんも頑張って辛いけど，赤ちゃんも辛いだろうね．もうそろそろでてこないかなぁ」と，産む自分と生まれてくる赤ちゃんとの共同の作業であるという思いが伝わってくる．

　2）〈エピソード6：「ううん，違う！」〉
　夫が入室してから2時間が経過．ベッドの上でそんきょの姿勢をとったり，側臥位になったり，夫の背中にもたれかかったりと，30分おきぐらいで体位を変える．午前中からあった陣痛ではあるが，その腰部痛の強さが増し，腰部痛の部位が変化してきていることが分かる．しっかりと支える夫，横で見守る実母，少し離れてじっと見る実父．両脇にぴったりついて腰部や背中をさする助産師．
　間歇時に夫がBGMに気づき，「あぁ，いつも聴いている曲だ」と妻を元気づけるように言うと「ううん，違う！」とはっきり答え，夫は苦笑している．

　〈考察2〉
　押し寄せる陣痛の波の強さに，間歇時間のあいだでも産婦からの発話が少なくなり放心状態のように見えると，産婦は何も考えられないようになっていると周囲は思ってしまいがちである．しかし，このようなときに不用意にしゃべったことを産婦があとあとまで覚えているということはよくある．夫も妻のはっきりした判断力に驚いている様子であったが，身体的にはどんな辛い状態でも，考えられない，感じていないということではないことを，改めて気づかされた一コマであった．

　3）〈エピソード7：「先生に来てもらおうか？」〉
　陣痛発作時，思わずいきみがくる．「いきみたい感じになったら，いきんでみていいよ！　そうでなければフーフーって逃がしてね」との助産師の声に「はい」と

はっきり返事を返し，いきんでみる．発作の時期と，呼吸の長さと，いきむタイミングが合わないが，何回かするうちに，発作のピーク時にいきみができるようになる．発作が終わってからもその余韻で腰が痛むらしく，顔や首に汗をびっしょりかきながら，「腰がイタ〜イ，腰がイタ〜イ」の連発．少しずつ冷静さがなくなり，身体全体で痛みを表し，身体が硬くなっている．「原さん！」と大きくはっきりした助産師の呼びかけで，我に戻ったという感じである．何回も努責をかけるが下降しない．努責時に上から腹部を押すと少し下降する．ときどき聴取する胎児心音が「ドッドッドッドッドッド……」と規則的に力強く部屋中に響く．原さんだけでなく，部屋の全員が胎児心音に励まされているような空気が流れる．

なぜか児頭が下降しない．「何で出てこないの？」と原さんの弱音も出てきたためか，T助産師は電話の受話器をもちながら「先生にきてもらおうか？　ちょっと薬つけて引っ張ってもらうとか……」と言うと，即座に「いい！」とはっきり意志表示する．このしっかりした意志表示に夫もびっくりしている．

それから原さんは「もう一回いけます！」と自らを奮い立たせるようにしっかりいきんでいる．その効果があって大分下降し，児頭の黒い髪の毛が陰裂に見えてきた．しかし，間歇時には隠れてしまう．何回かの後に鶏卵大に出てきた児の黒々とした頭を鏡越しに見せると，腰をさすったり，手を握ったりしていた夫は「おぉ」と感激の声を上げ，原さんをさする手に力が込められ，もう少しとばかりに「頑張れ！　頑張れ！」「焦らないで，来たときでいいからね」と妻の陣痛に合わせて的確な指示を出している．原さんは夫の大きな手に支えられながら，「いきますよ〜」と言ってしっかり努責する．そして間歇時には，夫が「大丈夫，大丈夫，来なかったら無理せんでいいからね」と妻の耳元で優しい声で言うと，妻は少し穏やかになる．

〈考察3〉
子宮口が全開大して2時間近く経っている．時間経過的にはまだ問題はないが，強い陣痛が続く割には児頭の下降が遅い．陣痛発作の強さの割には陣痛間隔が狭まらない．胎児心音はずっと良好であるのでまだ時間的には問題ではないが，助産師としてはちょっと気になるなど，それぞれの助産師の頭の中を考えが巡る．

少しずつしか進行しない中で，弱音が出たが，弱音らしい弱音が出たのはこのときだけで，原さんがここまで頑張れるとは思っていなかった．それどころか，助産師の産科医師の往診を求める案に，きっぱりと拒否の反応を示すこの原さんの意志表示に，原さんの中の何かが変わった．「ここで頑張らなきゃ」とばかりに意識を集中させている．そのような妻の強い意志に驚き，夫は自分も強くサポートしなければという思いが強く感じられる．

4）〈エピソード8：「先生，呼ばんでいいか？」〉
さらに1時間経過．努責後に残る「イタ〜イ，イタ〜イ，腰がイタ〜イ」の妻の声に，「ここか？　こんくらいでいいか？　大丈夫，大丈夫！」と力加減を確認しながら必死にマッサージをする夫．でもやっぱり間歇時間が2〜3分ある．夫は心細くなってか「先生，呼んでいいか？」と恐る恐る尋ねると，「うう〜ん」と拒

む妻．T助産師も「自分で産むことが大切，ここまで来たら」ときっぱりと言う．胎児心音が「ドッドッドッド……」と規則的に力強く響き，BGMが聞こえてくる．つかの間の静けさの後，「さあ，いきますよ〜」と原さんは自分で声をかけていきみはじめる．助産師は両脚の踝をそれぞれ支え，一人が腹部を押して腹圧を助ける．児頭が8センチ大ほど出てくる．夫は「おぉ，おぉ」と喜びの声を上げる．妻にも鏡で見せるが，それどころではないと息をのむのに必死である．が，間歇時になると児頭はすっぽりと隠れてしまう．やはり臍帯巻絡があるのだろう．でももう少し．助産師学生が児を娩出する準備態勢に入る．そして次の陣痛で児頭がゆっくりゆっくり出てくる．努責を止めさせ，ゆっくりゆっくり児頭の娩出を助ける．やっと頭が出る．大きい！　やはり頸に臍帯が巻いていた．

〈考察4〉
　努責をするがその進行は遅い．夫がついに心配になって「先生，呼んでいいか？」と尋ねる．しかし，妻は自分で頑張るとばかりの反応を示す．妻の強さ，胎児の心音の力強い響きに夫は励まされているようだが，夫だけでなく，同席している全員が児の生命力の逞しさに力をもらっているという感じである．
　原さんは助産師や夫の誘導を冷静に受け止め，間歇時には力を抜いて次の発作に備え，発作が始まると，自分に言い聞かせるように声を出してしっかり力を出し切っている．T助産師は発作のときだけ力を貸すために腹部を押さえる．間歇時に無理やり押すということは決してしない．
　児頭がやっと出はじめる．しかし，助産師の予測とは違って，大きい大きい児頭に太い臍帯が頸部にしっかり巻きついている．それぞれの助産師に今回の経過の謎が解け，安堵の笑顔が少しだけ漏れる．

5）〈エピソード9：「かわい〜ぃ！」〉
　「おんぎゃ」と短い一声があってから，児の体幹が少しずつ少しずつ出てきた．T助産師に助けてもらいながら学生は児を落とさないように臍帯をくぐらせると，赤ちゃんの羊水を拭き取り，そのまま原さんの胸の上に抱かせる．原さんは嬉しさのあまりに号泣．夫は慌ててVTRを撮りはじめるが，涙ぐみながら「あぁ，あぁ」「あぁ，あぁ」と顔面いっぱいの喜びの声でしばし言葉にならない．原さんは号泣しながらも胸の上の赤ちゃんの身体を優しく撫でる．原さんの大泣きの声で，児の声がかき消されるくらいである．夫は「男や，男や」と喜びの声を上げながら，片手でVTR撮影し，片手では大泣きしている妻の髪を優しく撫でている．ひとしきり大泣きすると，原さんには児の顔は見えないが，泣き声に「よしよしよし」と身体を撫で，「かわいーぃ！」と声を上げる．少しすると児も目を開けるので，母親の顔が見えるように児の位置を変える．ついさっきまで真剣な苦しい原さんの顔は一変．喜び一杯の晴れやかな顔で，児を見守る原さんの顔は実に優しい．張り詰めていた分娩室の空気が，みんなの歓声でさっと変化した．

〈考察5〉
　児頭が出はじめてから15分．原さんは汗びっしょりになりながら渾身の力を込

めていきむ。病院であれば腹部圧出が開始されると，一気に押し出してしまうところであるが，ここではあくまで発作のときだけの手助けのために腹部が押される．時間はかかっても間歇時にはリラックスさせ，胎児心音の回復を図ってから次の発作に備える．何とか児頭が娩出すると，児の自然な肩旋回を待ちながらも，少し誘導するかたちで肩旋回が終了すると，やっと体幹が娩出．大きな児であった．

あれだけ苦しかった陣痛がまったくなくなったことの解放感と元気な児であったことの安堵感で，原さんの顔はくしゃくしゃとなるが，児が胸に載せられると，自然に手が出てしっかり児を受け止めている．周囲もいっぺんに喜びに包まれている．夫もわが子の誕生に立ち会え，その感激で一杯であるが，父親の役割としてわが子の誕生という記念の瞬間をVTRに収めたいし，夫として妻をねぎらってもあげたいという気持ちが行動に表れている．夫に臍帯を切断してもらった後，少しして胎盤が娩出されたが，原さんは児に夢中である．児の計測，沐浴などの処置の後，児には衣服が着せられ，改めて母親の横に寝かせられた．そのまま母親の身体を児側に少し向けるような姿勢をとってもらい，児を抱っこさせて乳頭を含ませると，児は目を開けてしっかりと吸いはじめる．誕生後約30分後である．

(2) 私からのコメント

すでに第3章で紹介したように，Hさんは助産院出産の意義を主張したいという強い願いをもって，助産院での経験についてのエピソード記述に取り組んでいます．第3章では，助産師の「大きさ」「どっしり感」「懐の深さ」に瞠目し，それこそが妊婦を支えるものだとフィールドで実感しながら，しかしそれをどのように表現していっていいのか分からないと，エピソード記述に苦しんでいたHさんでした．そのHさんが，助産院でのエピソード記述に取り組んで2年経過し，一人の女性の陣痛の開始から出産に至るまでの一連の出来事をシリーズになったエピソード記述として提示したものの一部がこれです．

エピソード5からエピソード9まで，一息に読まずにはおれないほど，そこでの出来事の一つひとつが迫力に富み，その場面の登場人物たちの動きや思いが手にとるように分かる感じがします．妊婦の原さん，その夫，助産師の動きや言動のあいだに挟まれる，BGMの描写や胎児心音の描写が，かえってその場面の情景をありありと思い描かせ，一言で「産みの苦しみ」と言われてきたことのアクチュアリティに圧倒されます．分娩に立ち会った経験のない私も，ここに描かれている世界にいつのまにか引き込まれてしまい，まさに「読み手の了解可能性」と述べてきたことが，自分自身に起こっている感じがしてきます．

第4章 エピソードが立ち上がるとき

　ゼミ発表でHさんが資料を読み終わったとき，誰もがため息をつくほど，聴く者もこの場面の緊張感に巻き込まれ，皆，興奮さめやらぬ面持ちで，しばし口を開く者がいませんでした．「事実は小説より奇なり」という言葉が思い起こされるほど，事象のもつ迫力，重み，そしてそこに生きる人たちの生き様が真に迫ってきて，多くの人が潜り抜けていく出産のシーンであるとは思えないほどです．もちろん，臍帯巻絡があったためになおさらドラマチックになった面があったのでしょうが，しかし，考えてみれば，どの家庭の出産も，助産院出産か，病院出産かにかかわらず，程度の差こそあれ，一つのドラマであることには変わりがありません．
　さて，読者の興奮が少し沈静化したところで，エピソード記述の問題として，このHさんのシリーズ・エピソードを振り返ってみましょう．
　今回は第3章の妊婦健診のときとは少し違って，Hさん自身も補助的な立場ではあれ，一人の助産師として原さんの出産を援助する立場にあったようです．ですから，そばで目撃するというよりも，その場と人の動きに巻き込まれながら，その一連の出来事を共に生き，その後にビデオを見返しながら，詳細にこの出来事の流れを追いかけて再構成したもののようです．その意味で，やはりビデオが使えるメリットは大きいといわねばなりません．さもなければ，ここまで細部を描き出すことは難しかったでしょう．
　しかし，この一連の出来事がもつ迫力そのものは，たとえビデオがなくても，そのときの感動や興奮がさめやらぬあいだに一気に描くことができれば，十分に描き出せるということも付け足しておかねばなりません．
　このシリーズではHさんは，エピソードの本体部分においては，自分の目，耳，身体が見て感じたことをベースに，登場人物の思いを摑んだ部分も含めて描き，さらに〈考察〉のところで，脱自的な目，つまり冷静な助産師としての「第三の目」を働かせて，場面を俯瞰し，場面を解説する役割を担わせています．この〈考察〉によって，読み手はエピソード本体の流れを再確認しつつ，少し引いた地点から事象を眺めることができ，またこれによって本体の流れがさらに理解しやすくなったと感じるでしょう．その点で，この戦略は，少なくとも出来事を「あるがまま」に伝える点ではかなり成功しているといえると思います．
　しかしながら，メタ観察という観点からすると，ここに付した〈考察〉はこ

れまでみてきた用語でいえば、その場面を解説・補足する第1次メタ観察に相当し、十分な第2次メタ観察にはなっていません。この日の発表はエピソード1からエピソード9までをとにかく提示するという流れだったので、全体を深く考察するところまでいっていなかったのですが、このエピソードをどのように考察して、自分の主張に繋げるかが、エピソード記述としてはやはり最重要ポイントになります。

　その点から読み返してみると、例えば助産師が腹部を押す場面で、「病院なら」という記述が出てきて、そこに助産院出産と病院出産の違いに対するHさんの思いが匂わされています。そして、当日の発表でも最後の総合考察ではそのような言及がありました。ですから、「あるがまま」のようでいて、すでにメタ観察がエピソード本体部分に忍び込んできていることが分かります。それがいけないのではなく、そのことがその場面の理解に重要な意味をもつことを後のメタ観察で言及する必要があるということです。

　私の目からHさんの〈考察〉を読むと、Hさんは「助産院出産が病院出産より優れている」という自説に基づいて説明しようとする姿勢がやはり強いように思いました。ゼミでも、病院出産といっても、今は昔のような予定日が来ると強引に点滴などを利用して予定通りに産ませていた時代と違って、随分と妊婦主体の出産を目指す病院も増えているのだから、病院出産をそれほど否定的にみなくてもいいのではないかと他の院生からも意見が出るのですが、Hさんはなかなかその思い込みから解き放たれないようで、そのことがかえってメタ観察を一面的にしているように思われました。これだけ場面が読めるようになってきたのですから、そのメタ観察をもう少し自由な観点から行うことができるようになれば（ということは自分の「第三の目」をもっと働かせてということですが）、さらに事象に密着した考察ができるのではと思われました。実際、助産院出産は、どういう点で病院出産よりも優れているのか、また難しい面をもっているのか、もっとこのエピソードに密着して、脱自的に考察できただろうと思うのです。

　例えば、「病院ならここで」にこだわって考えるなら、子宮口全開大でなかなか子どもが出てこない場合に、医師が介入して、お腹を押す、器具で引っ張る、会陰切開する、帝王切開する等々の対応をするのは、母体と子どもを危険から守るという意味合いがあるからでしょう。助産院出産の場合にも、この危

険がなくなるわけではありません．現に，このエピソードの中でも，助産師が「先生呼ぼうか」というシーンがあったのは，そのような危険を感じる部分があったからのはずです．

　しかし他方で，Hさんが主張する通り，産婦が安易に医者に産ませてもらうのではなく，自分が頑張ること，つまり主体的に産むことが，その後に子どもを主体的に育てていく重要な契機になるというのも確かなことでしょうし，またその過程を助産師に支えられて潜り抜ける中で，一人の女性として成長する機会が与えられるというのも，十分に考えられるところでしょう．

　ただ，そのタイミング，兼ね合いが難しいのだと思います．Hさんは現状が「安易に産ませてもらう」に比重が置かれ，「主体的に」が薄くなっているのを憂えているのだと思いますが，そこにリスクとタイミングという要素が介入してくることを無視できないはずで，そのことをどのように考えるのか，そこをこのエピソードに即して考察し，助産院出産の意義を主張すればよかったと思うのです．

　翻って考えれば，私たちのエピソード記述が目指しているのは，従来の一般的な命題の定立，すなわち，助産院出産の方が病院出産より優れているとか，一般に女性は出産の過程で強くなるとかいった，一般命題の定立やその検証では必ずしもありません．それはまさに従来の研究の枠組みが目指してきたものです．それで勝負しようというのであれば，やはり多数のデータを比較検討し，数量的な研究にしていかなければならないでしょうし，その場合の一つの事例は，多数の事例を揃えるための必要な手段と考えざるを得ないはずです．

　そうではなくて，一つの事例を提示する意味，つまり一つの事実を提示することによって何を目指すかが，従来の研究とは違うのだというところをやはり再度考えてみる必要があります（この点は序章でかなり議論したところです）．そこから一般化できるかどうかは先の話として，ともかく，こんなふうに人は生きている，そこがすごいし，いろいろなことを考えさせられる，そこに生の意味があるのではないかというように，一つの事例が一つの問題提起であり，また問いの定立でもあって，それを読者に向けて投げかけるところにエピソード記述の最大のメリットがあると思うのです．そして，対立的な考え方がある場合に，少なくともこのエピソードに即して考えれば，対立的な考えが生まれるのはこういうところがポイントになるからだというふうにして，対立点をより明

確なかたちにできることも,こうしたエピソード記述のメリットだと思うのですが,どうでしょうか.

第3節　児童養護施設で生活する子どもの葛藤

　この節で紹介するのは,院生のUさんが児童養護施設に嘱託で関わっていたときのエピソードです.いま,家庭で虐待を受けた子どもたちが措置される場所として児童養護施設がメディアでも取り上げられるようになり,またそこに臨床心理士を配置して,心のケアを目指すことが国の方針としても打ち出されています.しかし,現場はそれどころではないし,虐待問題はそんな付け焼刃で何とかなるような甘いものではないということも,現場感覚としてはあるようです.以下は私が編集した『〈共に生きる場〉の発達臨床』に収録したUさんの論文を抜粋したもので[注34],少し文体が他のエピソードと違っているのはそのためです.そこに収録されていた3つのエピソードのうち,紙数の都合でエピソード2を省いて,エピソード1とエピソード3をここに示しました.

(1) 児童養護施設におけるエピソード

〈背景〉
　子どもたちはさまざまな理由で家庭を失い,それぞれの背景を抱えたまま家庭の代替となる児童養護施設で生活をしています.その中でおとなと子どもが共に生活するということは一体どんなことなのか,その一端を,児童養護施設の問題点とからめて考えてみたいと思います.
　普通の家庭であれば,親への信頼感や安心感が崩れそうになったとき,子どもは親を求め,親の愛情を確かめることができます.またそういった作業を通して,世界への安心感や人への信頼感が強まっていくのだと思います.
　しかし児童養護施設では,親を求めたいときに親が目の前にいてくれませんし,いざというときに親の愛情を確認することが非常に困難です.親の愛情を求めるという子どもにとってもっとも根本的な要求が,残念ながらここではほとんどかなわないのです.でも親は確かに存在します.子どもたちは施設で生活を続ける中で,この現実をどのように受け止め,その葛藤を乗り越えようとするのでしょうか.まずそこからみていきたいと思います.

　1)〈エピソード1:クリスマス会〉「　」は子どもの言葉,〈　〉は私の言葉
　クリスマス会には多数の親が来ていて,昼食は親が来ているところは親と一緒に

第4章　エピソードが立ち上がるとき　　　　　　　　　　　　　　　231

食べるのですが，来ていないところは私たちが一緒に食事をします．私は親の来ない幼児たちと一緒に食べることになっていました．その日，私と一緒に食べる幼児はAちゃんを含めて3人だけでした．先ほど述べたように，私はそれほどたくさんAちゃんに関わってきたわけではなかったのですが，今日はAちゃんの方からいろいろと話しかけてきてくれます．周囲には家族と一緒にご飯を食べている子どもたちがおり，それを横目で見ながらお昼を食べるのは辛いだろうなと私は思い，何とか昼食の場を盛り上げようと考えていたのですが，逆にAちゃんの方がいつも以上に明るく私にいろいろしゃべりかけてきてくれて，昼食後もキャッキャとよく笑いながらはしゃいでいました．

　さてその日のクリスマス会も終わり，そのまま帰省に入る子どもは親と一緒に家に帰り，後日帰省する子どもは，今日は親と別れてその日を待ちます．もちろん親が来ていない子どもはそういったことはありません．Aちゃんもその一人です．Aちゃんたちはクリスマス会が終わると室内で遊んでいました．廊下に出る扉の前あたりにAちゃんと同じ年齢のBちゃんがいました．

　Aちゃんは部屋から出ようとします．ところがBちゃんがちょうど扉の前にいて邪魔だったので「どいてよ」と言いました．Bちゃんはちょっと意地悪をしようと思ったのか，聞こえない振りをしているようです．「どいてって言ってるでしょ」とAちゃんの声が少し大きくなります．それでもBちゃんは何食わぬ顔でどこうとしません．そんなやりとりを続け，やがてAちゃんはぐずりだします．「もー，どいてよー」とちょっと泣き出しそうな雰囲気です．AちゃんとBちゃんは同年齢ということもあり，ちょっとしたライバル関係にありました．たいていの場合は気の強いAちゃんの方が押し切るのですが，今日はちょっと様子が違い，押し切るどころかBちゃんのちょっとした意地悪に泣き出しそうです．いつもと違う様子をBちゃんも感じてか，まるでいつも負けている分をここで挽回しようといわんばかりに，頑なにそこから動こうとせず，それどころか扉を手で押さえてしまいます．そのうちにAちゃんは「開けてよー，開けてよー」と泣き出してしまいました．私はここまでになるとは思いませんでしたし，何かいつもとは違う展開にびっくりしながら，Bちゃんに〈開けてあげて〉というと，Bちゃんは扉から手を離して，すっとそこから離れました．でもAちゃんは扉を開けようとせず泣き続けます．私は〈どうしたの？　もう開けられるよ〉と言いますが，Aちゃんは相変わらずそのまま泣き続けます．〈ほら，開くよ〉と私が開けて見せますが，出ようとせずにやはり泣いたままです．仕方なく私は〈どうしたの？〉と言いながらいっそう大きな声で泣くAちゃんを抱きかかえます．すると，Aちゃんは大きな声で「お母さーん，お母さーん」と泣きはじめました．その後もAちゃんはずっと長いこと泣いていました．私はその間どうすることもできず，なだめながらただAちゃんを抱っこし続けるしかありませんでした．

　〈考察〉
　Aちゃんは実の親に身体的な虐待を受けており，また数ヶ月前に入所したばかりということもあって，私たちはAちゃんの親は来ないだろうと思っていました．親の方からも連絡はありません．Aちゃんもどことなくそれを分かっていたような

ころがありました．一切親の話をしませんでしたし，来てくれないことに触れようともしませんでした．しかしどんなにひどい虐待を受けていても，特に幼い子どもはそれでも親を求めないことはありません．中には親が来ても寄りつかなかったり，親が来ても嬉しそうな表情をしなかったりと，親が来たことに肯定的な態度を見せない子どももいます．だからといってそのことが親を求めていないということにはなりません．かえってそれは，その子の親を求める強い気持ちの裏返しの姿であることがしばしばあります．強く求めるがゆえに，そしてその強い思いが裏切られたり潰されたりすることが不安なゆえに，素直に寄っていったり喜んだりできないのです．

　周りの子どもたちに親が来てくれるのを見ながら，Aちゃんはずっと我慢していたのでしょう．そしてどこかで自分の親は来ないのだなと感じながら，来てほしい，でも来てくれない，でもやっぱり……そういう思いをクリスマス会の楽しさの中に紛れ込ませていたのでしょう．あるいは懸命に抑え込んでいたのかもしれません．それだけに，いっそうテンションも高くなったのでしょうし，あまり関わりの取れていない私にもたくさん話しかけてきたのだと思います．そんなふうに抑えていた思いが，クリスマス会後のBちゃんとのいさかいを通じて噴出してきたように私には思えました．自分の思いが通じないこと，思い通りにならないことが，Bちゃんが邪魔して開かない扉と重なったのかもしれません．

　2）〈エピソード3：卒業式のこと〉
　ある日Cちゃんと話をしているうちに，卒業式に親が来てくれなかった，という話になりました．最初はそれほど気にしている様子には見えなかったのですが，徐々に「やっぱり来て欲しかった」という思いを話し出します．そしてCちゃんはいやなことがあっても我慢して（胸に）溜めるんだ，と言ってから，でもそういう辛い部分に触れたくないし，いやなことをやっておきながら後で気にかけたり謝ったりしないで欲しいと口にしました．そしてそうするぐらいならだったら最初からそういうことをしないでほしいと言うのでした．
　〈卒業式に来られなくて，後でごめんねっていうぐらいだったら……〉「うん．だからさ，あんまり言われると，言われるとさ……」と言って口をつぐみます．そして「そんなこと言っても何にもならへんやん．だから，嫌やねん」と続けます．〈言うだけじゃ，何にもならんから〉「そう」．しばらく沈黙が続きます．その間じっと私の目を見ています．ずっと目が合っていても視線を背けないその様子は何かを訴えているようにも感じられます．〈どうにもならないっていう思いがたくさんあったんかな〉という私の接ぎ穂に「うん」と答えます．それから考えるように一度目線をはずし「後からかえってこないし……．もう，そのことについて触れんほうがいいねん」と言います．私は黙って頷きます．「例えばさっきの卒業式でいったら，絶対どうたらこうたら言っていいわけしよるやん」とわずかに怒り口調になり，結局そうなるでしょといいたげな感じです．「そんなんするんやったら，はじめから電話でこられませんとかさ，言ったらさ，ああ，そやねんなとかさ，納得できるやん」〈うん〉．どうして親はそれぐらいのことさえしないのだろうと私も思いながら，何かしら怒りのようなものを覚えます．〈何も連絡がなかったらかえって

第4章　エピソードが立ち上がるとき

期待をさせられるんかな〉「うん」〈来るかもしれへんって〉．ちょっと間があいて「けどまあ，そんなこと思わんで」とここでそういう思いを打ち消すかのように，突然言葉が表情を失ってあっさりと言い放ちます．「だって後からそんなん悔やみたくないやん」〈じゃあもう〉「思わへん．最初から」．この言葉に私はつまってしまいます．そしてまた沈黙が続きます．

〈考察〉
　ここでは，何度も期待させられ，そして何度となくその期待が裏切られてきた者の静かな，しかし強い怒りのようなものをＣちゃんから感じさせられました．親に会いたい，家に帰りたいという期待をＣちゃんは何度ももって，何度となくその期待に反する結果になってきたのです．親の方は親の方で何がしかの事情があったのでしょうし，そしてそれについて親からの説明や弁解もあるにはあったでしょう．もちろんないままに流されることもあったと思います．しかし，滅多に会えない親に対して「どうして来てくれなかったの？」と素直に疑問や怒りをぶつけることができる子どもは少ないのです．そのような問いが親の否定的な感情を引き起こすことが子どもには分かっているからです．そして，もし親が否定的な感情を抱いたら，自分のことをいやになってしまうかもしれない，自分のことを必要ではないと思ってしまうかもしれない，と不安になるのでしょう．
　Ｃちゃんのこのエピソードの場合は，後で親は何らかの説明をしたり謝ったりしていました．でも，後で謝ったとしてもＣちゃんがそれで納得できるとは限りません．後で謝る親の姿に，Ｃちゃんは誠意を感じていなかったに違いありません．これまでに何度も説明や謝罪を受けてきたと思います．忙しいからとか仕事だから，というのがそのほとんどでしょう．しかしそれが繰り返されたり，そのときの親の態度に誠意が感じられなければ，それは単なる言い訳のように聞こえてもくるでしょう．もし，本当に心配しているのであればはじめから電話で「これません」ときちんと伝えてほしい，というＣちゃんの気持ちはよく分かります．来ないことが分かっていれば，来てほしいという要求や来るかもしれないという期待ももたずにすみます．しかし，来るか来ないかが分からなくて期待をもってしまうとかえって辛くなってしまうのです．
　親への思いや期待は完全に打ち消し去ることができません．その期待や思いを封じ込めておこうとしても，ふとしたことで期待させられたり，もしかしたらと思ってしまいます．帰省や行事，それからテレビのシーンなどといった外部で起こった出来事から連想して，親への思いを喚起され，そして期待をもってしまうこともあるでしょう．何度も期待し，そして落胆し，それが失望へと変わっていくとき，そうなるくらいなら期待しない方がいいと思えてきます．いっそのこと，親への思いもない方がいいと思うことだってあるに違いありません．Ｃちゃんが「最初から思わないようにする」と言ったように，期待や思いを打ち消そうとすることによって，辛さを乗り越えようとしているのでしょう．しかし，それでもやはり思いは募るのです．
　そして，そうやって葛藤を繰り返すうちに，たいていの子どもたちは自分の気持ちを抑える方法が巧妙になっていきますが，その反面，周囲への不信，この世界へ

の不信,そして自分自身への否定の気持ちを抱え込むことになります.その葛藤を
うまく処理できない場合に,暴力や引きこもり,あるいは非行というかたちで訴え
る子どもも出てきてしまうのだと思うのです.
　こうやってみていくと,子どもが自分の気持ちを抑えたり,消し去ろうとしたり
する否定的な側面に私たちはどうしても目を奪われがちです.そのような側面があ
るのは事実ですし,それが負の行動に繋がっていることも,またその子の将来に暗
い影を落とすことも否定できません.しかしそれは施設で育つ子どもたちのあくま
で一面にすぎません.私たちはそのような境遇に置かれた子どもたちの心の内奥に
ある肯定的な気持ち,つまり何とか自分なりに今を受け止めて生きていこうという
力のようなものを見過ごしてはいけないと思います.
　子どもが負の側面を見せるときでも,なぜその子はそういう態度をとったのか,
その負の行為の意味は何だったのかと問いつつ,周囲にいるおとながその子に寄り
添ってみれば,その子なりに今を少しでもよりよく生きようとする志向性や,エネ
ルギーのようなものを感じ取れるはずです.Cちゃんもそうでした.親が卒業式に
来ないことへの不満や怒りを言葉に出しましたが,それでもその後には「ちゃんと
した理由があって来れないのやろ」とか「仕事が忙しいんだと思う」と言っていま
した.そして自分の辛さを語った後に少し間があって,「でもちゃんと受け止めな
くちゃなー」と言うのでした.
　しかし,そのような子どもなりに今を受け止めて生きていこうとする前向きの力
は,放っておいても自ずと立ち現れてくるというようなものだとは思えません.確
かに,人間にはそのような前向きの力が潜在的にあるでしょう.でもその力が発揮
されるためには,やはりその子に寄り添う大人が必要だと思うのです.
　これからもCちゃんにはいろいろなことが起こるでしょう.親が来てくれなかっ
たり,帰省して戻るのが辛くなることもあるでしょう.また,受け止めようと思っ
ても受け止められない現実だってあるに違いありません.そして潜在的な前向きの
力が,負の方向へと向けられてしまうこともあるかもしれません.そんなとき,傍
らにいる大人が自分の気持ちを受け止めてくれている,理解しようとしてくれてい
ると,子どもに感じられるなら,子どもはそういった前向きの力が発揮できるので
はないでしょうか.

(2) 私からのコメント

　Uさんは子どもの頃,児童養護施設の子どもたちと一緒に遊んだ経験があっ
て,学部学生の頃からボランティアで児童養護施設に通い,ときには泊り込ん
で一緒に生活をするなど,児童養護施設を早くから自分のフィールドとしてき
ていた院生でした.修士論文では,職員の数や勤務体制の問題などから,職員
が難しい家庭環境を抱えた子どもに対して前向きになればなるほど,葛藤や辛
さが溜まっていって仕事を離れていかざるを得なくなること,また子どもたち
も,究極のところは自分の親が迎えにきてくれることを心待ちにしているので,

なかなか職員に本当の気持ちを開いていけないこと，等々，この児童養護施設が抱える問題を多面的に指摘してくれていました．かつては「捨て子養育園」といわれていた時代もあった児童養護施設ですが，両親共に不明なケースは今日では1割を切っていて，それだけに，このエピソードにみられるような一時帰宅もあり，またそのぶん，一時帰宅のできない子どもの苦しさが生まれるということでした．

「帰りたいけど帰れない」「帰れば虐待が待っていることが分かっていても，やはり家に帰りたい」．こうした子どもの思いに接するとき，まず「家とは何か」「家庭とは何か」という重い問いを突きつけられ，言葉を失います．ポストモダンの研究者たちのいささか格好のよすぎる「〈家族〉は死んだ」という言説や，「家庭が子どもを育てることの幻想」などという観念論的な机上の空論がすっかり色褪せるほど，子どものちょっとした呟きは大人の心を穿ちます．

そして，そういう子どもたちと施設の中で生活を共にするということがどういう意味をもつことなのかも，考え出せばきりがないほどです．

しかしまた他面で，Uさんも指摘しているのですが，児童養護施設を訪れると，そこから聞こえてくる笑い声や歓声，明るい表情などもあって，そこが悲惨な場所だと思い込んでいる人は肩透かしを食らった気分になるのも事実です．けれども，その明るさの背後に実は子ども一人ひとりの辛さが折り畳まれているというのが，このUさんのエピソードのいわんとするところです．

子どもは，ちょうど第3章の長期入院を余儀なくされている幼児のSくんがそうであったように，一面では一人の生きる存在としての逞しさやしたたかさ，適応力の高さを示します．そこだけを捉えれば，「こんなに悲惨な家庭環境にあっても，子どもって強いんだ」などといった軽い言説が導かれてしまいます．しかし，少し子どもとじっくり付き合えるようになると，次第に本音が出て，その辛さ，不安，心の傷などが垣間見えてきます．そしてそこだけ取り上げれば，もう打つ手はないと関わる側が絶望的になってしまいます．

ですから，児童養護施設で育つ子どもたちを見るときには，常に両義的な見方が必要になります．そのことがこのエピソードから読み取れるといいのですが，どうでしょうか．

虐待を受けた子どもを措置する場にもなったために，最近では虐待の増加と共に児童養護施設に緊急措置される子どもも増えてきましたが，それにどう対

応すればよいかは，本当のところは分かっていません．臨床心理士がプレイセラピーなどを通して心のケアを図るというふれこみになっていますが，事はそう簡単ではありません．このエピソード3に示されているように，子どもの両親に対するアンビバレントな気持ちは実に複雑で，「恨むが，恨みきれない」「信頼したいが，信頼しきれない」といった子どものアンビバレントな気持ちを職員がどのように受け止めていけばよいのか，現場の悩みはつきません．

このエピソードから何がいえるのか，Uさんも現場で格闘しながら，ただ現場のエピソードを描くだけでそれでいいのか，そこから一体何がいえるのかと随分悩みました．たくさんのことを子どもたちにしてあげたいのに，何もできない自分が辛くなるのでしょう．しかし，私はこのような丁寧な現場のレポートが本当は必要なのだと思います．そこからすぐに「こうすべき」は導き出せなくても，「いま現場はこうある」という現実をアクチュアルに提示することに，エピソード記述の一つの役割があるように思うのです．

Uさんは子どもの側ばかりでなく，本当は職員の側も描きたかったようです．職員の側も子どもの重い問題を受けて，苦しくなっているからです．これは児童養護施設の職員だけでなく，福祉職の人一般にいえることかもしれません．職員の側にスポットを当てたエピソードも本当は紹介したいところでした．

第4節　終末期医療の現場から

この節では，ホスピス病棟でボランティア活動をしている院生のAさん（第3章にも登場しました）が患者のNさんについて得たエピソードを紹介します．某病院には癌患者のためのホスピス病棟があり，その病院がホスピス・ボランティアを募っていたこともあって，「死の臨床」に興味のあったAさんがそれに応じ，以来，Aさんは癌患者とその家族の癌という病の受け止めを巡る研究に向かうことになりました．ホスピス病棟では，平均1ヶ月前後で患者さんが亡くなっていくようですが，ホスピス・ボランティアは，サロンでの相手やお茶の準備など，患者さんの現在の様子を申し送りの中で掌握しながら，対応しているようで，以下に示すのはそのときに得たエピソードです．

第4章 エピソードが立ち上がるとき

(1) ホスピス病棟でのエピソード

〈背景〉
　Nさんは70代前半の男性で，入院当初からサロンへは移動ベッドのままよく来てくれていた．病室にもたくさんの音楽関係の本を置き，サロンに来てもお気に入りのクラッシックをかけることを希望し，音楽の世界に陶酔していることがしばしばあった．サロンでCDをかけようとしているNさんが器械の操作が分かってなさそうだったので，軽い気持ちでお手伝いしたときに，Nさんの機嫌をそこねてしまったことがある．レモン水という彼独特の飲み物もその味について随分指導を受けもした．彼のレモン水とは，真水にレモン果汁と砂糖を加えたものであるが，その配合がなかなか難しく，最初はサロンで作ったものをもっていっていたのだが，最終的にはコップに水を入れて，それとは別にレモン果汁と砂糖をもっていき，Nさんと一緒に作ることにしていたほど，こだわりのある人だった．Nさんは何でも自分の支配下で物事をやりたい人なのだなというのが私の印象だった．豊富なクラッシックやスピーカーの知識，音楽に限らず多分野に関して話をされるNさんの凛とした姿は私にとって印象的だった．

〈エピソード：「私はね，我慢しているんです」〉
　いつものティータイムの時間，移動ベッドのままサロンに出てきているNさんは口を真一文字に結び，目をつぶっている．サロンに出てきているのはNさんだけということもあり，私は他の患者さんの部屋にお茶を運ぶのに動き回っていた．そんな私たちの様子を察してか，看護師がNさんのところに様子を見に来ていた．「Nさん」という看護師の呼びかけに「はい」とは応えるものの，Nさんはその後何も言わない．しばらく沈黙の時間が続いたが，看護師がその場を立とうとすると，Nさんは「あの～」という．「なに？」と看護師がもう一度腰を下ろすと，Nさんは黙る．また，看護師が席を立とうとすると，「あの～」というNさん．何回かこれを繰り返した後，看護師は「Nさん，続き思い出したらまた呼んで」とついに席を立ってしまった．看護師のいなくなった後のNさんは，また目をつぶり，手を固く握り締めたままベッドに横たわっていた．しばらくして注射器を持った看護師が帰ってきた．「Nさん，痛いでしょ？　注射しようか？」とNさんの腕をとる．Nさんがどうしたのかは見えないが，どうやら注射を拒否しているようである．
　「大丈夫よ，ね，打とうか？」と看護師はさらに注射を勧める．それでもNさんは頑なに首を振る．「我慢しなくてもいいのよ」という看護師に，Nさんは「私はね，我慢しているんですよ」と搾り出すように言う．「そんな，我慢しなくてもいいのよ」とさらに看護師が続けるが，Nさんは拒み続けた．看護師は「じゃあ，我慢できなくなったらいってね」と言って，注射器を持ってその場を去った．Nさんはまた目をつぶって，手を握り締めたままじっとしていた．

〈考察〉
　Nさんがサロンにきているということもあり，クラッシックをかけてはいるものの，いつもなら音楽に関して一言，二言，話をしてくださるNさんが，移動ベッド

から起きもしないで目をつぶっている姿は珍しかった．もちろん，サロンに来ていても，うた寝をしていることもあるのだが，この日はうた寝をしているという風でもなかった．Nさんに関しては申し送りでは何もなかったこともあり，特別気をつけてはいなかった．Nさんとはいつも飲み物を持っていったことをきっかけに話をすることが多く，話をするかしないかはNさんに任せるような関わり合いをしてきた私は，他の患者さんとの関わり合いを理由に，この日はNさんの傍らにいくことはなかった．誰もいないサロンで一人横たわっているNさん．最初は言うことを本当に忘れてしまったのかと思っていたが，執拗に看護師を引き止めるNさんの様子は，意外なものであった．というのも，常に周りのことを気にし，周りの状況をよく見ているNさんは，私との会話でも頃合を見計らって切り上げることが多かったからだ（そういう意味においてもNさん主導であった）．Nさんの様子を近くで見ていた看護師は，その状況から，またこれまでの流れから（カンファレンスでの話し合いや医学的な見地から），Nさんが相当の痛み（身体的な痛み）をもっていることを感じ取っていたに違いない．それゆえ，痛み止めの注射器を持って戻ってきたのだろう．注射を打てば痛みが消えて楽になるだろうと思い，必死に我慢する必要はないと告げる看護師と，必死に我慢するNさんとのあいだには，大きな開きがあったように思う．

　おそらく，Nさんは最初は痛みを取り除いてほしいと思ったに違いない．しかし，Nさんは痛み止めの注射を頑なに拒む．それは，今まではたいてい自分主導で物事を動かしてきたNさんにとって，痛みを我慢しきれない自分が許せないのかもしれないし，痛み止めを打つことで頭が朦朧とするのがいやだったのかもしれない．本当の理由はどうあれ，痛みを堪えているその姿は，私にはNさんらしいと映った．「〇〇さんらしい」というその人らしさは，これまでその人が他者との関わり合いの中で築き上げてきた主体であることの押し出し方であるといえるのではないだろうか．

(2) 私からのコメント

　終末期医療においては痛みに苦しむ癌患者の姿は見慣れたものであるかもしれません．痛みを堪えているNさんの様子に看護師は痛み止めの注射を促しますが，Nさんはなかなか応じません．なおも看護師が促したときに，Nさんは「私はね，我慢しているんです」と苦痛の中で搾り出すように言います．ボランティアでその場面を仄聞しているAさんは，そのNさんの姿に「Nさんらしさ」を見た思いがして，このエピソードを描きました．考察の中にある，いわば看護の一般的なありようと，Nさんらしい存在のありようとのあいだに大きな開きがあるというところがAさんにとっては本当は一番気になったところなのでしょう．しかし，ここではそこに踏み込まずに，Nさんという人の「その人らしさ」の問題として考察しようとしています．つまり，通常なら痛み止め

第4章 エピソードが立ち上がるとき

を求めるところで，あえて「我慢している」というNさんの様子に，Nさんがこれまでどんな生き方をしてきたか，そのNさんらしさが滲み出ていると捉えています．

そこへの関心は，Aさんがこれまで何人かの癌患者に出会い，それぞれの人の生き様を通して，「その人らしさ」を感じ取ってきたことがあったからでしょう．それを背景に，いまのNさんの姿や言葉が「図」になります．そして，その一言やその様子が，単に「いま，ここ」の言葉や様子なのではなくて，その人の人生そのものがその一言の言葉に滲み出ているのだと捉えています．

このエピソード記述を振り返ってみるとき，冒頭の〈背景〉が実は重要な意味をもつことが分かります．Nさんとのこれまでの関わりの様子，レモン水へのこだわりや，クラッシックに一家言ある様子などの記述が，実はエピソード本体におけるこの「言葉」と緊密に結びついていることが分かります．そうしたNさんらしい振る舞いの数々を事前に読んで知っている読者は，ですから，Nさんの「私はね，我慢しているんです」という一言を了解できる地平をその〈背景〉から与えられていることになります．裏返せば，書き手であるAさんがその一言に「Nさんらしさ」が現れていると感じたことを，私たち読み手はなるほどと了解することができるのです．

さて，先ほど私は看護師の対応とNさんの存在のありようとのあいだに開きがある，あるいはズレがあるところがこのエピソードでは一番気になったところのはずなのに，Aさんはあえて踏み込んでいないと言いました．そこが外部からフィールドに入る人間の苦しいところでもあります．本当は気になって，看護のあり方としてその点を考えていきたいところだけれども，看護の専門家でもなく，またフィールドに入らせてもらっている部外者でもあるから，だから口をつぐんでしまうということは，若い院生や研究者が慣れないフィールドに入ったときには往々にして起こることです．このことも前章で示唆してきたところでした．

一般的な看護的対応としては，癌の痛みに苦しむ患者に対して，痛みを緩和することによって穏やかで快適な時間を過ごせるようにするというのが常識的，一般的な対応でしょう．しかし，いま求められている終末期医療における患者の「生活の質」とは，あくまでも患者を主体として受け止める姿勢から導かれるものであって，一般的，蓋然的に「正しい対応」から導かれるものではない

はずです．95％の人に該当する「正しい対応」を終末期医療における看護的対応とみなすのではなく，その人の「いま，ここ」での存在のありよう，その思いに付き合うことが求められているのだと思うのです．ですから，最初の痛み止めを打とうと勧めるところは良いとして，そこで「私はね，我慢しているんです」というNさんの一言に触れたときに，看護師がそのNさんの言葉をどのように受け止めるかがポイントです．痛みを我慢することが，自分の病気を自分のものとして引き受け，可能な限りそれに向き合うという姿勢の現れなのかもしれませんし，もしかしたらそれがNさんにとってはいま自分が生きているということの実感なのかもしれません．もしもそのように受け止める可能性があるなら（ということをNさんの様子から感じ取ることができたなら），「そうなんだ，いま，我慢しているんだ，凄いのね……Nさんは強いねぇ……」とでもいうように，そのNさんの思いを受け止める対応が必要だったのではないかと思います．おそらくAさんが「Nさんらしさ」ということで言いたかったのは，本当はそういうことではなかったかと思うのです．そしてそのような見方の中で，尊厳死の問題を含む終末期看護の今日的問題がさらに深められていくのではないでしょうか[注35]．

　残された1ヶ月あまりの命．その限られた時間をその人らしく生きている様に接し，その人の終末に丁寧に付き合おうという終末期医療は，おそらく，これまでの医療の枠組みとは異なる枠組みを必要としているのだと思います．ちょっとしたエピソードにもかかわらず，このエピソードはそうした問題提起を行えるだけの重みをもちます．そしてこのエピソードは何よりも，差し迫った死に立ち向かおうとする人の尊厳を思わずにはいられないエピソードでした．

第5節　「介護する人に頼むことは配偶者には頼まない」

　本節は，共に重度の身体障碍を抱えた一組の夫婦がどのように「自立」し，家庭生活を営んでいるか，その営みの中にたち現れてくるさまざまな困難をインタビューを通して描き出し，それを当事者たちの「自立」の問題として，また周囲にいる人の支援のあり方の問題として考察した資料の一部を紹介しようとするものです．これは社会人大学院生のY. M. さんがゼミ発表した資料に基づいています．Y. M. さんは臨床心理士の資格をもって，アトピー問題への対

第4章　エピソードが立ち上がるとき　　　　　　　　241

応を中心に幅広く臨床場面で活躍している人ですが，このゼミ発表では学生時代にボランティアとして関わったことのある重度身体障碍者夫婦に最近になってインタビューを試みたことから，そのインタビューをまとめてみたということでした．

(1) 重度身体障碍者の家庭作り

〈背景〉
　夫の希夫さん(56歳)，妻の信子さん(49歳)は，共に重度脳性麻痺の障碍がある．二人のあいだには14歳になる男児(愛一郎くん)がいる．希夫さんは歩行不能，電動車椅子使用，上半身の不随意運動があり，言語障碍もある．言葉が話しにくい．トイレ以外の身の回りのことはほとんど要介助である．妻の信子さんは，歩行は可能だけれども長い距離は無理で手動車椅子を使用している．手の動きが悪い．言語障碍はない．食事とトイレはできるが，風呂，着替えなどは要介助である．
　二人は某福祉センター(入所施設)で出会い，その後，まずは希夫さんが，次に信子さんが退所して，自立生活を開始し，その後に交際をはじめ結婚した．
　その後に，実家の反対を押し切って出産，愛一郎くんが生まれる．
　介護体制は，1ヶ月につき，介護者約15人，半分が主婦，半分が学生．朝，昼，夜，泊りの24時間体制をとっている．週2回，行政の派遣するヘルパーが来る．

〈インタビュー：「一食や二食抜いたって，死ねへんから」〉
信子：「夫婦のね，秘訣はね，お互いが障碍者の場合ね，どっちが軽いとかどっちが重たいとかあるやんか．いろんなパターンがあるけれども，軽い人が重たい人の身辺介護とか担ったりしたら，軽い人もしんどなってくるやんか．自分のこと以外に，相手の介護を介護者が足らんいうて手伝うやろ．もし仮に，手伝ったらな，しんどなってな，離婚した人がおんねん．いっぱい．だからそれはな，一番したらあかんことやねん．生活とは別問題や．介護っていうのは．だからな，あんまりな，しんどなったらな，離婚につながっていくからな……それはあまりしたらあかんことやと思うわ．」
希夫：「だからオレも信子も，お……の介護はやらんようにしてる．」
私　：「おとまりの？」
希夫：「お互いの．」
信子：「できるだけやらんように．それすると長続きしないねん．」
私　：「あの，OさんとSさん，知ってる？」
信子：「ああ，知ってる．テレビに出てた．ドキュメントなんとかいう．」
私　：「S. M. さん……T市の，離婚しちゃった．」
希夫：「うん．」
私　：「軽い側が，重い側の介護してたら，しんどなってくるとか．……」
希夫：「(間髪を入れず，きっぱりと)そりゃそうや！」

信子：「そういう例が，いっぱいある．ついこの前，聞いたんだけど，S区に住んでた人，それで離婚したっていうて，かわいそうやなあ……思って．」
希夫：「配偶者は介護したらあかんねん．（非常に座った目で，しっかりした口調．）」
私：「役割を変えな……分けなあかんねんな？」
希夫：「そうそう．だから，配偶者はあくまで配偶者．介護したらあかんねん．」
私：「障碍重い方も，軽い方に甘えたらあかん，っていうか……．」
希夫：「介護者いんくて（いなくて），信子しかないときでも，おりゃ，信子には介護頼まない．」（静かに，けれども毅然とした口調，決意を秘めた表情）．
私：「ホント，ですか．一食抜いても……」
希夫：「ウン，頼まない．」
　　沈黙．希夫さんの決意を秘めた静かな，けれども強い雰囲気に圧倒される．
私：「そういうとき，フラットやってあげることとか……．」
希夫：「前，やったことあんねん．」
信子：「やったことあんねん．」
希夫：「そのとき，信子，首いためてん．」
信子：「一ヶ月くらい，いたかったなあ．あれ……．」
希夫：「それで，そういうことやめとこう，と．」
信子：「それでしんどかった．脳性麻痺ってね，いつもと違うことやったらあかんわ．……脳性麻痺ってね．この夏もたいへんしんどいけれども（笑），もっとしんどい．」
希夫：「だから，そういうことあったから，そういうことは絶対やめとこう，思って……．」
私：「ああ，……そうか．体力的にもしんどいわね．」
希夫：「……障碍が重なる．」
信子：「こういうふうに座れへんかった．首って重たいやろう．意識はしてへんけど．そのとき首を支えられへんかった．」
希夫：「だから，一食や二食抜いたって死ねへんから，信子にそれを頼むのは絶対やめよ，と思って……．」
私：「そうか……そうやなあ……大事なことや．離婚してはる人いますよね，それで．」
信子：「おるよ．いっぱいおる．そういう理由で．」

〈コメント〉
　今回のインタビューで，「ウン，頼まない」と静かに答えた希夫さんの表情と音声に，圧倒されるような迫力を覚えた．確かに筆者は，希夫さん宅で介護のバイトをしていた2年間，信子さんが希夫さんの手伝い（介護）をしていることをただの一度も目にしたことがなかった．絶えず不随意運動があり，自立歩行も困難な希夫さんに較べ，信子さんは上半身は頸直はあるものの歩行可能であり，言語障碍も軽い．しかし，脳性麻痺の障碍の辛さは，見た目よりもシビアなものがある．頸直した上半身に，慣れない動きを加えると，首に大きな負担がかかるのだろう．

配偶者に介護は絶対に頼まない……こう答えたのが，希夫さんではなく，他の（もっと程度の軽い）障碍者の方であれば，これ程の迫力は感じなかったかもしれない．前述のように希夫さんは不随意運動が激しく，身辺自立という点では，食事，入浴，着替え，などトイレを除くすべてに介助を必要とする．その希夫さんが，介護者のいないときでも，信子さんに介護を依頼しないというのは，余程の決意と覚悟がなければ言えない言葉ではないだろうか．それこそ「一食二食抜いたって，死なへんから」という言葉の示す通りである．死なない程の辛さであるならば，お互いに介護の役割を要求しない．それは二人が程よいパートナーシップを結んでいく上で，絶対に守らなければならないルールなのだろう．
〈中略〉
　希夫さんはこの後のインタビューで次のように語っている．「家族に介護やらしたらあかんねん．特に子どもを介護につかったらあかんねん．子どもは子どもで，一個の人格もってるから，それは大事に……」．子どもの「一個の人格」を尊重したい，健常者の子どもの四肢が自由であることを，自らの不自由さの道具に決してしたくない，ということであろうか．
　親子というタテの結びつきの強い日本においては，家族が家族の面倒をみる，ということがまだ当たり前のように語られることが多いが，その面倒を「見る―見られる」という関係が，人格を無視し，相手を道具化する可能性を孕んでいるように思われる．障碍者の両親と健常者の子どもという，ともすれば能力的に前述のような関係に陥りやすい組み合わせであるからこそ，子どもの「健常」の部分を利用しないように，自らの障碍のサポートは自らが介護者を見つけ，その援助を受けることでカバーするといった厳しい姿勢が見られるのかもしれない．その点は，障碍の程度の違いのある夫婦関係においても，子どもとの関係においても，貫かれている姿勢であるように感じられた．
〈中略〉
　障碍は家族をはじめとするさまざまな他者をそこに巻き込み，時として，「共に生きる困難」を生み出すものである．「一個の人格」をもった者同士として，決して巻き込んではならない境界を作ることが，「共に生きる困難」を軽減する上では非常に大切なことであるように思える．

(2) 私からのコメント

　本当はインタビューの分量も，また考察も相当に長い発表資料を，紙数の関係でほんの一部しか紹介できないのは残念です．しかし，この短いインタビューだけからでも，重度障碍をもつ人たちが夫婦で暮らすことの大変さが垣間見えてくるはずです．全面介助が必要な二人が自立して生活するということは，介護ボランティアやヘルパーに24時間体制で一日も欠かすことなく対応してもらう必要があることを意味します．それを4交代でやりきるためには，支援者との関係を作ってスケジュールに穴が開かないように，しかも，ある意味で

のフェイル・セーフの状態を作ってやっていかねばなりません．

　そのしんどさを思えば，施設生活が楽なことは二人には十分分かっているのですが，しかしやはり自立した生活がしたいという思いはとても強く，生活の楽さと引き換えにできるものではないと，この夫婦はインタビューで答えています．そして，介護はあくまでも人間関係が大事で，介護する人がよかれと思ってすることでも，こちらがしてほしいと思っていることとずれていることもあり，そこが分かり合えるかどうか，つまりは人間関係が介護のすべてだというような話もありました．

　その中で，介護する人がいないときに介護の必要が生まれたとき，それでも配偶者にはその介護を頼まない，たとえ一食二食抜くようなことがあっても，という希夫さんの話は，私たちの日常がまさに揺らぐ思いのする話でした．おそらくその話は，この夫婦が生きるか死ぬかの苦しい思いの中から行き着いた一つの結論なのでしょう．この話は，第1節のKさんの事例のように，私たちの「当たり前」の考えに疑問符が付され，その「当たり前」の上に組み立てられている私たちの日常の生の営みに疑問符が付される瞬間でもあります．

　インタビューを試みたY. M. さんも，そこのところを取り上げています．そこにはお互いの重い障碍の認識があり，その認識の上で，障碍のゆえに自分にしてほしいこと，してもらわねばならないことがある一方で，パートナーへの配慮を考えるときに，そのしてほしいことを安易にパートナーに頼めない，お互いが息長く暮らしていくためには，自分のしてほしいことを我慢しても，パートナーへの配慮が優先するという，ぎりぎりの選択をしていかざるを得なかったということでしょう．私たち健常者の生活であれば，パートナーがこうしてほしいと思っていることが分かるとき，それをしてあげよう，してあげたいと思うわけですが，重度身体障碍の夫婦の場合には，してあげたいと思ってもしてあげてはならない，してほしいと思っても，してもらってはならない，というように逆になっています．そこを冷静に見つめ，そのときの「してあげたい気持ち」「してほしい気持ち」に素直に従ってしまっては，障碍に障碍が重なる結果になる……こういうことをこの二人はこれまでの厳しい生活の中でお互いの思いやりと苦しみの中で気がついてきたということなのでしょう．そうまでしても主体として生きたいのだという希夫さんの言葉も重いものがあります．

第4章　エピソードが立ち上がるとき

　ここに，私たち健常者の生活を振り返り，深く考えさせられる点があります．助け合うことが一緒に生きることのかたちだという私たちの常識の中で，しかし，相手の力を頼みにすることが相手の主体としての生を損なうことになるという希夫さんの発言は，実は私たち健常者同士の関係にも言えることのはずです．そこから，一緒に生活する中で「助け合う」とはどういうことなのかという問いが改めて立ち上がってきます．これは家族でする介護の問題などにも拡げて考えることのできる問題でしょう．わずかなインタビューの記録ですが，この夫婦の生き様は，このようにいろいろな面において，私たちの日常の「当たり前」を揺るがすだけのインパクトをもっています．

　ただし，この希夫さんの言説から，ただちに一般化して，「重度身体障碍の人たちは配偶者を介護してはならない」という命題を導いてしまったりしたのでは，エピソード記述の立場にそぐわない気がします．先にも述べたように，それがこの夫婦の行き着いた結論だとしても，それはこの夫婦が懸命に生きる中から，しかも相手を思い遣る気持ちの中から導かれた結論であるというところに意味があるのであって，その思いの部分を抜き去って，単なる行動指針にしてしまうことには問題があるはずです．お互いに障碍をもつ夫婦にもいろいろな生活の営み方があってよいはずです．その中に希夫さん夫婦のような生き方もあり，それが私たちの日常に大きなインパクトを与える，ということではないでしょうか．これは本章の第2節の私のコメントで触れたことに繋がるものです．

　最後に，もう一つ注意を要するのは，このような人の生き様に感動するとき，その感動に引きずられ，安易に同調して，ただひたすら「こんなすごい生き方をしている人がいる」というかたちのルポ記事のようなエピソード記述になってはならないことです．このような感動的な場面に出会ったときこそ，脱自的な「第三の目」を働かせて，その事象の意味，つまり日常性を揺るがす意味にぎりぎりまで迫り，この二人が障碍をもちながらどのように共に生きているのかをしっかりと見つめ，改めて周囲の人が二人の生活をどのように支えていけばよいのかを考える必要があるでしょう．

第6節　障碍児支援の事例から

　本節では，高機能自閉症と診断されている軽度発達障碍の子どもへの校内サポート・ボランティアとして，某小学校に出かけている院生のS. K. 君のゼミ発表のエピソードを紹介します．

　障碍のある子どもにどのように接し，そこで起こっていることをどのように描き，またどのように考察していくのか，ここには「関与する」と「観察する」という関与観察の両面が両面とも厳しく求められます．この分野に学部学生の頃から携わっているS. K. 君は，障碍児療育に孕まれるいくつかの対立する理論的立場，また保護者間に浸透している対立的な療育理論の立場に翻弄されながらも，いかに自分の立ち位置を定め，子どもの思いに寄り添い，子どもを主体として受け止めるかに腐心しています．このように，幾多の価値観が絡む発達臨床の場面は，特にそこに臨む者自身のもつ価値観と事象とが響き合い，その価値観によって事象そのものが色づけられてしまいやすいところがあります．それを警戒し，幾多の理論からも保護者からも適度な距離を保ちつつ，それでいて，現場の息吹を生き生きと描き出すという，離れ業がこの領域には特に必要になってきます．S. K. 君のその格闘振りの一端を次の事例から紹介してみたいと思います．

(1) 障碍のある子どもの学校場面におけるエピソード

　〈背景〉
　私の興味・関心は，特に障碍をもつ子どもたちが周囲の親・先生といった大人たちとどのような関係を営みながら「気持ちを」育てていくのか，また大人の「気持ちが」その子の育ちと共にどのように変容していくのかにある．現在，4～6歳の子どもたちの通う自閉症の通園施設を主なフィールドにしているが，通園施設を卒園した子どもたちが学校でどのように過ごしているのか知りたいと思っていた．最近になって，軽度発達障碍の子どもへのサポート・ボランティア制度ができたことをきっかけに，某小学校に入らせてもらう機会があり，高機能自閉症との診断を受けているAくん(小学校3年生)に出会い，また保護者の希望でAくんの家に遊び相手として週に一度通うようになった．以下に紹介するのはある日の小学校での出来事をエピソードにまとめたものである．
　Aくんだが，家庭で見たときの印象を述べると，とにかく天気を気にする．曇り

第4章 エピソードが立ち上がるとき

でもだめで，晴れていなくては家から出ようとしない．家にいるときも，窓のところへ何度も行って外を眺めている．この夏は集中豪雨も雷雨も多かったが，ある日，家にお邪魔しているときに突然の雷雨になった．するとAくんはとても不安そうな表情で泣きながらお母さんの元へやってくる．お母さんに雷の音が聞こえないように耳栓をしてもらうと，2階の寝室に上がり，押入れの中に閉じこもって雷雨が過ぎるのを震えながら待っていた．

このように天気が気になるため，私とは室内で遊ぶことが中心で，絵を描いたり，ウルトラマンやポケモンのナゾナゾをしたり，怪獣ごっこをしながら本人も私自身もかなり楽しんでいる．一方で，マンガやテレビの中にはまってしまうと，何を言ってもこちらには振り向いてくれず，聞いてくれていないように見えるときもある．しかし，聞いていないようでいて，こちらの言ったことを覚えてくれていたりもするので，粘り強く接していこうと心がけている．

9月に入り，天気の悪い日が続いたこともあって，学校に行かない日がかなり続いた．9月の下旬になって，ようやく学校に行くようになったが，最初は1時間だけの登校で帰っていたが，しばらくして頑張って2時間登校して帰るようになった．しかし，2時間以上いることはできない．そういうAくんなので，お母さんも一杯一杯の状態であった．

以下のエピソードは，はじめて小学校に行ったときのものである．1時間目は3年生の3クラスの全員が音楽の時間で，私は全員の前で自己紹介をしたが，Aくんがみんなの前で「僕の友達だよ」と言って紹介してくれたのは嬉しかった．2時間目は2組に行き，3時間目にAくんのいる3組へ移動する．3組に移動してきて教室に入ろうとしたときのエピソードである．

〈エピソード：「帰りたい」〉

3組にやってくると，クラスがざわつき，緊張感が走っている．どうしたのかと思うと，ドアのすぐそばでAくんが目に一杯涙を溜めて，何かを訴えるようにこちらの方を見つめてくる．私はその姿に動揺しながらも周りを見回すと，Aくんはカバンを持って家に帰ろうとしていた．それをある男の子が必死で止めようとして，Aくんのカバンを持っている方の手を引っ張っている．二人とも力が拮抗して全く動けないでいて，ただならぬ雰囲気の中，周りの子どもたちも緊迫した表情で見つめている．それを心配した二人の女の子が「やめて！」「やめて！」と言いながら，何とか止めようとしているが，Aくんと男の子は全く引く様子もない．先生もいない状況の中，私が来たことに女の子たちは，ちょっとほっとした表情になる．

私はAくんの今まで見たことのない表情に気持ちを揺さぶられながらも，できるだけ冷静にAくんに語りかける．「Aくん，帰ってもいいんだけど，先生に言いに行こうか？　先生も心配するしね．職員室へ行こう」．Aくんは涙目ながらも頷く．その後，Aくんの手を握っていた男の子にも「職員室の先生に言いに行こう」と私が話しかけると，無言ながら握っていた手を緩めてくれた．すると，Aくんはすぐに教室の外へ飛び出す．止めてくれていた女の子の二人もAくんを追いかけ走り出す．男の子も後を追いかけ始める．"職員室へ行ってくれているよね"と半信半疑ながら，私も4人の後をついていく．その道中，Aくんは何度も後ろを振り返り，

男の子を確認しながら逃げているようだった．

〈考察〉
「Aくんにとって小学校とはどういう場なのか？」という問いが大きなテーマとしてある．学校へ行けなくなってしまった原因は，天気の悪さにあると本人は話している．確かに，私たちがそこまで気にしなくてもと感じてしまうほどに，Aくんなりの天気への感じ方はあるし，それは高機能自閉症という障害に起因するものなのかもしれない．しかし，それがすべてではなく，小学校のもっている何かが，Aくんには居心地の悪さを感じる要因なのではないか．この何かははっきりとした形では提示できない．ただ，「頑張る」を手がかりに考えれば，「頑張る」場としての小学校という一面が指摘できる．「頑張る」と一言で言っても，子ども自らが「頑張る」場面（頑張りたくなる場面の「頑張る」）と，子どもが「頑張り」を強いられる場面（頑張らざるを得ない場面の「頑張る」）など，いろいろな「頑張る」姿がある．今のAくんには学校へ来ること自体が「頑張る」ことであって，後者の面（頑張らざるを得ない「頑張る」）が気持ちの中で大きすぎたのではないだろうか．これは今後を見守る中で整理していきたい．

おそらく「頑張りきって」その場にいることができなくなり，Aくんが帰ろうとしている場面でこのエピソードは始まる．

男の子はなぜ，Aくんを引き止めたのだろうか．Aくんに途中で学校を出るのはダメだと伝えようとして，帰らせまいとしていたのか．あるいは先生に無断で帰るのはよくないとして，先生が来るまで待てというつもりで，待たせようとしたのか．またこの男の子自身の体調の悪さ（あの後，彼は体調が優れないのか保健室にいってしまった）に起因する調子の悪さがAくんに向かったのか，いろいろに考えられる．いま振り返れば，その男の子の気持ちは「僕だって体調が悪いのに，なんでAくんは帰るんだ」ということだったのかもしれない．周りのクラスのみんなを緊迫させるのに十分な迫力がその男の子にはあった．

Aくんはその場におれなくなって帰りたい，でも男の子が帰してくれない．しかも，その男の子の様子が怖かったこともあり，非常に追い込まれていた．Aくんは私の方へ助けを求めるようにじっと見つめてくる．しかし，怖くて，また追い込まれていて，言葉は一言も出てこない．そのときは帰りたいというより，早く男の子から自由になりたいという気持ちが大きかったのだろう．今にも泣きそうなのに，泣けないほど追い込まれているAくんがそこにいた．一方で誰かに助けを求めていて，そこへ私がやってきたから見せた表情だったに違いない．

私はこの小学校へ来た初日だったので，一瞬，どうしていいのかまったく分からなくなった．しかし，放っておくわけにもいかない．最初はAくんを知っている分，Aくんの気持ちが伝わり，男の子のことはすぐには理解できず，またその迫力にAくんを守ってあげたいと感情的になってしまった．しかし，その男の子も何かの理由があってのことかもしれない．もし，Aくんの味方をしていると思われたら，ますますこの子はAくんを引き止めようとするかもしれない．いろいろなことを考えつつ，冷静になろうとしていた中で，とりあえずこの場を収めるためにとっさに思いついたのが職員室だった．

私の提案を何とか納得してくれたらしく，ほっとしたのも束の間，職員室へ二人が走って行く．この後，Aくんは男の子から逃げるように走って行くが，今まで追い込まれていた分，行動となって現れたようだ．
　Aくん自身はまだ友達とどう接していいのか，もしくはそうしたことを考えるまでに至っていないようだ．それが障碍によるものかどうかは分からないが，一方で友達と遊びたい・話したい気持ちがあることはさまざまな場面で見受けられる．協力して遊べたり，怒って喧嘩したりしながら，人の気持ちに気づきつつある周囲の友達も，Aくんとはそういった経験が少ないので，どう接していけばいいのか見えてこないのも現状としてあるようだ．男の子もAくんに対してどう気持ちを伝えたらよいか分からなくて，体で止めようとしたのだろう．つまり，Aくんと周りの友達とのあいだで気持ちと気持ちがぶつかりあったり，またつながったりといった経験がまだ浅くて，お互いに分かり合えていなかったことから生まれてきた出来事だったのではないだろうか．

(2) 私からのコメント

　いま，軽度発達障碍の子どもへの特別支援教育が多くの議論を呼んでいます．これまで，障碍の認定がなく，通常学級に措置されていた子どもの中に，高機能自閉症，アスペルガー症候群，ADHD，LDといった，いわゆる軽度発達障碍の子どもが含まれており，その子どもたちの教育的ニーズに応える新しい障碍児教育の流れが生まれています．それが特別支援教育なのですが，この流れの中で，教育委員会主導で学生による学習支援ボランティアが何箇所かの学校で実働するようになってきました．
　S.K.君はそれまで自閉症の通園施設にボランティアとして参加し，また保護者の求めに応じてそこに通う子どもに家庭で遊び相手になって関わってきていました．ですから，通園施設を卒園して学校に行った子どもがどのような学校生活を営んでいるか，できれば見てみたいと常日頃言っていました．そこで，学習支援ボランティアを求める動きにいち早く応じ，Aくんと出会うことになったのです．S.K.君は若い大学院生には珍しく(?)，子どもの気持ちを掴むのがうまく，また積極的に子どもに関わることができる，きわめて素朴で素直な大学院生です．研究のために障碍児保育や通園施設に入ることはできても，学校の場に入ることはいまの時代なかなかできません．ですから，そこに入れるだけでも，貴重な経験になると私は思っていました．
　さて，Aくんは高機能自閉症と診断されているようですが，今回，ここに描き出されたものだけからは，なかなかAくんの実態を掴むことはできません．

天気の状態に左右されるというあたりも，高機能の子どもたちの特徴としていわれていることを念頭に置けば理解できないわけではありませんが，ここでの記述からだけでは今一つその様子が分かりません．これからS. K. 君がAくんに関わりながらAくんの生のありようを描き出してくれるものと思っているところです．

　不登校気味のAくんは，かろうじて1, 2時間登校しては家に帰るという状態にあります．その学校でAくんはトラブルに遭遇し，かつて家では見せたことのない不安な表情を見せます．はじめて学校を訪れた日の出来事だけに，S. K. 君はそれに少し動揺するところもあるのですが，何とかしてやりたいと思い，どうにかその場をうまくしのぐことができたようです．しかし，「職員室に」という提案の前に，本当はトラブルの前に何があったのか，周囲の女の子や当の男の子に，そしてAくんに聞いてみればよかったと思います（その緊迫感がそれをする余裕を生まなかったのかもしれませんが）．そして，エピソード場面に対するメタ観察としては，例えば次のようなことも考えてみてもよいのではないでしょうか．すなわち，おそらく男の子はAくんに何かを言ったか，何かをしたということがまずあって，その男の子からすれば，自分のその言動でAくんが家に帰ろうとしていると受け取ったことが事の発端だったのではないかという可能性です．自分の言動によって，Aくんは帰ろうとしている，明日からまたこなくなったらどうしよう，その心配や不安からAくんを強く押さえ込んで帰すまいとしていた可能性はないでしょうか．

　エピソードをメタ観察する際には，観察対象だけでなく，できるだけ周囲にいる人の思いも描いていく必要があります．この場合には，男の子はどう思っていたのか，女の子たちはどう思っていたのかを描くということですが，それには，S. K. 君がそれらの子どもたちとどのような関係を取り結んでいたか，また子どもたちがS. K. 君のことをどのように見ていたかが問題になってくるでしょう．そのような複眼的な見方が可能になるためには，フィールドに何度も赴くことが必要になってきます．

　いま，軽度発達障碍の子どもへの対応としては，さまざまな理論的，実践的な立場があり，教師も保護者もあるプログラムで対応すべきという強い立場もあれば，それは少し疑問だとする立場もあります．S. K. 君自身，自分の出方を決めなければならない難しいところに置かれています．ただ，安易にそのい

ずれかに与するのではなく，自分の素朴な手応えを頼りに，自分なりに立ち位置を定めようと努力しているところは好感がもてます．そして，Aくんの学校で見せる姿から，「学校という場がAくんにとってはどういうところなのか」と問いを立て，そこからAくんの事例を丁寧に読み解いていこうとする姿勢も好感がもてます．

　最後のところで，Aくんの友達関係が難しいことに関して，Aくんには周りの友達と遊びたい，話したいという気持ちがありながら，お互いにどのように接していけばいいのか分からないでいる，そこからトラブルが生まれていると捉えています．すべてをAくんの障碍に帰属して捉えようとしていないところがよいと思います．これから，Aくん自身についてはもちろん，周囲の子どもたちとAくんとの関わりを学校や家庭で数多く関与観察することを通して，Aくん像とAくんの生活世界を描き出す努力をする一方，障碍児教育に関する諸理論の対立点を煮詰め，少しずつ自分の立ち位置を定めて，自分なりの障碍観，障碍児観，そしてさらにはもっと大きく発達観を磨いていってほしいと思います．

第7節　本章のまとめ

　本章では，私の研究室の面々がゼミ発表時に提示したエピソードを取り上げてみました．他にも保育や障碍児教育に関する興味深いエピソードが多数ありましたが，紙数の制約もあって紹介できませんでした．また，本来なら，研究室の面々の描いたエピソードだけでなく，他の現場で活躍している人たちの描いたエピソードも，できれば取り上げたいと思いましたが，これもその余裕がありませんでした．

　本章末尾のこの節では，これまで紹介した6本のエピソードを簡単に振り返って，まとめに代えたいと思います．

（1）感動的なエピソードだけが取り上げるべきエピソードなのではない

　第1節の「うぐいすのエピソード」も，第2節の「出産のエピソード」も，また第5節の「障碍者夫婦のエピソード」も，みな人を感動させるに足るエピソードだったと思います．フィールドにおいてそのようなエピソードに出会う

ことができ，その生の事実を他の人に伝えようとするときにエピソード記述が生まれるということ，そしてそれが質的研究が生まれる端緒なのだというところが本章を通していいたいことでした．

しかし，上記の三つのエピソードは単に感動的だったからという理由だけで取り上げたのではありません．もちろん，感動的だったからというのも，取り上げた一つの理由ではあります．しかしそれよりも，むしろそこから私たちの普段の生活において考えてみなければならないこと，反省してみなければならないことが次々に立ち上がってくるから取り上げたのです．第3節，第4節，第6節で取り上げたエピソードは，上の三つのエピソードに比べればささやかなエピソードかもしれませんが，しかしそのようなエピソードにも生活を振り返る契機がいくつも含まれています．そしてその限りで，人を感動させる上記三つのエピソードと同じ質のものだといえます．このことに気づいていただけたでしょうか．つまり，感動的なエピソードだけが取り上げるべきエピソードなのではなく，普段の何気ない生活の中に，むしろ取り上げるべきものが多数潜在しているということです．

ですから，序章や第1章で繰り返し述べたように，むしろ，ほんのちょっとした見逃されそうなエピソードの中に，私たちの日常の生の地盤になっているものを見出し，それを抉り出せたときが，ある意味でもっともエピソード記述の醍醐味を味わえるときなのです．

それに，感動的なエピソードそのものの中に，まずほとんどの場合，負の側面が含まれていることも指摘しておかねばなりません．それというのも，人間が両義的な存在だという私の主張からすると，ある生の事象には常に正負両面があるはずで，手放しで素晴らしいエピソードといえるものは本来あり得ないはずだからです．第1節のエピソードには十分に示されていませんが，聴こえがよくなることでかえって抱え込まれる負の面があります(Kさんは，乗った飛行機がうるさいことに悩まされるようになったこと，それまで聴こえていないことで周囲に甘えていたことが聴こえるようになって次第に分かるようになって，自己嫌悪を感じるようになったこと，等々のことをリハビリの場で述べていました)．第2節の素晴らしい出産シーンは，実は一歩間違えば死と背中合わせの出来事であり，また妊娠・出産を待ち望みながらそれがかなわない人には残酷なシーンでもあることを考えてみなければなりません．そして，第5節の障碍者夫婦の事例は，

一緒に生活することの素晴らしさを改めて考えさせられるとともに，それが実に脆弱な基盤の上にかろうじて成り立つもので，それを維持することがいかに困難かも併せて考えてみなければならないでしょう．本来，そのような負の面については，メタ観察の中でじっくり掘り下げなければならないところです．ただ本章ではエピソードが立ち上がるところ，そして新たに問いが生まれるところに焦点化したので，そのメタ観察のところを分厚く紹介することができませんでした．そのために，感動的な一面がやや前面に出てしまった観があります．その点は是非誤解のないようにしてほしいと思います．

(2) エピソード記述は「客観的」であって「主観的」である

　さて，この6本のエピソードは，いずれも書き手がその場を経験し，そこを描き出すというエピソード記述の根本のかたちを示しています．それを振り返ると，本書全体を通して主張してきたこと，すなわち，エピソードは「その事象がかくのごとく起こった」という事実を提示する「客観的な」面をもちながら，しかしそれは，それを取り上げた記述主体＝関与観察者の主体性(価値観，考え，主義主張)を潜り抜けたものであるという意味で「主観的な」面をもっているということが分かるだろうと思います．つまり，この6本のエピソードとも，そこで取り上げられる場面は，その人固有の目を通して捉えられたものでありながら，誰にとってもそのように捉えられるものであるかのように提示されているということです．この両面性をエピソードの読み手としての読者の皆さんに理解していただけるかどうかが，本書の主張が理解されるかどうかの鍵を握ることになります．

　しかしながら，一見したところでは確かに事実の提示にみえるものが，実はその人の一面的な見方にすぎないということは往々にしてあり得ます．それに陥れば，エピソード記述は単なる思い込みや主観的なものでしかなくなるでしょう．それは私たちの目指すエピソードのかたちではありません．そうならないためにも，脱自的な目はどうしても必要です．しかしだからといって，自分の目を潜るときに主観的なものがまとわりつくのを懼れて客観主義に徹しようとすれば，その人が体験した「あるがまま」を捉え損ね，書き手の内部にも，また読み手の内部にも，違和感を掻き立てることになるでしょう．エピソード記述はそのいずれか一方の側に傾斜してしまってはなりません．その両面の微

妙なバランスの上に，しかも常に「再吟味」の姿勢，つまり「これでよいのか」を問う姿勢をもって臨むのだという点も，これらのエピソード記述を通して再確認してほしいことでした．

(3) エピソード記述に終わりはない

　最後に，これらの6本のエピソードがさまざまな新たな問いを生み出すものであったということは，このエピソードがここに示しただけでは完結しないことを示唆しています．これもエピソード記述にとっては大事な点です．次の終章で示すように，エピソード記述は生の現実を描くことであると同時に，その生の現実がいかにあるべきかという価値観と離れてはあり得ないものです．しかし，価値観はあくまでも個人の抱く価値観なので，そこに「絶対」を持ち込むことはできません．それゆえに，「こういう価値観からはこのようにいえるけれども」というメタ観察が必ずつきまとい(実際，私がそれぞれのエピソードに付した〈コメント〉では，不十分ながらそれを試みたつもりです)，「違う見方からすれば」という問いが常に立ち上がって，「絶対の立脚点」にはついに立ち得ません．そのときはこれで十分と思えても，時間が経ち，違った経験や考えを潜り抜けることによって，再度，「この見方からすれば」が立ち上がることは十分にあり得るのです．

　その限りで，一度書き上げ，公表したエピソードであっても，「これはこのように読み直すことができるのではないか」ということは，エピソードを書いた本人にも起こりうるし，また提示されたエピソードを書き手の線に沿って理解できた読み手にとっても，「あのエピソードはもしかしたらこうも読めるのではないか」というように，読み直すことも可能なのです．

　それが冒頭の序章で述べた，「エピソードは一つのテクストである」ということの意味でした．そこでも述べたように，そのことはそのエピソードが客観的でないことを意味するものでも，価値のないものだということを意味するものでもありません．むしろエピソードが一般に多元的な意味に開かれていることを示すものであり，その意味を掘り起こす作業に終わりがないことを示唆するものなのです．

終章・エピソード記述の目指す「質」とは何か

終章 エピソード記述の目指す「質」とは何か

冒頭の序章で，単に数量的でないから「質的」である，一事例だから「質的」である，仮説構成的だから「質的」であるというような主張を退け，本来の質的研究は，人の生き様にどれほど迫れるか，それによってはじめて質的であるかどうかが決まるというふうに，今日の質的研究の現状に対しては少々過激な主張をしました．本書を振り返ってみて，改めてこの主張が本書の通奏低音をなしていることが分かります．このことを読者にこれまでの諸章を通して感じ取ってもらえたでしょうか．このことはまた，エピソード記述の目指す「質」とは何かの問いに繋がるものです．

(1) 個別の「生の質」に迫る

本書で私は，エピソードは人の生き様をそれに関与する人を含めて描くことだと繰り返し述べてきました．それに加えて私は，一個の主体である関与者が他者を一個の主体であると受け止めることが関与観察の基本であるとも述べてきました．それは関与者が誰とでも代替可能な透明な(無責任な)関与者ではなく，個性と責任を担った一個人であるという，ごく当たり前のことをいうものです．つまり，いま福祉や保育や教育の現場に流布されている「生活の質の向上」や「能力発達の促進」という議論に安易に与して，誰にも蓋然的に妥当する「関わり方」を考え出し，それを関与対象に与えていくことが自分の役割だと考えるのではなく，あくまでも関わる相手の主体性を尊重し，その人の主体的な生のありよう，すなわちその人がその人らしく生きている姿を受け止めて関わることが，関与者の主体性だということです．そのことは書き手のエピソードの描き方に反映され，またメタ観察に反映されてきます．そしてそれは結局，その個人の生のありよう，個別の「生の質」に迫ることを意味します．それがエピソード記述の「質」に繋がるのです．

要するに，人の生き様を描くエピソード記述は，蓋然的な「生の質」ではなく，まさにその人に固有の「生の質」を問うことに結局は行き着くということです．そして，それを問うことは，その人の「その人らしい生のありよう」，つまりその人にとっての「生の質」に迫ることを意味します．その際に，自分の視点を常に他者の視点と交叉させて独りよがりを排し，「これでいいのか」を問い続けることが大切になってきます．

それを裏返せば，それを問わない立場，つまり客観主義に徹する立場とい

ものがそもそも人間科学であり得るのかという疑問が，先の「通奏低音」の中身だったことになります．質的研究，質的アプローチは，みな人の生き様に関わります．私見では，私たちのアプローチは，一般的，蓋然的な「生活の質の向上」「能力発達の促進」を議論するものではなく，その人の個別的な「生の質」を問うからこそ「質的」なのであり，また「質的」にならざるを得ないのです．単に事例的かどうか，ナラティブかどうか，仮説構成的かどうかが「質的」の判断基準ではありません．その意味でも，エピソード記述の方法論は，ともかく人の生の現実に立ち向かい，その人の生のありようにできるだけ迫ろうとし，その人がその人らしく生きているかどうかを問うのでなければなりません．

(2) お互いの価値観を交叉させる必要

　自然科学の客観主義は「value free」であるといわれ，それゆえ人間科学もvalue freeでなければならないとして，観察の場においても無関与的，傍観者的でなければならないとされてきました．しかし，本書のこれまでの議論を踏まえれば，少なくとも人間科学はvalue freeではなく，value boundであるというところから出発せざるを得ません．これはこれまでもさまざまな機会に多くの学者によって主張されてきたことです（社会的構築主義はその代表でしょう）．ハンソン（Hanson, N. R.）は人間の知覚が常に「ある物を何ものかとして」捉える働きであり，その「として」のところには知覚主体の暗黙の理論が抱え込まれていると主張し，知覚の理論賦課性を指摘しました[注36]．これは見る人が一つの価値観を背負って見ているということです．このことは当然，関与観察にも起こっています．だとすれば，行動観察の立場とは違って，関与観察者は，その拠って立つ自分の（普段はたいていは気づかれない暗黙の）価値観を意識化する作業が必要だということになります．ただし，第三者の観点からすれば，「このような価値観に立つからこの事象はこのように見えるのだ」というふうに言うことができても，関与主体からすれば，「このようにある事象が捉えられた」ということが先にきて，それを事後に反省する中で，自分はこのような価値観（ものの見方，考え方，立ち位置）に拠って立っていたのだというふうにして，自分の価値観が見えてくるというのがたいていの場合の順序です．

　しかしまた，第三者の観点というのは，本書で述べてきた自らの「脱自的な

観点」とほぼ重なるはずですから,「このような価値観に立つからこのように見えるのだ」という言い方と,「このように捉えたことを通して,自分の中にこのような価値観があることが見えてきた」という言い方とが,同時に自分の内部で交叉していることになります.その交叉を自分の思考の中で推し進めること,あるいは,私のゼミでの議論がそうであるように,現実の第三者の視点を実際に交叉させて自分の見方,捉え方,ひいては自分の価値観を吟味することが,メタ観察にとって重要になってきます.そしてそのことによって,事象のアクチュアリティにどこまでも迫ること,これがエピソード記述の「質」を決めるのだといえます.

　これまでの諸章での議論,とりわけ前章の各エピソードを巡る議論は,このことを明らかにするものだったと思います.関与主体は自分にも気づかれない何らかの価値観に立ってそのエピソードを拾い,それをその暗黙の価値観に従って考察しようとしますが,そのうちに脱自的な視点が機能しはじめて,「ああ,自分自身でも気づかなかったこんな見方によって,結局,こういうエピソードを切り取るようになったのだ」と自ら納得したり,「あなたが,ここでこのような捉え方をしているのは,あなたがこういう見方に立っているからでしょう?」と他者に指摘されてそれに気がついたりということが,実際のゼミでも起こっていました.このように,エピソード記述は,それが提示された段階で完結するものではなく,他者の視点,つまり他者の価値観に開かれ,それによって,多面的に吟味され得るということです.私はこの価値観,あなたはそれとは違う価値観,価値観の違いだから平行線だ,ではなくて(このような「平行線」の議論が現場でも学会でも横行しているわけですが),一つのエピソードを挟んで,現実の他者の視点と交叉させてみることは,自分に気づかなかった新しい見方に気づいたり,逆に自分の見方に自信をもてたりする契機になり得るはずです.

　その点で,公開保育,公開授業,病院のカンファレンスなどにおいて,一つのエピソードを挟んで他者の視点を交叉させることは,単に自分の目に見えないところを他の人の目で補うという意味においてではなく,異なる価値観(観点)からそのエピソードを捉え直す可能性を追求するという意味において,重要だといわねばなりません.私の研究室の院ゼミが目指しているのもそれだと考えています.それをどこまでやれるかが研究の「質」に直接的に関わってき

ます.「これでいいのだ」に安住したがる書き手の気持ちを,「これでいいのか」という問いによって,また他者の視点を交叉させることによって奮い立たせ,生のアクチュアリティにあくまでも迫ろうとすることこそ,研究の「質」を高めることになるのです.

　これまでは「読み手の了解可能性」を強調してきましたが,いまの議論を踏まえれば,書き手のエピソード記述とそのメタ観察に対して,それは違うのではないか,こういうメタ観察も可能ではないか,という読み手(他者)の「異義申し立て」は,書き手の吟味をさらに促し,そのエピソードを違った観点から読む可能性を開き,そのエピソードをより深く吟味する上に重要だということになります.それはまた,自分の内部に,その「異議申し立て」を行うもう一人の自分,つまり「第三の目」を確保することが重要だということでもあります.ともあれ,吟味の厳しい姿勢があってはじめて,エピソード記述が練成され,その「質」が高まるのだということを,本書の各エピソードから理解していただければと思います.

(3) エピソードを書くことの意義

　エピソードを書けないと悩む人が多いのですが,とにかく出会った出来事をエピソードに書き出してみることが大事です.というのも,「書く」という行為は,自分を含めたそこでの出来事を自ずと「外側から」見ることを促し,いつのまにか「第三の目」を機能させ,その出来事をふたたび生き直しながら,それを吟味する姿勢を促すからです.つまり,その出来事を描き出してみると,どうもこれでは起こったことを掬い取れていないとか,ここが分からなかったところだとか,このときの相手の思いはどうだったのだろうかとか,いろいろな気づきを書き手にもたらします.そのことが実は「あるがまま」に迫ることに通じているのです.

　第3章で,「どうすればエピソードが書けるようになるのでしょう?」という問いに,博士課程の院生が「根性でしょう」と答えたのも,書くことを通して起こった出来事が振り返られ,書き直すことを通してその出来事に少しでも近づく,それを繰り返すことで,次第に出来事の「あるがまま」に接近することを言いたかったからに相違ありません.

　卒業論文でエピソード記述を行った学生に,論文を書き上げてから何が難し

終章　エピソード記述の目指す「質」とは何か　　261

かったかと尋ねたとき，「書いたものが，自分の経験したものとズレる感じがあって，それを何とか埋め合わせて自分の経験したものに近づけようとするところが難しかった」と答える学生が多かったことも，そのことを裏づけていると思います．

　しかし，書くこと，書き直すことを通して，次第に出来事に迫っていけるようになると，自分の中の暗黙の価値観が次第に見えてきたり，それとの関連で新しい気づきや発見が生まれたりと，書くことの楽しさもまた経験できるはずです．書けない，書けないから悩む，悩むから書けないという悪循環に陥るのは，まず書いてみるということをしないからではないでしょうか．書いて，書き直してというのは，まさに根性のいることですが，そこからきっと得るものがあるということも強調しておきたいと思います．

(4)「関与の質」を問う

　これも繰り返し述べてきたことですが，エピソードを記述するということは，自分の関与のありようを含めて描くということです．現場の人たちに引き寄せていえば，このことがいま現場でエピソード記述が求められている大きな理由の一つに繋がっていると思います．すなわち，いま(3)で述べたように，エピソードを描くことが一種の「振り返りの機能」「省察の機能」をもち得るということですが，それというのも，自分の関与を含めて描くことによって，自分の関与のあり方が目に見えるものになってくるからです．実際，そのエピソードの中で，自分の関与のあり方ははたして関わる相手を一個の主体と受け止め，その「生のありよう」に迫るものであったか，「その人らしさ」「その子らしさ」を尊重するものであったかというかたちで，結局は自分の関与のあり方の「質」を問うことに繋がります．第4章の第4節で，「私はね，我慢しているんです」というNさんの言葉をどのように受け止めるかの場面は，そこに関与の質が問われる典型的な場面でした．そこで一般的，蓋然的な「関与のかたち」を持ち出すのか，それともそこでNさんの「生の質」に迫ろうとするのか，その違いは，Nさんを主体として受け止めるかどうか，自分がそこに主体として関わるかどうかの違いに直結しているはずです．

　それを振り返ってみれば，エピソードをどのように描くかが，一面では自分の「関与の質」に直接関わってくることが見えてくるだろうと思います．

エピソード記述は「関与する」と「観察する」の両方に跨る営みです．関与の質を高めなければ，よい観察も生まれず，それゆえよいエピソード記述も望めません．しかし，逆に，エピソードを描くことを通して，自分の関与のあり方，観察のあり方が自分にとって目に見えるものになり，それによって関与のあり方が問い直され，関与の質を高めていくことに繋がります．ここにこそ，いま現場に従事する人たちにとって，エピソードを描くことの大きな意義があるのではないでしょうか．

翻って考えれば，自分もその場で一個の主体として生きながら，その場で関わる人を一個の主体として受け止め，その人と共に生きようと努める……このもっとも素朴な人間としてのありようを，常に「それでいいのか」と振り返ることが，エピソードを描く根本の姿勢だといえるのではないでしょうか．「関与する」と「観察する」という相容れない二つの面を同時にやりおおせながら，自分自身の生のありようを含めて，人が生きるということの意味を問い続けるところに，人間科学としての進むべき道があります．エピソード記述はそのためのものであると私は確信しています．

参考文献

参考文献は一般の人が手に入れやすい著書に限定し，テーマごとに取り上げています．なお，テーマごとに配列したため，テーマを跨ぐ文献については若干の重複があります．文献には通し番号を付していますが，これは注の文献番号に対応しています．

◇関与観察に関しては

(1)　Sullivan, H. S.(1953)　*Conceptions of Modern Psychiatry*. New York, Norton & Company.　中井久夫・山口隆(訳)　現代精神医学の概念　みすず書房　1976 年
(2)　Sullivan, H. S.(1954)　*The Psychiatric Interview*. New York, Norton & Company.　中井久夫・松井周悟・秋山剛・宮崎隆吉・野口昌也・山口直彦(訳)　精神医学的面接　みすず書房　1986 年
(3)　Sullivan, H. S.(1953)　*The Interpersonal Theory of Psychiatry*. New York, Norton & Company.　中井久夫・宮崎隆吉・高木敬三・鑪幹八郎(訳)　精神医学は対人関係論である　みすず書房　1990 年
(4)　鯨岡峻(1998)　両義性の発達心理学　ミネルヴァ書房
(5)　鯨岡峻(1999)　関係発達論の構築　ミネルヴァ書房

◇さまざまな質的アプローチのうち

〈ナラティブ・アプローチ〉に関しては

(6)　McMamee, S. & Gergen, K. J.(1992)　*Therapy as Social Construction*．野口祐二・野村直樹(訳)　ナラティブ・セラピー　金剛出版　1997 年
(7)　やまだようこ(編著)(2002)　人生を物語る　ミネルヴァ書房
(8)　小森康永・野村直樹(編著)(1999)　ナラティブ・セラピーの世界　日本評論社
(9)　森岡正芳(2002)　物語としての面接――ミメーシスと自己の変容　新曜社

〈エスノメソドロジー〉に関しては

(10)　好井裕明(1999)　批判的エスノメソドロジーの語り　新曜社
(11)　Leiter, K.(1980)　*A Primer on Ethnomethodology*. Oxford University Press.　高山眞知子(訳)　エスノメソドロジーとは何か　新曜社　1987 年
(12)　Bruner, L. S.(1990)　*Acts of Meaning*. Harvard University Press.　岡本夏木・仲渡一美・吉村啓子(訳)　意味の復権　ミネルヴァ書房　1999 年

〈社会的構築主義〉に関しては

(13)　Berger, P. L. & Luckmann, T.(1966)　*The Social Construction of Reality*. Dombledry & Company　山口節郎(訳)　日常世界の構成　新曜社　1977 年
(14)　Couter, J.(1979)　*The Social Construction of Mind*. London, Macmillan.　西阪仰(訳)　心の社会的構成　新曜社　1994 年

(15) Gergen, K. J. (1999) *An Introduction to Social Construction*. Sage Publications of London. 東村知子(訳) あなたへの社会的構成主義 ナカニシヤ出版 2004年

〈解釈学〉に関しては

(16) Danner, H. (1979) Methoden geisteswissenschaftlicher Pädagogik. Reinhardt Verlag. 浜口順子(訳) 教育学的解釈学入門 玉川大学出版部 1988年
(17) 巻田悦郎(1997) リクールのテキスト解釈学 晃洋書房

◇その他の研究法に関しては
(18) 南風原朝和・市川伸一・下山晴彦(1990) 心理学研究法入門 東京大学出版会
(19) 海保博之・原田悦子(1993) プロトコル分析入門 新曜社
(20) 佐藤郁哉(1992) フィールド・ワーク 新曜社
(21) やまだようこ(編著)(1997) 現場心理学の発想 新曜社
(22) 好井裕明・山田富秋・西阪仰(編著)(1999) 会話分析への招待 世界思想社
(23) 箕浦康子(編著)(1999) フィールドワークの技法と実際——マイクロエスノグラフィー入門 ミネルヴァ書房
(24) 木下耕仁(1999) グラウンデッド・セオリー・アプローチ——質的実証研究法の再生 弘文堂
(25) 下山晴彦(編)(2000) 臨床心理学研究の技法 福村出版
(26) 下山晴彦・丹野義彦(編)(2001) 講座臨床心理学 2 臨床心理学研究 東京大学出版会
(27) やまだようこ・サトウタツヤ・南博文(編著)(2001) カタログ現場心理学 金子書房

◇広義の臨床(保育・教育・看護)に関しては
(28) Noddings, N. (1984) *Caring: A Feminine Approach to Ethics and Moral Education*. University of California. 立山善康・林泰成・清水重樹・宮崎宏志・林共之(訳) ケアリング 晃洋書房 1997年
(29) 鷲田清一(1999) 「聴く」ことの力——臨床哲学試論 TBSブリタニカ
(30) Mayeroff, M. (1971) *On Caring*. New York, Harper & Row. 田村友・向野宣幸(訳) ケアの本質 ゆみる出版 2001年
(31) 鯨岡峻・鯨岡和子(2001) 保育を支える発達心理学 ミネルヴァ書房
(32) 鯨岡峻(編著)(2002) 〈共に生きる場〉の発達臨床 ミネルヴァ書房
(33) 高橋勝・広瀬俊雄(編著)(2004) 教育関係論の現在 川島書店
(34) 榎沢良彦(2004) 生きられる保育空間——子どもと保育者の空間体験の解明 学文社
(35) 鯨岡峻・鯨岡和子(2004) よくわかる保育心理学 ミネルヴァ書房

◇狭義の臨床に関しては
(36) Rogers, C. R.(1967) *A Therapeutic Relationship and Its Impact*. University of Wisconsin Press. 友田不二男(編)手塚郁恵(訳) ロジャーズ全集 19〜21 岩崎学術出版社 1972年
(37) 神田橋條治(1990) 精神療法面接のコツ 岩崎学術出版社
(38) Kohut, H.(1984) *How Does Analysis Cure*? The University of Chicago Press. 本城秀次・笠原嘉(監訳) 自己の治癒 みすず書房 1995年
(39) 成田善弘・氏原寛(編著)(1999) 共感と解釈 人文書院
(40) 河合隼雄(編著)(2001) 心理療法と人間関係 岩波書店
(41) 日本死の臨床研究会編(2003) 死の臨床 6 これからの終末期医療
(42) 日本死の臨床研究会編(2003) 死の臨床 2 死の受容

◇現象学に関しては
(43) Mach, E.(1865) Analyse der Empfindungen das Verhaltnis des Psychischen zum Physischen. 須磨吾之介・廣松渉(訳) 感覚の分析 法政大学出版局
(44) Husserl, E.(1931) *Méditations Cartésiennes*. Paris, Collin. 船橋弘(訳) デカルト的省察 中央公論社 1970年
(45) Husserl, E.(1954) Die Krisis der europäischen Wissenschaften und die transzendental Phänomenologie. Husseliana Bd. VI, Haag, Martinus Nijhoff. 細川恒夫・木田元(訳) ヨーロッパ諸学の危機と超越論的現象学 中央公論社(中公文庫) 1995年
(46) Merleau-Ponty, M.(1945) *Phénoménologie de la perception*. Paris, N. R. F. 竹内芳郎・小木貞孝・木田元・宮本忠雄(訳) 知覚の現象学 1・2 みすず書房 1967-1974年
(47) Merleau-Ponty, M.(1960) *Signes*. Paris, Editions Gallimard. 竹内芳郎(監訳) シーニュ 1・2 みすず書房 1967, 1972年
(48) Hanson, N. R.(1969) *Perception and Discovery*. San Francisco, Freeman & Company. 野家啓一・渡辺博(訳) 知覚と発見 上・下 みすず書房 1982年
(49) Blankenburg, W.(1971) Der Verlust der natürlichen Selbstverständlichkeit. Ferdinand Enke Verlag. 木村敏(訳) 自明性の喪失 みすず書房 1978年
(50) 木田元(1970) 現象学 岩波書店(岩波新書)
(51) 鯨岡峻(1986) 心理の現象学 世界書院
(52) 船木享(2001) 〈見ること〉の哲学 世界思想社
(53) 竹田青嗣(2004) 現象学は〈思考の原理〉である 筑摩書房(ちくま新書)

◇間主観性に関しては
(46) Merleau-Ponty, M.(1945) *Phénoménologie de la perception*. Paris, N. R. F. 竹内芳郎・小木貞孝・木田元・宮本忠雄(訳) 知覚の現象学 1・2 みすず書房 1967-1974年

(47) Merleau-Ponty, M. (1960) *Signes*. Paris, Editions Gallimard. 竹内芳郎(監訳) シーニュ 1・2 みすず書房 1967, 1972年
(54) Stern, D. N. (1985) *The Interpersonal World of the Infant*. New York, Basic Books. 丸田俊彦(訳) 乳児の対人世界 岩崎学術出版社 1989年
(55) Stolorow, R. D., Branchaft, B., & Atwood, G. E. (1987) *Psychoanalytic Treatment : An Intersubjective Approach*. The Analytic Press. 丸田俊彦(訳) 間主観的アプローチ 岩崎学術出版社 1995年
(56) 鯨岡峻(1997) 原初的コミュニケーションの諸相 ミネルヴァ書房
(57) 鯨岡峻(1999) 関係発達論の構築 ミネルヴァ書房

◇両義性に関しては
(31) 鯨岡峻・鯨岡和子(2001) 保育を支える発達心理学 ミネルヴァ書房
(35) 鯨岡峻・鯨岡和子(2004) よくわかる保育心理学 ミネルヴァ書房
(46) Merleau-Ponty, M. (1945) *Phénoménologie de la perception*. Paris, N. R. F. 竹内芳郎・小木貞孝・木田元・宮本忠雄(訳) 知覚の現象学 1・2 みすず書房 1967-1974年
(47) Merleau-Ponty, M. (1960) *Signes*. Paris, Editions Gallimard. 竹内芳郎(監訳) シーニュ 1・2 みすず書房 1967, 1972年
(57) 鯨岡峻(1999) 関係発達論の構築 ミネルヴァ書房
(58) 鯨岡峻(1998) 両義性の発達心理学 ミネルヴァ書房

注

〈序章〉

注1) これに類する児童養護施設の問題については文献(32)を参照のこと．

注2) この教師による実践記録は文献(32)に収録されている．

注3) 今，臨床心理士，発達臨床心理士，等々，資格化の動きが忙しいが，その種の専門職に就いた人は，このような現場の声を十分に受け止めてほしいと思う．

注4) いわゆる体験手記とエピソード記述との違いを考えてみることは重要である．体験手記は一般にある種の感動をもたらすものが多いが，それがそれ以上に広がらないのはなぜか，本書は間接的にこの問いに答える内容になっている．

注5) この議論に関しては，文献(6)から(15)のうちのいくつかに目を通していただきたい．

注6) これは文献(54)の Stern の vitality affect を意訳したものである．Stern のこの概念は，1950年代に Werner, H. らによって提唱されたいわゆる dynamic perception の発想と類縁関係にある．それゆえ，「力動感」と意訳してもあながち間違いではないと思う．ともあれ，この概念はエピソード記述にとっては鍵概念の一つである．

注7) この間主観性の問題については，文献(46)，(47)，(54)～(57)を参照されたい．ただし，それぞれの著者のこの概念の理解は微妙にずれているので，注意を要する．

注8) これがこれまで「力動感」と呼んできたものに対応する．

注9) これは知覚の基本的な問題だと思われるが，今日の知覚研究はほとんどが機構論や機能論，あるいは脳研究に傾斜して，この種の現象論をいつのまにかまったく顧みなくなったのはまことに残念である．

注10) 本書の背景には現象学の考え方があるが，本書ではそれを十分に紹介できなかった．本書を深く理解するうえに現象学の基本的な考え方は欠かせないので，できれば文献(43)から(52)に掲げたもののうちの，いくつかに目を通していただきたい．

注11) 文献(56)を参照されたい．

注12) 文献(56)，(57)を参照されたい．

注13) ケアリングに関しては文献(28)を，また共感的に接することに関しては文献(36)から(39)を参照されたい．

注14) 社会的構築主義の立場の人の中にはそのような勇ましい言説を弄する人もいるが，しかし，そのような乱暴な言説が却って社会的構築主義の弱点にもなっているようにみえる．この社会的構築主義の基本的な考え方に関しては，文献(13)から(15)を参照されたい．

〈第1章〉

注15) サリヴァンの「関与しながらの観察」について，文献(1)から(3)は必見であ

るが,特に文献(2)からは教えられるところが多かった.
注16) このことは当然ながら臨床の立場にも言えることで,これに関しては文献(37),(39),(40)に教えられることが多かった.しかしながら,臨床の立場の人が自分の関与のあり方を問題にすることが極めて少ないということは,実に意外である.
注17) この点に関しては文献(49),(56)を参照されたい.
注18) この議論に関しては文献(52)に類似の考察がある.
注19) この節での議論は少し古くなるが拙著(文献(51))を参照されたい.およそ20年前にすでに今とほぼ同じ問題意識を持っていたことが分かる.
注20) この節の議論も注19)と同様に旧著(文献(51))を参照されたい.
注21) 文献(43)を参照されたい.
注22) 文献(57)を参照されたい.
注23) 共感に関しては文献(36)から(39)を参照していただきたいが,以下の本文に示すように,私自身,共感ということばで多くの事象が一括されてきたことを問題視する中で,間主観性の問題に接近してきたいきさつがあるので,その点では上記の文献と文献(54),(55)とを重ねて読むことをお勧めしたい.
注24) 私が間主観性の概念を取り上げておよそ20年が経過する.この概念自体は近年しばしば用いられるようになったが,その中身に関してはいまだ十分に理解されていないのではないかといぶかっている.文献(56)から(58)の関連箇所を参照されたい.
注25) 私自身のこれまでの研究では,間主観的に「分かる」ときがあることを中心に議論してきたために,二人のあいだで簡単に分かり合えるかのような誤解を招いたきらいがある.お互いに主体として生きる以上,お互いが相手に対して固有性をもった他性としてあることは半ば大前提であって,それゆえ「分かり合えない」ことが多いのはむしろ当然である.それゆえ,お互いが主体でありつつ,いかに二者は分かり合えるのかと問うのでなければならない.これを私は「間主観性と相互主体性の問題」として考えたいと思っている.間主観性も相互主体性も,英語で表記すればどちらもintersubjectivityとなるが,この二つの概念が日本語において重ならないことは明らかである.このテーマは次の著書で取り組みたいと思っている.
注26) 文献(29)を参照されたい.

〈第2章〉
注27) この節での議論はある程度文献(57)でもしているので,併せて参照されたい.
注28) この項での議論は文献(58)でもしているので,併せて参照されたい.
注29) ここでの議論は文献(58)に類似の議論があるので参照されたい.
注30) 「大人の目」「子どもの目」「第三の目」という概念は,文献(35)で「三つの目」として考察されているので,そちらも参照されたい.

〈第3章〉
注31) プロセスレコードは本文175頁の表によく似ている.人の話した言葉を逐語的

に拾う点では従来の行動記録と変わらないが，同時に，そこで関わり手が思ったこと，感じたこと，考えたことを別の欄に記入していくというやり方が，従来の行動記録と違う点である．エピソード記述との違いを言えば，語られた言葉の分析に終始しているところがあり，間主観性の議論が欠けているのが問題点の一つだと思われる．

注32)　この点に関して，文献(32)に収録されている重度・重複障碍の子どもに対応する教師の実践は教えるところが大きい．

〈第4章〉
注33)　この「生きられる還元」については文献(51)に詳しい．また文献(57)でも言及しているので参照されたい．
注34)　文献(32)を参照されたい．
注35)　文献(41)，(42)を参照されたい．

〈終章〉
注36)　文献(48)を参照されたい．

あとがき

　院生や実践の立場の人たちから「早くエピソード記述の方法論に関する本を」と言われ続けてきました．私はかなり前から，発達心理学のパラダイム転換を目指すと豪語(?)して「関係発達論」なる立場を提唱してきましたから，方法論への関心は当初から強いものがありました．というよりも，現象学の立場を発達心理学に生かすなかでパラダイムの転換が図れるのではないかと考えてきたといってもよいかもしれません．そのような構えの下で，子どもの成長する場に臨んでみると，子どもが周囲の人たちと共に生きている現実にどうしても目を向けざるを得ませんでした．そこから，まずはその様子を生き生きと描き出す必要があると思うようになりました．それがエピソード記述に取り組む発端だったのですが，その素朴とも思える営みが，実は発達心理学を組み直すことに繋がり，方法論のパラダイム転換に繋がるのだということが次第に自分の頭の中で整理されはじめました．

　こうして，一人の子どもの発達が(とりわけ心の発達が)その周囲他者との関係の中で展開をみること，しかもその周囲他者もまたその周囲との関係の中でなお人生の途上にあることが見えてきました．それを「関係発達論」として精緻に理論化していくのが自分の役割ではないかと考えるようになり，それ以来，まずはフィールドに出てそこに生きる人たちの生き様に接し，それをエピソードとして取り上げ，それを基本的なデータにしてゆくという研究の進め方をしてきました．そのためには，取り上げるエピソードを吟味し，取り上げたエピソードを練成し，それが本当に読み手に訴えるだけの力をもつように考察を深めていかねばなりません．そのようなアプローチが従来の方法論の刷新を含むものであることは，『両義性の発達心理学』や『関係発達論の構築』でもその一端を示してきたつもりでいました．

　今でこそ，「質的研究」や「質的アプローチ」を標榜する研究は，発達の領域では珍しくなくなりましたが，それらの用語が広く流布されるようになるかなり以前から，私は自分の方法論を独自に模索してきたことになります．しかし，私の書いたものを読むだけではエピソード記述の方法論がいま一つ分から

なかったようです．そこで「早く方法論の本を」という要望になったのでしょう．

その要望に応えようとして，というのが本書を書くことになった表向きの理由ですが，それに加えて，私のこのエピソード記述の方法論でもって本当に学生や院生を育てられるのか，という同業者からの手厳しい批判に応えようというのも，本書を書く動機の一つでした．つまり，『両義性の発達心理学』を出版した折に，そこに収録された数々のエピソードは面白いけれども，しかしこの方法論は誰にでもできるという筋合いのものではなく，それは鯨岡だからできるいわば「鯨岡ワールド」であって，一種の「アート」ではないのかといういわば褒め殺し的批判です．これにはかなり堪えました．というのも，当時の私のゼミの院生諸君がこの方法論に苦しんでいるという現実があり，しかも，その時点ではまだ私の院生に博士の学位を取らせることができていなかったからです．学生や院生を「育てる」実績をまだもっていなかった分，ひどく堪えたのでしょう．

今から振り返ると，この批判は半分正しく半分間違っています．つまり，特定の人にしかできない方法論ではないかという意味で「アート」と言っているなら，それは間違いです．現に，苦労しながらも，この方法論によって学会に認められる論文を書き，学位を取得する院生がぽつぽつ現れてきました．また，本書にもその一端を示したように，手順を踏んで指導すれば，学部の学生でもある程度のところまではエピソードが描けるようになるという現実もあります．そして本書を読んでいただければ，誰にでも取り組めるものであることはほぼ明らかではないでしょうか．

しかし，本書を読めば直ちに十全なエピソードが描けるようになるというわけではなく，その点では従来の方法論と違って，その手続きを完全にマニュアル化することはできません．描いては読み，読んでは描き直すということを粘り強く求める方法論だという点では，まさにアート的だといわねばなりません．また表現する面だけでなく，事象との切り結び方にも努力と研鑽を要する方法論だという意味でもアート的であるかもしれません．要するに，アートと同じく「根性」の要る方法論だというべきでしょうか．

このようなかたちで反論できるようになったのも，院生諸君と共にゼミを通してこのエピソード記述の方法論をたゆまず磨き上げてくることができたから

だと思います．実際，最初は「書けない」と悩んでいた院生も，本書にみるように，次第にその壁を越えて現場の息吹を描き出せるようになってきました．この事実が，私を大いに励ましてくれました．ただし，「根性」の要る方法論だけに，要領よくさっと物事に取り組みたい人にはどうやら向いていないらしいということも一言付け加えておくことにしましょう．

　さて，本書を書き始めた所で，関与観察を従来の観察法の一変種と理解しようとするから袋小路に入ることになるのだ，「関与する」と「観察する」を同じウェイトで考える必要があるのだと思い立ち，その考え方を基軸に本書の構想を立て直してやってきました．書き上げた時点から振り返れば，私がこの三十数年間，方法論の上で格闘してきたのは，結局は「関与する」ということの難しさ，「関与する」ということ自体を研究の中に含めることの難しさだったということに改めて思い至ります．そしてそれが「エピソードが書けない」という人の悩みの源泉であることも，ようやく見えてきた感じがしています．いま，「質的」を標榜する多くの人たちがこのことをどのように考えるかひどく興味があります．というのも，多くの質的研究は，事例を表現することにばかりに力点が置かれ，現場に「関与する」ことの問題意識が必ずしも十分ではないようにみえるからです．しかも，「質的」への関心が広がる中で，いつのまにか当初のキーワードの一つであった「現場」への関心が少し影を潜めた観があるのも気になるところです．

　それはともあれ，多くの学生，院生，若手の研究者，そして現場の実践に従事している人たちが，現場の生き生きした様相に迫りたいと願い，それを描き出してみようと思い立つときに，本書が少しでもお役に立つなら，著者としてこの上ない喜びです．「これを読めば書けるようになる」とは残念ながら言えませんが，「これを読めばよりよく書けるようになる」とは言えるのではないかと自負しています．

＊＊＊

　本書を書くにあたり，多くの方々のご協力を得ることができました．それなくしては本書は成り立ち得なかったといっても過言ではありません．まず，関与観察のフィールドを提供してくださった方々，また関与観察やインタビューに快く応じてくださった研究協力者の方々に感謝とお礼を申し上げます．皆さんのご厚意とご協力があって初めて，私たちの研究は成り立つのです．また，

資料を提供してくださった，学生，院生，現場の先生たちにも感謝申し上げます．授業やゼミ発表の資料，あるいは学会発表や研究会資料を使わせてもらえなければ，エピソード記述の楽屋裏を読者に分かるかたちで示すことは難しかったかもしれません．いちいちお名前を記しませんが，本書の中に登場する学生，院生，現場の皆さんに心よりお礼を申し上げます．また，現場から熱い要望を送り続けてくださった方々にも，ご要望に応えられたかどうか怪しい面があることを承知の上で，一応の答えを出したことにさせていただきたいと思います．

今回もまた，妻にはたびたび「査読」をお願いし，それによってポイントがずれたり安易な方向に流れそうになったりするのを食い止めてもらいました．「第三の目」が必要だと繰り返しいいながら，自分独りの「第三の目」はやはり不確かなところがあって，いったん迷い道に踏み込むと，なかなか抜け出せないまま進んでしまいます．妻の「査読」が「第三の目」になって，随分と軌道修正が図られたと思っています．そして，自分で言うのも変ですが，特に力の入った序章や第1章は，その査読によって大幅に内容が豊かになったと思っています．その意味では，書くのは私でしたが，内容の上ではやはりこれまでと同じく，二人三脚で煮詰めてきたといわざるを得ません．ここに改めて妻に感謝の気持ちを表したいと思います．

最後になりましたが，本書の企画段階から熱心に編集の仕事に携わっていただいた，東京大学出版会の後藤健介さんにも感謝申し上げたいと思います．著者の納得の行く編集であったことはもちろんですが，メールでのやりとりで随分と励まされ，お蔭で仕事が思うようにはかどりました．本当に有難うございました．

平成17年4月1日

鯨岡　峻

索　引

ア　行

あいだ　15-17, 20, 22, 23, 29, 72, 82
アクチュアリティ(アクチュアル)　21, 40, 103, 104, 131, 132, 179, 184, 192, 226, 236, 259, 260
アセスメント　8
あるがまま　20-22, 24, 25, 36, 43, 49, 51, 56, 58, 66-68, 73, 75, 76, 81, 83, 86, 107, 116, 129, 160, 186, 227, 228, 253, 260
暗黙の価値観　95, 258, 259, 261
暗黙の理論　29, 37, 158, 258

生き生き感　15-18, 20, 22-25, 29, 37, →力動感
生き生きした　24, 26, 156, 273
生き生きと　4, 10, 40, 51, 148, 158, 271
生き様　10, 14, 29, 37, 38, 48, 55, 57, 66, 94, 164, 171, 208, 209, 227, 245, 257, 258
息遣い　15-18, 20, 23-25, 29, 37
一般化可能(性)　38, 40
一般性　40, 41, 44, 45, 49, 71, 146
「いま，ここ」　16, 22, 104, 105
医療モデル　194
インタビュー　3, 14, 73, 74, 118-122, 183, 187-192, 241, 243, 244
インフォームド・コンセント　54, 56, 57, 127

エピソード記述の方法論　8, 10, 12-15, 18, 21, 27, 35, 44, 45, 47, 49-54, 57, 58, 66, 73, 118, 128, 130-132, 161, 163, 174, 193, 200, 201, 209, 258, 271, 272, →方法論

思い込み　16, 19, 99, 103, 105, 228, 253
思い違い　16

カ　行

介護　3, 15, 50, 202, 240-245
──記録　4, 5, 34
関わり方　10, 257
関わり手　3-5, 7, 9, 10, 14-18, 22, 27, 52, 55
関わりの歴史　3, 8, 12, 18, 29, 53, 105, 118
関わる相手　3, 6, 15-17, 52
書き手　30, 35, 36, 40, 43, 46, 49, 50, 52, 55, 58, 84-86, 129, 162, 179, 181, 184, 185, 208, 253, 257, 260
仮説検証　13
仮説構成(的)　13, 257, 258
価値観　10, 18, 52, 53, 69, 96, 97, 122, 168, 171, 202, 207, 209, 246, 253, 254, 258, 259
神の視座　25
可能的真実　44, 47
看護　3, 15, 50, 101, 202, 238, 239
──記録　4
観察位置　67, 70
観察者　16-19, 49, 52, 68, 70, 71, 80, 82, 86, 97, 128
観察主体　83, 84, 86, 92, 93, 95, 96
「観察する」　63, 64, 66, 68, 69, 164, 167, 246, 262, 273
観察対象　50, 70, 97, 250
観察態度　68, 80, 82
間主観性　28, 99, 100, 103, 153, 200, 267-269
間主観的アプローチ　25
間主観的に　16-18, 22, 27, 28, 36, 41-43, 46, 53, 71, 82, 83, 97, 99-103, 105, 106, 120 -122, 128-130, 132, 147, 172, 184, 185, 194, 198, 208, 268
──分からない　102, 103, 121
感受する身体　71, 97
感じる態度　70, 73

関与観察　3, 55, 63-66, 69, 73, 74, 84, 87-89, 97-99, 106, 122, 125, 128, 147-150, 153, 161, 164, 167, 170-173, 183, 192, 194, 209, 246, 257, 258, 273
　――者　63, 73, 74, 88, 91, 130, 132, 159, 161, 163, 164, 169, 173, 176, 181, 202, 208, 253, 258
　――主体　65, 88, 103, 104, 118
関与しながらの観察　63, 82, 267
関与主体　46, 64, 74, 83, 84, 97, 101, 103, 105, 116, 118, 258, 259
「関与する」　63-66, 69, 164, 167, 246, 262, 273
関与対象　52, 63, 65-67, 71, 73, 74, 86, 98, 118, 128, 129, 153, 173, 208, 257

聴く態度　118
記述主体　50, 83, 84, 86, 253
気づき　3-5, 11, 260
虐待　4, 7, 10, 11, 27, 37, 100, 131, 230, 231, 235
逆転移　42
客観主義(的)　15, 17-22, 24, 36, 38, 40, 41, 44, 49, 54, 67, 70, 72, 73, 76, 80, 81, 153, 176, 184, 185, 187, 191, 192, 209, 211, 253, 257, 258
客観性　70, 86, 176
客観的　6, 14, 19, 20, 22, 24, 25, 36, 43, 67, 68, 70, 71, 73, 76, 82, 86, 183, 185, 187, 253, 254
共感(的)　33, 49, 97-99, 101, 192, 268
記録　65, 82, 83, 87, 88, 159, 174, 182, 183, 207, →日々の記録

クレーン現象　107
黒衣　6, 54, 187, 192

ケアリング　33, 267
繋合希求性　200
傾聴的　119-121
研究協力者　54, 118, 122, 131
研究者倫理　54, 56-58, 127, 148

現象学　20, 75, 220, 221, 267, 271
　――的還元　221
検証可能性　47
現場　3, 4, 9-15, 19, 21, 29, 32, 33, 38, 54, 58, 94, 99, 148, 149, 153, 167, 171, 184, 202, 208, 210, 236, 273

広義の情動　17, 20, 26, 31
公共性　41, 44, 46, 49
肯定的な気分　28
肯定的な情動　5
肯定的な体験　27
行動科学(的)　3, 10, 15, 17, 20, 38, 39, 44, 45, 47, 49, 63, 88, 99, 103
行動観察　63-65, 70, 87, 88, 91, 92, 97, 118, 147, 148, 176, 258
子ども観　52, 53, 69, 96, 202
個別(性)　40, 41, 43, 49
個別事例　22, 38
固有(性)　10, 15, 25, 26, 72
根性　186, 201, 260, 272, 273

サ 行

再現可能性　21, 40, 47, 49
「させる」　114, 194, 202, 207

幸せのオーラ　23-29
自己規律　57, 58, 127
自己責任　57, 58, 127
事象への密着性　40
児童養護施設　4, 101, 126, 131, 230, 234-236
実証科学　44, 49, 50
実証主義　21, 22, 24, 38, 44, 46, 49, 54
実践の立場　14
実践の場　19
死の臨床　236
終末期医療　33
主観　6, 8, 16-18, 36, 42, 43, 57, 82, 100, 140-142, 144, 145, 184, 187
　――的　17, 43, 100, 184, 185, 253

索　引

主体として　　55, 64, 71, 74, 97, 102, 110, 113, 118, 122, 164, 198, 199, 201-203, 239, 244-246, 261, 262
信憑性　　46, 49-51
人物像　　7-9
信頼性　　46, 47, 49-51, 58, 83

数量的アプローチ　　10, 13, 15, 21
数量的研究　　15, 39
図　　52, 69, 87-93, 95, 96, 103, 130, 158, 161, 163, 173, 174, 181-183, 200, 239
　──と地　　69, 87, 91-93, 95

生活の質（QOL）　　33, 211, 213, 220, 239, 257, 258
生のありよう　　15
生の営み　　38
生の実相　　3, 4, 10, 13, 18, 22, 26, 45, 56
生の断面　　3-8, 11-14, 18, 37, 66, 82, 118, 208

相互主体的　　74, 110-114, 164, 170, 194, 200, 268
相互信頼　　27, 28

タ　行

第1次メタ観察　　130, 131, 148, 151, 180, 181, 228, →メタ観察
第2次メタ観察　　130, 148, 152, 154, 156, 228, →メタ観察
第三の目　　86, 160, 183, 192, 227, 245, 250, 268
対象化　　9, 64, 68-72, 74, 75, 80, 81, 83, 91
対人関係　　14, 15, 17, 19, 57, 82, 98, 100, 102, 103
他性　　25, 26
立ち位置　　22, 25, 69, 70, 80, 81, 87, 146, 171, 172, 181, 202, 207, 208, 246, 251, 258
脱自的（に）　　67, 71, 73, 83, 97, 104, 157, 160, 183, 192, 227, 228, 245, 258, 259

超越（的）　　43, 44, 192-194
地　　69, 87, 88, 93, 158, 161, 163, 173

通底性　　25
通じ合う　　98, 100

テクスト　　46, 254

問い　　11-13, 55, 97, 211, 220, 245, 253, 254, 260
同型性　　25, 26
独自性　　10, 15
「として」　　87, 91, 96
共に生きる　　11, 55, 56, 221, 243
ドラマ　　29, 30

ナ　行

成り込み　　100

日常性　　29, 221, 245
二律背反　　64, 69, 127
人間観　　69, 96, 200

ハ　行

パースペクティブ　　67, 69, 70, 75, 76, 80
背景　　52, 53, 73, 91, 92, 94, 95, 130, 131, 158, 173, 177, 194, 195, 201, 203, 204, 221, 239, 246
発達観　　52, 96, 251
パラダイム　　22, 54, 153, 209, 271
反証可能性　　17, 40

日々の記録　　3, 6, 8, 9, 183, →記録
備忘録　　159, 173

フィールド　　14, 15, 21, 38, 55, 56, 64, 65, 82, 93, 94, 125-128, 133, 135, 149, 159, 167-170, 208, 209, 221, 226, 234, 239, 250, 271
　──観察　　56
　──研究　　56, 57

――ワーク　54, 159, 169
フィクション　20, 21, 43, 46, 47, 51, 58
負の事態　56
負の情動　5
普遍性　45, 71, 146
プログラム　9, 53
プロセス・レコード　87, 184, 268

保育　3, 5, 9, 11, 15, 50, 99, 101
　――記録　4, 5
　――者　5, 9, 11, 27, 30-32, 101
方法論　3, 8, 10, 13-15, 18, 23, 45, 47, 49, 57, →エピソード記述の方法論
ホスピス病棟　236

マ 行

マッハの自画像　75, 76, 80

身に沁みて分かる　16, 100
「見る」態度　72, 73, 82, 106

無関与的　71, 88, 258

メタ意味　23, 27-30, 32, 35, 37, 38, 129, 130, 195, 198, 201
メタ観察　43, 50, 91, 92, 94, 96, 110, 130, 132, 156-158, 160, 163, 172, 194, 195, 198-201, 208, 209, 227, 228, 250, 253, 254, 257, 259, 260, →第1次メタ観察, 第2次メタ観察

問題意識　13, 14, 18, 132, 142, 143, 144, 146

ヤ 行

読み手　10, 12, 21, 23, 30, 31, 35-37, 41, 43-47, 51, 70, 86, 99, 103, 104, 129-131, 135, 145, 154, 158, 161, 162, 181, 207, 226, 237, 253, 260, 271

ラ 行

力動感　15, 24, 72, 73, 267
了解可能性　41, 43, 44, 46, 50, 51, 70, 99, 132, 226, 260
両義的　200, 235, 252
臨床面接　3, 15
倫理性　51, 58

類的同型性　45, 102

ワ 行

分かり合う　17, 25, 26, 30, 105

著者紹介　**鯨岡　峻**（くじらおか・たかし）

1943年生まれ，京都大学大学院文学研究科修士課程修了，京都大学博士（文学）．京都大学名誉教授．主要著書に『心理の現象学』（1986年，世界書院），『両義性の発達心理学』（1998年），『関係発達論の構築』『関係発達論の展開』（いずれも1999年，以上ミネルヴァ書房），『〈育てられる者〉から〈育てる者〉へ』（2002年，日本放送出版協会），『ひとがひとをわかるということ』（2006年，ミネルヴァ書房），『保育のためのエピソード記述入門』（2007年，ミネルヴァ書房），『エピソード記述を読む』（2012年，東京大学出版会），『なぜエピソード記述なのか』（2013年，東京大学出版会），『関係の中で人は生きる』（2016年，ミネルヴァ書房），『子ども心を育てる　新保育論のために』（2018年，ミネルヴァ書房）ほか．訳書に『意識と言語の獲得』（メルロ゠ポンティ，共訳，みすず書房）ほか多数．

エピソード記述入門　実践と質的研究のために

2005 年 8 月 4 日　初　　版
2025 年 1 月 15 日　第 9 刷

［検印廃止］

著　者　鯨岡　峻

発行所　一般財団法人　東京大学出版会

代表者　中島隆博
153-0041 東京都目黒区駒場 4-5-29
電話 03-6407-1069　Fax 03-6407-1991
振替 00160-6-59964

印刷所　株式会社平文社
製本所　誠製本株式会社

Ⓒ 2005 Takashi KUJIRAOKA
ISBN 978-4-13-012042-5　Printed in Japan

JCOPY 〈出版者著作権管理機構　委託出版物〉
本書の無断複写は著作権法上での例外を除き禁じられています．複写される場合は，そのつど事前に，出版者著作権管理機構（電話 03-5244-5088, FAX 03-5244-5089, e-mail:info@jcopy.or.jp）の許諾を得てください．

エピソード記述を読む
鯨岡 峻　　　　　　　　　　　　　　　　　　　　A5 判・3200 円

エピソード記述が真に現場の実践であり研究である条件，その可能性とはなにか．『エピソード記述入門』を読了した読者にすすめる「エピソード記述のこれから」．
　1章 保育の現場とエピソード記述／2章 エピソード記述から読み手に何が読み取れるか／3章 エピソード記述からみた愛着・甘えの問題：関係発達論からのアタッチメント研究批判／4章 間主観的現象の理解とエピソード記述：人が人をわかるということを如何に記述するか／5章 エピソード記述のこれから：インタビュー研究と事例研究に向けて

なぜエピソード記述なのか──「接面」の心理学のために
鯨岡 峻　　　　　　　　　　　　　　　　　　　　　　　　　［品切］

育つ者と育てる者が関わるところ，「接面」を記述することの意味とは何か．事例研究をエピソード記述という方法論に昇華し，現場の実践で，研究の先端で広く支持を集める著者の方法論的集大成．
　序章 なぜエピソード記述が必要なのか／第1章 私の歩んできた道のりと私の目指す心理学／第2章 意識体験からメタ意味へ／第3章 私の考える認識の枠組みと行動科学の認識の枠組みとの相違／第4章 私の目指す心理学のかたち

質的心理学講座［全3巻］
無藤 隆・麻生 武・やまだようこ・サトウタツヤ・南 博文［編］
各巻A5 判・3500 円

第1巻「育ちと学びの生成」，第2巻「人生と病いの語り」，第3巻「社会と場所の経験」──日本における質的心理学の到達を3つの視角から表現する．（第1巻，鯨岡峻「主体として「育てられ─育つ」」所収）

ここに表示された価格は本体価格です．ご購入の際には消費税が加算されますのでご了承下さい．